U0013947

優勢教養，
開啟孩子的正向力量

Lea Waters
莉·沃特斯 博士——著

游綉雯——譯

The Strength Switch

推薦的話

正向能量是最佳優勢

親子教育家・名作家
陳美儒

世界衛生組織 WHO 在今年六月十九日，即決定將「電玩成癮」（gaming disorder）列為精神疾病的一種，並通知全球各國政府將其納入醫療體系。

美國加拿大許多資深青少年心理輔導專家，更疾聲呼籲：漫漫暑假將變成「電玩成癮」高危險期。身為兒童、青少年的父母宜提早建立生活規範，培養孩子多元興趣，如參加夏令營，以體育、音樂來取代孩子對電子遊戲的沉迷。

綜合 CBS、CNN 與《華盛頓郵報》疾病控制與預防中心（CDC）在七月初的發表報告警示：不分年齡無論性別種族，全美自殺率十八年來飆高了四分之一。光以二〇一六年來說，全美就有近四萬五千人自殺。自殺不僅被視為精神健康問題，同時也被全世界醫學視為公共健康問題；CDC 首席副主任舒查特（Anne Schuchat）日前沉重表示，自殺已成為美國人的第十大死亡原因。自殺率從十歲到七十五歲的所有年齡組別中，皆持續在上升；十五歲到三十四歲的青春少壯人群，自殺竟已成為死亡的第二原因。

舒查特憂慮地說：這樣的數據令人不安。這樣飆升的情況已明顯影響多數社區的安定性，甚至造成全國性的身心危機。

CDC對美國高自殺率的二十七個州進行分析後發現，最密切的原因是人際關係和感情問題占了百分之四十二，濫用藥物或酒精占百分之十六。可見自我情感的處理、心靈的寄託是每個人生命歸依的重要核心，憂慮和焦慮的症狀已屬現代的另類「流行病」，身為父母師長的又該如何陪伴孩子面對這充滿誘惑、表面華麗聲光十色，內在卻隱晦陰暗、嗜血成性的3C電玩。

緊鄰美國的加拿大政府早在五月就通過國會決議，將在今年十月十七日全國公開可以吸食大麻。大麻不止合法化，而且允許每戶人家可以種植五株大麻。你想想，對吸食大麻成癮的人而言，一戶只種五株，夠嗎？

也許吸食大麻沒什麼迫切性的嚴重危害社會，但冷靜長遠思考，其實吸食大麻合法化的影響是在它的「後作力」，也就是上癮成性後的經濟來源呢？沒錢、金援不足，加深社會經濟惡化，絕對騷動治安，甚至「翻轉」原本單純的家庭生活、親子關係。

面對全世界少子化與3C產品重度入侵家庭、毒品在世界蔓延的情況，如何開啟孩子的正向力量，如何施行優勢教養，實在是當前親子教育上十分迫切的課題。

《優勢教養，開啟孩子的正向力量》一書的作者莉．沃特斯博士，澳洲墨爾本心理學教授，同時也是一對兒女的母親。在這危機四伏，家庭教育遭遇強烈挑釁，毒品氾濫、網路霸凌到處流竄的此刻此際，如何正確的增強兒童青少年的自尊和智慧能力，如何培育孩子善用積極情緒、構建強健的大腦、勇敢面對挫折困境和情感障礙，實在是親子教養上最迫切的需求。

優勢本位教養基礎也就是「正向心理學」，提供兩種不可或缺的心理能力：一是樂觀的思維，激勵孩子為自己打造積極陽光願景的力量；二是培養抗壓性，當面對人生不如原所期待時，能有捲土重來的動機能力。

打開孩子的「優勢開關」，讓孩子的優點被看見！

四十年來建中紅樓的春風化雨，教育弟子數千人，如今許多學生已成為海內外各行各業傑出菁英；始終努力關懷兒童青少年的成長，提倡親子EQ與生命教育。美儒老師願全力推薦遠流出版《優勢教養，開啟孩子的正向力量》這樣充滿正向力量的好書。

推薦的話

優勢教養將培養出「樂觀、抗壓性強」的子女

臺北市國語實小校長、兒童文學作家　林玫伶

我們常聽到一個詞彙：「責備」，它的意思是「要求完美」。父母會責備孩子，為了要求完美；老師責備學生，為了要求完美……，對大多數的我們而言，找出孩子不完美的地方要求改正，是一件天經地義的事。但本書提出了不同的觀點，指引不同的作法，那就是「優勢教養」。

坊間許多教養叢書常給人「一直讚美就對了」的直覺，令人擔心會不會陷入一種「灌迷湯、哄小孩」的自嗨，反而教出一個個不具抗壓性的草莓族。本書作者憑藉紮實的學術底子和豐富的實務經驗，肯定的告訴讀者，優勢教養將培養出「樂觀、抗壓性強」的子女，讓他們可以活出和諧美好的人生。

為此，書中提供各種工具、練習方法，幫助家長有意識、有步驟的調整教養方式；作者也分享許多實例，讓家長更有實施的信心。

從教育的角度來說，實施的時間當然越早越好，但本書有不少例子子女都已長大，家長透過優勢教養成功提升子女的動力，也改善了家庭氛圍。因此，本書功能不只是幫助家長，甚至可說是解救了家長呢！

推薦語

教養首要發掘孩子的優勢

雲林縣華南國小
樟湖國中小校長　陳清圳

《優勢教養，開啟孩子的正向力量》這本書直指台灣目前教養中最大的問題與關鍵。

很多家庭認為糾正孩子的弱勢或缺點，就是讓孩子發揮最大的優勢。莉．沃特斯博士反而說出，如何加強孩子的優勢、發掘孩子的天賦能力，引導孩子追求並展現最佳自我，才是正確的方法。

「子不教、父之過」是華人世界百千年來面對孩子犯錯的文化糾結。因為，犯錯是一種罪惡，導致為人父母面對孩子的錯誤總是戰戰兢兢。一直聚焦不要犯錯，孩子的天賦就容易抹滅。也因此錯失孩子在人格形成的階段，如何引導出本身的天賦。

面對這種困境，父母是孩子第一線的教育者，有必要知道正確的教養方式。

本書作者從孩子的發展中提出正確觀念，並應用與孩子互動的具體方法，在每章的練習和評量中，教導親師妥善處理問題行為，並探討孩子的困境與情感。

衷心推薦本書，尤其關注孩子發展的父母與教育工作者，這是能夠幫助有志者找到教養的成全之道。

優勢教養，開啟孩子的正向力量

目次

The Strength Switch

譯者序

教養是一種成全

游綉雯

沃特斯博士的《優勢教養，開啟孩子的正向力量》是一本關心教養和教育課題的家長與師長不該錯過、充滿養分的教養書。心理學自與哲學分家以來，經由不同的探索領域及研究方法，開創了許多人生探討的新路。而一九九〇年代興起的正向心理學無疑的已經與過去的心理研究劃分出一條清楚的界線，成就心理學典範轉移的新思維。沃特斯博士的《優勢教養，開啟孩子的正向力量》正是嘗試在正向心理學的理論與研究成果上，建立一套完整的教養觀，使正向心理學能夠透過家庭教養與家庭生活，嘉惠兒童。這樣的用心與努力值得學界與實務界的尊敬與讚賞。

心理學的發展受益於新科技與新科學的進展甚多，電腦之於認知理論與心理發展的應用就是近例，而更近的腦神經科學發達，對心理學的研究與應用更是一股無法抵擋的風潮。我觀察到，在過去五、六年的時間裡，腦神經科學儼然成為志在醫學／心理學的美國大學生的首選科系，在人工智慧（AI）研究的加持下，腦神經科學無疑是二十一世紀的顯學。沃特斯博士教養理論的時代性也顯示於此，她在書中廣為引用腦神經科學方面的研究來佐證自己的理論，也提供家長足夠的說服，用以理解教養行為背後的成因與影響。教養孩子的確是一份智慧的工作：有賴家長的智慧，有益孩童的心智。

學習與教導首重腦神經系統的開發早就不是祕密，而師長、父母正是學生和孩子生活中不可或缺的最佳推手。面對教養大業，一套有系統的理論的確可以幫助家長找到清楚的方向。這正是沃特斯博士《優勢教養，開啟孩子的正向力量》這本書的另一層貢獻：幫助家長，在科學驗證的基礎上，學習對孩子的健康成長有意義、有益處的教養方法。在莫衷一是的教養說法中，選擇在教養的理論與實務上，尊重專家，可能才是捷徑。

教養書籍容易陷入兩種不自覺的謬誤：一種是「家長本位」的教養思考，另一種是把教養視為人人適用的通論。在連醫學治療方式都已經進入「個人化、客製化」的時代，一套良好的教養理論也應該是以孩子本位，可以為孩子量身打造的教養方法。然而，說得容易，做起來困難。要家長學習是第一道難關，要家長針對每個孩子的需要，多所因應，豈不難上加難？然而沃特斯博士在正向心理學的平台上，巧妙地以「注意力」為著力點，藉由注意力的操練來貫穿正向心理學教養的理論與實踐，指導家長在不同的教養情境中，把注意力切換到具有建設性的面向，發覺每個孩子的天賦能力，依照孩子的本質，引導他們追求、並展現最佳的自我。

更棒的是，在輔導孩子的過程中，也提供家長省察自己的機會，學習調整自己注意力的角度和焦點，表現出更正向的思考。在注意力轉換之際，孩子的優勢得以獲得發展的空間，在良性互動下，親子關係得以更融洽、更自信，逐步打造親子成長的雙贏！

如同沃特斯博士所說的，優勢教養的宗旨很簡單，就是發覺孩子的優勢，然後加強孩子的優勢。如何發覺孩子的優勢呢？首先要把教養的注意力由負轉正，利用三項關鍵要素做為發覺孩子優勢的指標，然候透過四項教養策略，陪伴孩子發展優勢。如何加強孩子的優勢呢？其實也很簡單，那就是抱持輕鬆的心態，鼓勵孩子透過正念技巧操練注意力，發展正向注意力。正向注意力有益於發展自制力與親子溝通，是優勢教養不可或缺的最佳嚮導。沃特斯博士在書中分門別類，詳列了各種操練的方法。除了書中豐富的資料，家長也可以加入沃特斯博士的網路社群，那裡有一些免費的問卷和參考資料，幫助家長和孩子更深入探討個人的優勢。

優勢教養的重要性在於其事半功倍的乘數效應。然而這種加乘效應不應該只以功利的角度來衡量，優勢發展的果效同時賦予孩子追求自我實現的（部分）掌控權，這不僅提供孩子努力發展所長的重要動力，也會成為孩子自我肯定、自我價值的重要根源。這對原來已經有良好成長環境的孩子有益，對於在現有教育體制和教育氛圍下，適應不良的孩子則更顯可貴。讀到沃特斯博士如何透過注意力（正念）訓練幫助一群讓師長束手無策的青少年，逐漸把握到調整注意力的方法，因而讓在校的成績和表現有所進步，並且學習同儕間彼此肯定的描述，真是激勵人心。

教養／教育所追求的有教無類理想，也能藉由師長和家長的努力，在發展孩子優勢的理念下體現！戴上正向聚焦的眼鏡，尋找孩子所擁有的優勢，開發優勢潛能，幫助孩子展現他們本有的美好自我，並且精益求精，好上加好，為孩子打造一個更快樂、更自主、更積極的成長空間。這就是優勢教養的美好理想！

更重要的是，優勢教養的範圍並不侷限於孩子的外在能力與表現，優勢涵蓋了孩子的全人發展：才能、技藝、品格等，均在優勢雷達的偵測範圍內。因為對每個孩子而言，成長過程中，術業各有專攻，成就各有高下，但是唯有透過成熟的品格，才能保障每個孩子在容有高山低谷的人生馬拉松裡，盡性發展所能，盡力貢獻所長，滿足並感謝當下所有，這樣才能盡情享受人生的每個過程與成果。

你準備好切換你和孩子的優勢開關了嗎？希望閱讀本書的每位家長和師長都能在書中找到開啟孩子（和自己）更有意義、更積極，也更為自由、寬廣人生的那把智慧之鑰。教養不是一種競技；教養是一種成全。我相信《優勢教養，開啟孩子的正向力量》能夠幫助家長找到教養的成全之道。

第二部

打造優勢

第一章 在為缺點抓狂的世界，主張優勢

有時候我們尋找自己生命的呼召；有時候呼召卻自己找上門來。我萬萬沒有想到，我的呼召會在一個雞尾酒會的場合被交到我的手中。那是二〇一一年，我在費城（Philadelphia）參加正向心理學世界大會（World Congress of Positive Psychology）。我們在馬汀・塞利格曼（Martin Seligman）博士和他的妻子曼蒂（Mandy）舒適的家中，一邊啜飲美酒，一邊和遠道而來——從南非、韓國，而我則來自澳洲——的正向心理學家交誼。

馬汀・塞利格曼是赫赫有名的**正向心理學**（Positive Psychology）權威。正向心理學是心理學的分支，以科學方法研究正面情緒、個人優勢以及美德，如何有益人類的健康發展。正面心理學自一九九八年濫觴以來，蓬勃開展[1]，投注龐大資源進行研究，而國際正向心理學會（International Positive Psychology Association）也有超過七十幾個國家，數千名會員參與。

透過馬汀的職務與工作，包括他曾任職賓州正向心理學中心（Penn Positive Psychology Center）主管，以及他所寫的暢銷書籍，像是《學習樂觀，樂觀學習》（*Learned Optimism*）、《真實的快樂》（*Authentic Happiness*）、以及《邁向圓滿》（*Flourish*）（編註：以上三本正體中文版

均由遠流出版），他以滿腔熱情，要把正向心理學推廣為全球趨勢。所以像今晚這種非正式聚會，讓來自世界各地的專家能互相交流，彼此交換想法，就讓我覺得頗具馬汀風格。

當年馬汀到澳洲，我任教的墨爾本大學（University of Melbourne）附近的一所學校，為他們建立正向心理學方針時，我們就認識了。那時我剛從商業經濟學院轉任教育研究學院。我在商業經濟學院時，是一名研究公司組織，為公司團體提供諮詢輔導的組織心理學家（Organizational Psychologist），致力於把正向心理學融入職場——我專門研究，何以重視員工的優點會比在意員工缺點來得能提升員工的工作績效。而在教育學院，我大抵就是把辦公室代換為教室，高階主管代換為老師，而員工則是學生。我同時也主導成立正向心理學中心（Centre for Positive Psychology）。這個專業中心在澳洲、在墨爾本大學和對我個人而言，都是首創。

那次馬汀和我聊到，學校教育體系若能更有效的讓孩子認識正向心理學，那麼孩子在學校的表現將會更優，會更喜歡自己，長大後也能塑造具有正向心理學動能的社會。

然而做為一名心理學家和兩個孩子的媽，我清楚知道，父母和孩子每天有數不清的，各種方式的接觸，家庭才是正向心理學傳遞系統中，最強而有力的管道。

關鍵在於，我們如何和家長取得聯結。

我們那天的談話大致如下：

馬汀：你為什麼不嘗試看看呢？

我：但我是組織心理學家，又不是教養專家。

馬汀：你就是用這樣的方式養育自己的孩子啊，你是一名夠資格的心理學家，而且你還在學校裡輔導學生，你為什麼不能做呢？

我想就是在那個當下，我突然注意到，我的酒杯見底了！

儘管一開始，我迴避馬汀提出的要求，但他的問題在我返回墨爾本三十多個鐘頭的飛行中，一路尾隨。為什麼不是我？也許我辦得到。也許我應該一試。如果我去做這件事，我可以幫助許許多多的家長和小朋友。在飛機著陸前，我已然明白，讓優勢教養走入家庭生活中，是我必須去做的事。

家長：當孩子生活中全年無休的執行長

如今，我在世界各地替學校、公司、以及家長們舉辦優勢本位（strength-based）研習會。我發現無論我身處哪個國家、哪片大陸，無論家長的文化背景為何，所有家長在這兩件事情上是一致的：想幫助孩子充分發展的意願，和對這項任務的無所適從。

教養孩子令家長惶恐。家長是孩子日常生活的執行長，負責所有的部門：認知、生理、社交、情緒、道德、性別教育、精神、文化、與教育，家長都得全權負責。

這一代的家長需要擔心的事比以前的家長更多。我的父母無需考量孩子使用電子產品的時間、網路霸凌問題，甚或收發「色情簡訊短信」。大家對父母的期待也提高了。我們在一個過度重視成績、升學、賺錢能力、社會認同的時代生兒育女。

再者，大家對「正確」教養孩子的共識似乎愈來愈少，挑剔卻愈來愈多。我們被相互牴觸的優秀兒童教育法則疲勞轟炸，以致惶惶不安，不知道自己的教養方式是否對孩子最好。我們也可能迫於想把孩子打造成符合社會認可的樣式，因而不允許孩子長成自己真實的樣貌。

我很能理解這些壓力，但我可以用無比的信心告訴其他家長，我寧可讓我的孩子尼可和艾蜜莉玩耍，也不願意送他們去補習來提高成績。這樣會讓他們處於劣勢嗎？雖然補習的機會多的是，但隨之而來的將是更多的競爭，還有家長為了幫助孩子出人頭地，而從旁嘮叨指導。那我們如何知道什麼才是最佳教養之道呢？

根據我對幸福（well-being）的研究；我在學校、在公司團體以及對家長的工作；還有我自己身為家長的經驗，我認為最優的教養方式，是那種能夠支援孩子自我成長的能力，只要假以時日，孩子自己會有本事承擔重責大任的方式。

優勢本位教養方式（Strength-Based Parenting）的基礎是正向心理學，它提供孩子兩種不可或缺的心理能力：

1. 樂觀：是激勵孩子為自己打造積極願景的力量。❷
2. 抗壓性：是當人生不如自己所期待時，捲土重來的能力。❸

優勢本位教養方式：「惶恐家長」的解藥

多數人都聽過這種說法：「發揮你的優勢」，但有多少人會真正有系統地來實行呢？相反地，我們習慣把注意力放在缺點上面：我們做錯的地方，或是需要改進的地方。我們通常也是這樣對待自己的孩子，以為只要改正缺點，就會讓孩子變得更棒，更成功。

但也許你已經注意到，過分強調缺點，讓生活感覺像是一場磨難——無趣、挫折、甚至全然沮喪——我們當然不希望這樣的事情會發生在自己或是孩子身上。況且這樣也不會讓養兒育女變得容易些。

透過我的工作和研究，我發現為孩子打造成功所須具備的樂觀和抗壓性，可以是一段讓父母和孩子都覺得有意義又快樂的歷程——因為通往樂觀和抗壓性的路徑所需發展的特質，正是為人父母最樂見的：**孩子的才能和正向的品格**。❹

多數家長告訴我，他們希望孩子具有樂觀與抗壓性，但就我的專業意見看來，我們社會的通病是：「立意良善，方向錯誤。」我們誤以為讓孩子樂觀和具有抗壓性的方法是，清除孩子的所有缺點，然而優勢本位的研究證實恰好相反。優勢本位的研究告訴我們，要把絕大多數的注意力放在擴展孩子的優勢上，而不是剪除孩子的缺點。

我的優勢本位教養方式將明白告訴家長何謂優勢，以及如何幫助孩子發揮自己的長處。在後面的章節裡，我會提供更詳盡的定義，我在這裡暫用以下的定義。優勢是：的注意力放在擴展孩子的優勢上，而不是剪除孩子的缺點。

- 讓我們有活力的正面特質；我們能駕馭自如並經常採用的正面特質。
- 以建設性的方式幫助我們達成目標，幫助我們成長。
- 經由我們的天賦能力和持續努力，長期打造而來。
- 受別人肯定和稱讚的特質，這些特質對他人的生活有正面貢獻。

注重孩子的優勢，就是我所謂「優勢本位教養」（SBP）的基礎[5]。透過我本人的研究，加上「優勢本位」研究[6]、正向心理學[7]、神經心理學（neuropsychology）[8]以及我在世界各地教養研習會的工作所得，再加上我身為家長的經驗，才成就這一套正面教養方程式。各種測試和分析已經證明了這套教養方式的有效性，這本書會幫助你實際操練這套教養方式。

為什麼要關注優勢

我們想要定義並活出「美好人生」的探索，可以回溯至古代的哲學家們，然而一直到最近數十年，我們才開始以科學方法探究這個課題[9]。優勢本位教養方式，讓我們有能力，藉由汲取自己最豐沛的內在資源，活出美好生活[10]。當我們把這套方法應用在孩子身上，孩子會把「自己是具有優勢的人」的理念內化，並學會用這套方法掌握自己的人生。

那為什麼我們會關注缺點呢？很多家長向我坦承：「我愛我的孩子，但是我卻不斷批評他。怎麼會這樣呢？」

我可以用兩個字回答你：**積習**。

我們的大腦被嚴格的生存需求調教成絕佳的「既定模式偵測器」。在演化上，我們的生存有賴於迅速偵測出與日常生活中既定模式有異的狀況，並把異狀視為潛在危險的先兆。我們的生存也有賴於偵察出讓我們處於劣勢的弱點。草叢裡不尋常的風吹草動，可能是潛伏的捕食者——現身於部落營火邊，一張毫無笑容的臉，可能是敵人——我們沒辦法像別人跑得一樣快，可能表示在逃難時被遺落在後——諸如此類。這些原始的本能，會放大檢視「異常現象」，幫助增加生存機會，判斷我們所處的世界是否即將面臨不變。

在生死存亡關頭，這種負面偏執[11]可能有極大的益處，然而大多數人不必面對如此極端的處境。我們當今所面對的境況——負面偏執可能只會陷我們於不利，因為這會讓我們對好的際遇視而不見，讓我們無法綜觀大局，也讓我們無法運用那些開啟創新、合作、適應、成長、成功、與成就的開闊思維。

重視負面有益生存；注重正向則有助成功（thrive）。

三十年來的研究清楚顯示，採用優勢本位教養方式對兒童和成人都有好處。好處包括：

- 提升幸福感，更投入課業活動。[12]
- 從幼稚園升小學和從小學升中學的銜接更順利。[13]
- 學業成績較優（由對高中和大學學生的研究得知）。[14]
- 提高對工作的滿意度。[15]
- 較有意願繼續工作。[16]
- 工作績效較佳。[17]
- 較能維繫婚姻關係，且較快樂。[18]
- 體能較佳，並力行有益健康的行為（例如飲食健康；定期就醫）。[19]

- 病後健康恢復力較佳。[20]
- 提升生活滿意度和自我價值。[21]
- 減低憂鬱症的風險。[22]
- 提升處理壓力和困境的能力。[23]

在理智上，我們都明白，還有比「舊有」的負面模式更好的手段。有多少次你在罵完小孩之後，暗地裡自責，心想：「我為什麼不能用更有建設性的方式處理剛才的狀況？」其實，我們只需認識這些手段，以及知道如何使用。

現在一書在手，你能有自信的透過本書策略，幫助你的孩子成為他最棒的樣子。因為書中的策略都有科學依據，是為了因應所有孩子的內在渴望，是為充分發揮孩子的潛能而設計的，並且有著歷經百萬年的演化天擇對優勢的支持做後盾。

在下面的章節裡，你會學到什麼是優勢，優勢如何幫助孩子在生命中更上一層樓。你會明白如何建立某些關鍵能力，那些能力能夠幫助孩子發覺並培養自己的優勢，明白如何用優勢本位教養方式和孩子溝通，管教孩子。你會讀到令人振奮且富教育性的教養案例，就像以下雪倫的故事。雪倫在日常生活中，成功運用優勢本位教養方式，領悟到優勢本位教養的強大功效。

藉由採取一種能幫助你立刻轉換到優勢模式的技巧，你會學到利用簡單的方法，訓練自己的大腦自動從負面的思考模式跳脫到正向的思維模式來對待孩子，面對自己。成效是一個更和諧，更快樂的人生。

所以，優勢本位教養究竟是什麼？

我們每個人都擁有許多優勢（優點）。每個人都有自己特殊的才能（比如體能、心理素質、社交能力、特殊技藝、創造力）[24]，也有自己正面的人格特質[25]（比如勇氣、仁慈、公正），而這些特質的強度不一。優勢本位教養方式讓孩子瞭解自己的各項特殊才能（視表現而定）與獨特人格（視個性而定）。在這個過程中，優勢本位教養方式改變了孩子，也改變了你。

採用優勢本位教養方式永遠不嫌遲，也不會讓孩子變驕傲，自視過高。去年在一場正向心理學的演講結束後，聽眾席的一名父親來找我。他的年紀看起來約五十多歲，頭髮斑白，舉止帶著成功人士的自信，這自信也包括他直接切入主題的談話風格。

他跳過平常的寒暄，開門見山地說：「我的大女兒在高三時為焦慮症所苦，我帶她去看心理醫生，醫生對她幫助很大，特別是幫助她接受她母親和我離婚的事實，所以我能夠明白心理學對幫忙矯正問題有所裨益。但是你無法說服我採用優勢本位的教養方法，特別是拿這套方法來應付我兩個兒子。如果我關注在他們的優勢上，那是不是表示我漠視他們的缺點？這不是有點不切實際嗎？這樣他們不會變成過度自信嗎？」

我常常被問到這些問題，而這也正是我們將要探討的議題。我對這類問題的簡短回答是：不會。

一個強健的孩子，懂得善用自己的優勢，並同時修正自己的弱點，因為他很實在的自我認同，給了自己一個扎實的基礎，這個基礎是他認識並面對自己尚待改進之處時所必備的。優勢本位不代表我們無視自己的弱點。優勢本位意味著，我們從一個不一樣的、宏觀的脈絡，來看待與面對自己的弱點。

容我清楚說明，優勢本位的教養方式不是用虛偽和過度的讚美吹捧孩子，那會造成大頭症的自戀[26]。優勢本位的教養方式是依據孩子實際的優勢，給予孩子真實的稱讚。既然我們沒有人是如此完美，可以時時展現優勢，所以你大可放心，你既不會掉進過度讚美孩子的圈套裡，也不會有打造出自以為是世上獨一無二、特殊的、自戀孩子的風險。優勢本位教養方式的貢獻在於它清楚指出，優勢讓我們獨特，但優勢不會令我們特殊。因為人人都具有優勢，擁有優勢其實一點都不特殊。特殊的是，我們該如何以利己利人的方式運用自己的優勢。這才是優勢教養的目標所在。

讓我也同時說明，雖然優勢本位教養方式能提升家長和孩子的幸福感，但優勢本位教養方式並非建立一個虛偽的正面迷人氛圍，讓孩子置身其間，無需面對挑戰。優勢本位教養方式在於幫助孩子在美好時光中欣然成長，也在於幫助孩子運用自己的優勢，在逆境中成長。以正確方式支持孩子度過難關。為孩子建立優勢，幫助孩子在逆境中發覺自己的優勢，是為人父母者能為孩子做的最有效益的一件事。

你知道嗎，我也曾用這名認真的父親所提出的問題問過自己。我樂於做一名家長，我和每個家長一樣，每天經歷養育子女的難題和憂心，因此我真心享受和其他家長討論這些事情。所以在我問過這位父親幾個問題，對這位有修養的男士的顧慮有多一點瞭解之後，我靈機一動，問他做不做園藝工作。他做耶！我問他如何栽培他的園圃，他告訴我他除草的方法，他怎樣用網子保護玫瑰花不被小蟲咬，還架設小圍籬，保護某些特別稀有的植物。這個人還真懂園藝。我想到拿園藝做比喻，真是太幸運了！

我問他會做那些事來確保植物維持最佳生長狀態。他說他會使用碎木覆蓋土表，做季節性修剪，定期添補優質的表土，還使用一種絕對有效的昂貴肥料。他甚至要我把肥料品牌寫下來，好用在我家的園圃上。他顯然熱愛他的花園，使之欣欣向榮。

我們聊到他的某些作為是去除植物成長的障礙（例如，除草），而某些作為則是為促進植物生長（像是添加他說的那種超級肥料），這和優勢本位的教養方式真是完美的對照。如果我們想栽培孩子，我們需要教育孩子如何除去自己的雜草（缺點），如何添加養分（優勢）。

替他女兒求教心理醫師，就好比除草的過程。然而，當我請他回想，他為提升女兒優勢而做的事情，他想了一下，搖搖頭。「我明白你的意思。」他說，「我很難過的說，我沒有做過任何這類的事情。我以為矯正她的問題就足夠了。」

當我建議他，還是可以透過施肥和除草並重的方式，試著發展孩子的優勢，偌大的微笑，在他的臉上展開，他誠心和我握手道別。

六個月後，我收到這名拘謹但認真的「園藝家」父親的來信。他寫道，他帶著新的教養觀點離開我的研習會。他說，在參加過研習會後，他一開始為自己不曾是一個優勢本位的家長而傷心自責。他想：自己是不是在不自覺的情況下，傷害了孩子？但他記得我鼓勵他開始採取優勢本位的作法，所以他決定一試。他發現，優勢本位教養方式並沒有如他以前所擔心的，讓他兩個兒子變得軟弱或自以為是。他分享，現在自己和女兒的關係是前所未有的親近，女兒也比以前更常從大學打電話回家。做為家長，他自己有所成長，也更自在。他信中寫到，幫助孩子看見自己優勢的同時，也幫助他看見自己身為人父可以為孩子盡力的事——他自己的優勢。他還附上一張照片：三個孩子和他一起在園圃中工作。

成為一名優勢本位家長，改變了他家中的生活。優勢本位教養以一種全新的方式，匯集他們，幫助彼此成長。這樣的情形也可以發生在你家，而我之所以知道，是因為我已經見識過太多次了。優勢本位的教養方式讓父母獲得活力，建立孩子的信心。因為優勢本位教養方式是在每個人本身既有的特質上建造，而不是試圖「矯正」或增補原來並不存在的部分。

多數家長對親職都是盡心盡力。如果你還不是一位優勢本位的家長，並不代表你就不是一位好家長。但我確知，優勢本位的教養方法能幫助我們成為更美好的家長。抱持給予孩子人生最佳起跑點的目標，優勢本位教養方式結合了我們對孩子的愛，與最新的優勢教養研究資訊。

舊有的教養模式

我們對優良教養的理解是由加州大學柏克萊分校（University of California, Berkeley）的戴安娜・鮑姆林德（Diana Baumrid）博士[27]在一九六〇年代開啟的。她的研究對家長產生超過半世紀，舉足輕重的影響。翻閱多數的教養書籍，你會看見她所提出的觀念：溫暖（warmth）、依附（attachment）、界線（boundary）以及自主性（autonomy）。

鮑姆林德博士聚焦在教養的兩個面向[28]：「控制」（control）和「撫育」（nurturance）。控制指的是父母監督孩子，替孩子設定界限的程度，而撫育指的是父母對孩子提供情感和溫暖的多寡。鮑姆林德博士用這兩個面向把家長區分為三種教養型態：「懲罰型」（punitive）、「放任型」（permissive）、以及「威信型」（authoritative）[29]。

這個分類的一端是「懲罰型父母」（控制——冷漠）。懲罰型父母嚴厲、不通融、沒有愛心。他們把教養的重點放在要求孩子順服，而不去感受孩子的需求。

分類的另一端則是「放任型父母」（自由——溫暖）。這類型的父母溫暖有愛，但缺乏原則和管教。懲罰型父母太過嚴厲，但放任型父母又過於軟弱。兩者都對孩子的成長有礙。

然而，就如金髮姑娘（Goldilocks）發現「恰好」（just right）的中庸之道：威信型父母（控制——溫暖）能感受到孩子的情感和需求，卻不過分溺愛。他們設定清楚的規範和界線，也願意保持彈性，鼓勵孩子獨立自主。

五十年來的研究告訴我們，在這三種教養型式中，威信型父母教養出最具適應力、行為最得體、最有才華、以及成就最高的孩子[30]。

然而，經由正向心理學的學習，現在的教養方式對孩子的好處更多，那我們為什麼還要安於「恰好」的教養方式？

我如何開創優勢本位的教養理論

二〇〇三年，我擁有母親的身分後，這個問題經常在我腦中盤旋。那時候我已拿到組織心理學的博士學位，透過墨爾本大學商業與經濟學院的課程，正忙著把當時新興的正向心理學——特別是優勢本位的團體互動關係——應用到公司團體中。這套方法不僅在職場裡讓工作績效改觀，也讓那些接受我輔導，手握大權的（多數是男性）主管們的個人生活為之改變。我記不得有多少人告訴過我，「這個課程改造了我為人上司、為人處事、為人家長的態度與作法。」他們的配偶也都同意。我清楚記得，在一個在全球舉足輕重的投資銀行的聖誕派對裡，每一位高階銀行家的太太，都過來對我所做的工作致謝。「他改變好多。」她們說這話時，笑容滿面。

在經歷過專注優勢所帶來的影響力後，許多高階主管也會問：「為什麼我在工作生涯的初期沒有學到這些事情？那會讓我大大受惠。」

當我思考這個問題時，我的第一個念頭是，如何訓練那些剛畢業的新進員工優勢本位？然後，或許因為我有兩個年幼的孩子，在優勢本位的教養方式下，茁然成長，所以我的想法變成：如果我能從兩歲孩子開始做起，那為什麼要等到二十歲才開始呢？

這就是為什麼有個週五的晚上，我們在電視機前面吃著買回來的晚餐時，我告訴我先生：「我必須開始和學校合作。」把我先生嚇了一跳。

幸運的是，我和墨爾本大學教育研究所所長菲爾德・雷卡茲博士（Field Richards），早已建立良好的關係。我們一年會喝上幾次咖啡，他幾乎每次都會問我：「你什麼時候來幫我做事啊？」這是我和他之間的小玩笑。「絕不可能！」我總是這樣回答他，「教育體系不是我的專長。」我在跨國企業的權力世界裡，工作愉快。這種玩笑話持續多年，直到有一天，我說，「好吧，如果你幫我找到合適的職務，我們可以認真談談。」

就像是一種宇宙的巧合，就在我吃外帶晚餐，有所頓悟後的那個星期一，所長打電話來。「我幫你找到適合的職位了。我需要有人來發展和主持一個新的和領導力相關的學位，這是和公立教育體系合作，目的在提升公立學校體系領導者的領導力，你認為呢？」我很快計算了一下我會減少的薪水，花幾分鐘哀悼離開商業與經濟學院後必須放棄的那些好處（再見了，年終獎金；再見了，出差津貼；再見了，文書助理；再見了，免費的卡布奇諾……）「我願意。」我回答，「不過條件是，我可以把正向心理學帶入這個計畫中，此外，讓我們討論成立一個中心，把優勢心理學的工作帶進公立學校體系中。這個提議有可能實現嗎？」我很高興聽見他回答，「我也一直在想著同樣的事情。」這就是正向心理學中心在二〇〇九年啟動的緣由。

在我和馬汀・塞利格曼二〇一一年那段關鍵的雞尾酒會談話之前，我已經在許多學校和老師及學生合作，積極從事優勢本位的工作。正如那些高階主管一樣，學校的老師也告訴我，優勢本位讓他們的教室和家裡都改觀了——他們也把優勢教養應用到自己孩子身上。我在學校主辦夜間優勢本位研習會為家長演講，發現家長們渴望多認識優勢教養。從我自己的研究，我已經知道優勢本位方法能增進學生的幸福感[31]。馬汀說得沒錯，研究優勢本位教養方法的影響，對我而言是合理的進程。

我從一個再簡單不過的觀念著手，我推想，有效的教養方式（例如威信型），是否有可能受到鮑姆林德的控制與關愛之外的第三個面向影響：家長對兒童發展關注的焦點。我的推論是，家長可能有缺陷聚焦（deficit focus）或優勢聚焦（strength focus）。擁有缺陷本位發展焦點的家長，下意識認為，幫助孩子成為一位快樂成功者的最佳方式是，幫助他們去除缺點和瑕疵，如此一來，孩子長大成人後，就不會受限於自己的缺陷。而擁有優勢本位發展眼光的家長相信，幫助孩子成長，養育出快樂且成功的成年人的最佳方法是，發覺和加強孩子的優勢與正面特質。

你怎麼知道自己是哪一種家長呢？以下是參加我研習會的家長所做的練習，這個練習可以讓你知道自己對孩子發展的關注焦點為何。

想像你的孩子是一團黏土。花點時間，把黏土塑造成孩子的樣子，一樣的身高和體型。現在，往後退一步。你會看到，有部分黏土已經完全成型，捏塑得很漂亮，這就是孩子的優勢。有些部分則尚未成型，甚或根本還沒捏出形狀來，這些欠缺的部分，就是孩子的缺陷。

然後我要家長想想自己的孩子，（詳細標記他們在這個以自己孩子為本的模型上），所看見的優勢和缺點。「再來你們會怎麼做，好幫助孩子長成快樂而成功的大人？」我問道。

許多家長的傾向是試圖填滿這些缺陷，因為缺陷吸引了我們的目光。而且認為，如果不把這些空缺填補起來，這個造型會垮掉。這就是缺陷聚焦。只有少數的家長會說，要在已成形的黏土上繼續加工，繼續延展。這就是優勢聚焦。

這個練習是一個迅速有效的方法，幫助家長發現自己對兒童發展的觀點，是缺陷本位還是優勢本位。

問題在於，我們可以花許多時間和精力，填補空洞，塑造那些未成型的地方，撫平瑕疵。當我們把焦點放在減少缺陷，這些空洞的確會縮小。然而，卻對加強孩子既有的優勢毫無作為。

如果我們把時間和精力花在改善既有的部分，而不是填補空缺，那會發生什麼事呢？當我們把模型的輪廓理得更清晰，繼續加強、塑造原有的地方——孩子的優勢——那些空洞自然而然會變得越來越小。在造型的過程中，黏土被推進那些空隙中，換句話說，優勢延伸到缺陷原本的空間裡。

在我輔導家長的工作中，我看到立意良善的威信型家長，不由自主的阻礙孩子的優勢發展，因為他們的兒童發展觀是缺陷本位，儘管採取的是關愛的方式。例如：

- 聚焦在孩子較差的成績，卻忽略較優的成績。
- 在意孩子注意力不集中，卻沒有注意到能讓孩子全神貫注的活動。
- 責怪孩子沒有禮貌，卻對孩子彬彬有禮的時刻不在意。
- 指責孩子塗顏色超過界線，而不稱讚孩子的用色選擇。

當我請樣本數近萬的青少年評價他們父母的優勢本位傾向，大約百分之二十五的青少年把父母評為低度優勢本位教養，大約百分之二十的青少年給父母中等的評比，只有略微過半的青少年把父母列為高優勢本位。而我的研究顯示，這些有優勢焦點家長的青少年，心理評量的表現較佳。包括：

- 生活滿意度較高。
- 正面情緒較高，像是喜樂、希望。
- 比較認識自己的優勢。
- 運用自己的優點幫助自己在期限前完成功課。
- 運用自己的優勢協助處理和朋友間的問題。
- 用比較積極的方式處理壓力。

・日常生活中感受到的壓力較小。[32]

這些結果是對我的理論的肯定，但我對優勢本位教養方式的濃厚興趣，另有我私人的理由。就跟許多兒童一樣，我小時候也被調教成只看見自己的不足之處——聚焦在自己的弱點、小毛病、過錯。有部分原因是因為我們成長在一個過於在乎缺點的世界。此外，我還深受母親精神方面疾病的影響。媽媽的憂鬱症導致她極不穩定的行為模式和極端的情緒變化，從悲傷、依賴、到漠然無感、到生氣、暴怒。我家的情況通常令人感到疑惑和不確定，令我覺得很不踏實。在我的成長過程中，我一直認為，我一定有什麼很嚴重的缺點，才會惹得媽媽這麼不高興、生氣。

媽媽的精神醫師沒有告訴我們該如何因應，爸媽認為保護我們的最好辦法就是，不准談論媽媽的憂鬱症。這是爸媽的善意，但實情是，當我們害怕時，或是當媽媽住院治療時，我們沒有可傾吐的人。沒有人能幫助我們理解究竟發生什麼事，沒有人可哭訴，也沒有人來告訴我們，這根本不是我們的錯。我感到非常孤獨，在漫長的歲月裡，我的內心承載著深沉的悲傷與羞恥感。

但不要誤會了——我的童年也有美好時光，有快樂的暑假。爸媽在我所屬的游泳社團很活躍，花費難以計數的時間，開車接送我們參加各項運動競賽。他們重視教育，供我上大學——

這是一份令我永遠感謝的禮物。爸媽很辛苦賺錢養家，灌輸我高度的職業道德感。他們教我接受人與人之間的差異，教我跳脫傳統思維的框架。我的童年點燃了我成為心理學家的熱情，讓我決定長大後要幫助那些遭遇難題的個人及家庭。

如果家裡的困難還不夠的話，十五歲那年我還在學校受到嚴重霸凌。在那之前我沒有被霸凌過，但是我總是對那些被霸凌的孩子深表同情。因為我的成長背景，我知道覺得自己和別人不同是什麼感受——像個邊緣人。所以當有一天，那些霸凌者又在置物櫃旁欺負一個學生時，我終於按捺不住了。我心想，該要制止了。我站在霸凌者和受害學生之間，告訴那些霸凌者，他們必須停止霸凌，但我卻很蠢的加了一句，「你們幹嘛不挑一個和你們一樣壯的人？」

接下來的八個月，他們轉而把怒氣都出在我身上。從每天早上我搭上學校巴士的那一刻起，一直到晚上下巴士的那一刻止，他們對我惡意攻擊，毫不留情。惡言辱罵我、對我大吼大叫、推我、擠我、拉扯我的頭髮，還在學校孤立我。他們到處說我的壞話，在我的書包裡塞恐嚇信。有時候他們會在半夜從外面的公共電話亭打電話到我家（這裡頭唯一的恩典是，這是發生在社交媒體盛行年代之前）。

最不堪的是，他們提及我媽媽的事。在我們那種小地方，有幾個女孩子對我媽媽的病情略知一二。但最最糟糕的是，他們也開始霸凌我妹妹，那是他們第一次看見我掉眼淚。

我試圖克服這個難關，不讓他們看出我的痛苦，否則那只會讓霸凌的情況更惡化。在他們打了我幾次以後（他們企圖用香菸燙我的臉，把我的耳環扯掉，導致耳朵流血），我爸媽替我轉學到一所新學校。

家裡和學校的悲傷大到令我無法負荷，我得了暴食症。當我開始大吃特吃，我滿腦子想的都是食物。每一口食物都讓我把情緒推向心底更深的地方。這時候我會變得無感，我的痛苦掙扎也會隨之消退。但是，很快的，一股自我厭惡的感覺漸漸浮現，然後我會經歷清除（催吐）的痛苦過程。長達七年的時間，我所有的精力都放在計畫什麼時候可以偷偷大吃一頓，想著我要吃下多少食物，然後再把它們吐出來。這個過程讓我精疲力盡。

我攻讀心理學博士班時，有一天我去聽一位教授講課，主題是一種因為長期維生素B吸收不足而引發的大腦失調症，稱為魏尼克．高沙可夫症（Wernicke-korsakoff syndrome）。這個病可能發生在酒精上癮的人身上，因為長期下來，他們會失去代謝維生素B的能力。「順帶一提」，教授說，「這個病也可能發生在厭食症和暴食症的病人身上，因為他們維生素B攝取不足。」

這句不經意的話給了我當頭棒喝。儘管我所遇到種種困難，我的智力優勢讓我從高中、大學、一路讀到博士班，我不能讓暴食症奪走這一切。

為了挽救我認為自己僅有的優勢，我尋求專業幫助。治療師和我一起處理從童年累積至今的恐懼和悲傷。我克服了暴食症。這對我的療癒是個非常重要的起步，但療程尚未結束。現在我不用暴食症壓抑我的感受，但常年來壓抑的悲傷和煩惱，卻變成十分嚴重的憂鬱症及焦慮，跟著我有超過十年的時間。表面上，我行動力高、成就佳，但我的內心是一團廢墟，我感到空虛不安。我會把時間排得超滿，以避免焦慮。之後，我的工作會讓我不勝負荷，搞得腦中的化學物質大亂，陷入憂鬱。我就像雲霄飛車，至少可以這麼形容。

當我在三十二歲懷了兒子的時候，我下定決心不要讓這些麻煩事影響到孩子。有一天，我和朋友約在書店碰面喝咖啡，正巧看見架上馬汀・塞利格曼的兩本書，《學習樂觀，樂觀學習》和《真實的快樂》，就好像它們早就在書架上等我了。讀這兩本書時，我想我應該是全世界最認真的學生，因為我是為了一個新生命和我自己而讀。《真實的快樂》這本書特別打動我，尤其是書中提到正面心理學這個新興領域，以及我們應該停止把焦點放在自己有問題的地方，而是要去支持自己優點的一段話。

我找到一位採用優勢本位方法的治療師，他幫助我看見，除了智能，我還有許多優勢——包括仁慈、熱情、好奇、意志力、幽默等等——幫助我多年來繼續堅持，歷經人生種種事情，獲得博士學位，遇見我先生，結婚，繼續照顧生病的媽媽，交到一群可愛忠誠的人生摯友。我因此瞭解到，儘管備受心理問題困擾，我的優勢使我努力不懈，是阻止我沉淪的救生筏。

發現並接受自己的優勢，為我帶來心底的寧靜。知道我隨時隨地擁有這些內在的資源，幫助我找到自我安全感，這還是我人生第一回。我也明白了，優勢不僅是在波濤洶湧大海上的救生艇，更是一支能幫助我划向更正面的彼岸的槳。特別是，優勢將會幫助我成為一名好媽媽。

這真是一個瞭解我自己和我人生的強大助力。我下定決心，從出生的第一天開始，就要支持我肚子裡這個小男孩帶到這個世界上的天賦優勢。

從那時起，我的優勢本位方式成為孩子和我的根基。這個方法讓我的教養方法更有計畫，更合理，也更具一貫性。我不是每件事情都做對，但是我做對的事並不是巧合。優勢本位的教養方式讓我有能力複製成功的教養經驗，也希望能減少失誤。我希望其他家長也能擁有相同的經驗。

葫蘆裡賣什麼藥

這幾年來，我把一開始在自家實驗室裡用在尼可和艾蜜莉身上的做法，在數千名其他兒童身上試驗[33]，促成了我現在輔導家長的工作，和你現在正在閱讀的這本書。在下面的章節中，你會學到：

- 優勢究竟是什麼（優勢非常有意思，讓許多研究人員苦思多年）。

- 如何應用優勢本位研究、神經科學、遺傳學和正向心理學的最新發現，來支持你的優勢本位教養方式。
- 明確的方法來確認孩子的優勢，知道核心優勢，發展優勢和後天學會的行為，三者之間有何差別。
- 如何看出並支持孩子，在他的優勢若隱若現，明顯可見，或是十分耀眼的時候。
- 如何對付孩子的缺點，以及處理其它棘手問題的祕訣。
- 我的故事和教養方法和其他家長的經驗，讓你看見優勢本位的教養方式如何改變他們的生活，幫助他們養育堅強、有安全感、善良、有能力的孩子。

優勢本位的教養方式能夠成為許多家長——就像早先介紹的那位懂園藝的父親——所說的不適任感的解藥嗎？我投贊成票。在我的一個研究中，接受四個星期優勢本位教養課程的家長覺得他們更投入孩子的教養，更有做父母的自信，對孩子也有更多好感[34]。下面是雪倫的真實感受，她是在我書中分享親身經驗的一位家長。

雖然莎曼已經二十一歲了，但是當她還小的時候，我常常擔心她有完美主義的傾向。她花很多時間整理東西，如果結果不夠完美，她就很生氣。我常常害怕她有強迫症，或是當生活的錯綜複雜和挑戰變多的時候，她會活得很辛苦。可惜我一直到她青少年後期，才知道優勢本位的教養方式。然後我發現，懂得欣賞美和卓越是她最大的優勢。忽然間，一切事情都有了合理的解釋。當她對周遭環境感到挫折，批評家裡玩具太雜亂，在意別人看我們家的眼光（當然，因為媽媽的罪惡感，這在我個人的失敗上記了一筆），都只是在傳達她對美和卓越的品味。從那時候開始，我不再把她的批評當成是對我個人的排斥和評價，而把它們視為她只是欣賞美好有序的事物。現在當我需要準備一場演講，要整理家裡，或是在家理開派對時，我會仰賴她的優勢。我也明白了，對她表達我愛她的一個方式就是，在我能力範圍內，讓家裡看起來很吸引人，井然有序。

優勢本位的教養方式也讓一個家庭更像一組團隊。讓孩子找到自己的優勢，讓他們在家中得到一個位置。這讓他們覺得受到重視，也讓父母的工作更輕鬆。你剛才已經讀到雪倫的女兒運用自己對美的品味，幫助籌畫家中的派對。下面還有瑪莉的兒子汾，他是家裡的音樂DJ，同時也是幽默救援達人，在難過的時候，為家人帶來歡笑。還有喬的整理達人兒子，自己整理書包。以及班的創意兒子，他喜歡廚藝。你覺得自己的孩子有哪些優勢，能充實你們的家庭生活呢？

最後，藉由幫助孩子實現優勢，發覺優勢，你可以對外界莫衷一是的教養忠告，理出頭緒。你會有自信，不再疑惑，因為孩子既有的優勢自會開道。你可以幫助孩子，學習如何擴展優勢，把優勢應用在不同領域中，如何在困境中借助優勢，利用優勢為自己開創美好前程。或許最重要的是，你能幫助孩子運用自己的優勢，造福人群。

一個人能夠從修正缺陷，改善先天不足之處，而成為成功的人嗎？也許可以。但是那個人能夠帶著樂觀和不畏懼艱難的態度，完全實現自己的潛能嗎？而這不正是我們對孩子的最大期望嗎？

或許最棒的是，儘管優勢教養方式的效能背後有複雜的科學佐證，但實行優勢本位教養的方法卻相對簡單。事實上我把優勢教養的方式簡化為兩個步驟：首先是，看見孩子的優勢，然後是，加強孩子的優勢。

假以時日，當你使用靈敏的大腦來發現孩子的正面模式時，優勢本位的教養方式會成為你新的自動設定──就像那些接受我訓練的商業人士和老師回家後，在太太、先生、朋友、家人、以及孩子身上看見他們的優點一樣。

在過程中，如果你偶爾犯錯，不要擔心，家庭生活會提供你許多改正的機會。優勢本位教養方式的一個關鍵部分在於瞭解犯錯沒關係，開始採取優勢本位的教養方式，永遠不嫌晚。孩子比你想像得更具抗壓性。同情和原諒自己及他人，有助於學習優勢教養的過程。正如那位精通園藝的父親，沒有理由一直懷抱罪惡感；最佳的選擇就是，開始正面前進。這本書會提供你所需的技巧。

我寫這本書和設立優勢開關網頁的一個目的是，成立一社群。在那裡，家長可以互相支持、打氣，也可以在那裡打造並表揚孩子和我們自己的美好特質。我邀請你來看看我們的網站http：www.strengthswitch.com，只要填寫優勢教養宣言，就可以加入我們的優勢本位教養社群。我會提供你研究新知、鼓舞人心的小故事，還有可以和孩子一起從事的活動。

雖然這一章的標題是「在為缺點抓狂的世界裡，主張優勢」，然而當你仔細觀察周遭，你會發現，你的身旁其實有著許多優勢幫手，你只是不曾用這個角度看待他們。一直邀請我與他共事的院長友人，他看出我的優勢，知道我能在新的領域繼續發展我的領導力和專業知識。多年來我一直否定他對我的看法，堅持商業諮詢顧問的角色，這個角色讓我很有成就感，但老實說，也漸漸覺得有點太輕鬆了。再來還有馬汀・塞利格曼，他鼓勵我去挑戰我自認並不適任的研究領域，最近又鼓勵我寫這本書，再次挑戰我的自我設限。

我們每個人的生命中都有優勢幫手。這個人可能是你心愛的祖父母、或是阿姨、叔叔，他們總是對你有信心。一位懂你的老師，一位知道如何激發你最佳潛能的教練。一位老闆或導師，選擇你負責一個大的計畫，因為他知道你能辦到，即使你自己不這麼認為。某個願意給你機會的人，他在你自己（還）不清楚自己的優勢以前，就看見你的能力。這位優勢幫手甚至可能就是你的雙親。

現在，輪到你做孩子的優勢幫手了。

就像我的故事所顯示，我們都有必須克服的難題，我們都是未完成的作品。只要我們活著的每一天，我們就有潛藏的能力，去學習、去發展，呈現自己最優的一面。這種專注於自己的優勢的能力，照亮我們的前途。

如何使用本書

這本書是為你和孩子所寫的。運用自己的優勢來發展自己，並沒有年齡限制。本書的某些練習是專門為家長而設計的，而另一些練習則是讓家長和孩子共同完成。

1. 你將會因為運用你的優勢而成為一名更有能力的家長，一位更有效率的人。
2. 你要為孩子示範這個新的方法，幫助孩子學習成為優勢本位。
3. 你將成為一名有目標、有企圖心的優勢幫手，這會有助於改善你和所愛、所關心的人之間的關係。

一旦你看見孩子的優勢，而且開始加強這些優勢，你會發現，運用優勢是一個有效果、令人滿足、又充滿活力的教養方式。你會問，為什麼你以前會採取別的方法，或是你為什麼不早一點開始嘗試優勢教養方式。但重要的是，你現在已經開始採用這個教養方式。切換優勢開關，永遠不嫌遲。

練習

做家長的你具有優勢本位嗎？

在我們開始這趟旅程以前，必須知道自己所在的位置。以下四個練習可以讓你有個概念，知道自己在優勢本位教養方式方面，已經做到哪些程度。你可以試著加強自己已經做得不錯的地方（這就是運用你自己的優勢）。也可以知道自己在哪些地方仍需努力，這會幫助你妥善利用本書的後續章節。如果你在以下問卷的得分偏低，不要擔心。在你閱讀本書時，你會驚訝自己進步迅速。

練習：測驗你的優勢本位教養方式

你運用優勢本位教養方式的程度？

以下是我在研究中使用的一份問卷，看看能得多少分。

步驟一：閱讀下列敘述，思考，並選擇和你經驗最符合的答案。

1. 我可以輕易看出孩子的優勢（個性、能力、才藝、技能）。				
1 非常反對	2 有點反對	3 不反對也不同意	4 有點同意	5 非常同意
2. 我知道孩子喜歡做什麼事。				
1 非常反對	2 有點反對	3 不反對也不同意	4 有點同意	5 非常同意
3 . 我不容易看出自己孩子的優勢。				
1 非常反對	2 有點反對	3 不反對也不同意	4 有點同意	5 非常同意
4. 我知道孩子擅長做的事。				
1 非常反對	2 有點反對	3 不反對也不同意	4 有點同意	5 非常同意
5. 我能注意到孩子的關鍵優勢。				
1 非常反對	2 有點反對	3 不反對也不同意	4 有點同意	5 非常同意
6. 我知道哪些事情會讓孩子起勁。				
1 非常反對	2 有點反對	3 不反對也不同意	4 有點同意	5 非常同意
7. 我能輕易看出孩子最擅長的事。				
1 非常反對	2 有點反對	3 不反對也不同意	4 有點同意	5 非常同意

8. 我讓孩子有機會經常使用他們的優勢。				
1 非常反對	2 有點反對	3 不反對也不同意	4 有點同意	5 非常同意
9. 我鼓勵孩子做自己擅長的事。				
1 非常反對	2 有點反對	3 不反對也不同意	4 有點同意	5 非常同意
10. 我建議孩子每天運用自己的優勢。				
1 非常反對	2 有點反對	3 不反對也不同意	4 有點同意	5 非常同意
11. 我積極教導孩子如何在不同情境下運用自己的優勢。				
1 非常反對	2 有點反對	3 不反對也不同意	4 有點同意	5 非常同意
12. 我鼓勵孩子做自己喜歡的事。				
1 非常反對	2 有點反對	3 不反對也不同意	4 有點同意	5 非常同意
13. 我想辦法幫助孩子運用他們的優勢。				
1 非常反對	2 有點反對	3 不反對也不同意	4 有點同意	5 非常同意
14. 我鼓勵孩子做讓他們感覺起勁的事。				
1 非常反對	2 有點反對	3 不反對也不同意	4 有點同意	5 非常同意

步驟二：根據以下的指示，計算你的得分。

認識孩子的優勢得分數

- 第1、2、4、5、6、7題，答案計分如下：

  1分＝非常反對

  2分＝有點反對

  3分＝不反對也不同意

  4分＝有點同意

  5分＝非常同意

- 第3題反向計分（也就是說，根據以上計分標準，分數為5則反計為1，得分為1則反計為5，如分數為3則計分不變。）
- 把1到7題的分數加總起來。

問題	得分（最高5分）
1	
2	
3（注意反向計分）	
4	
5	
6	
7	
認識孩子的優勢 總分	最高35分

加強孩子的優勢得分數

- 第8、9、10、11、12、13、14題，答案計分如下：

1分＝非常反對

2分＝有點反對

3分＝不反對也不同意

4分＝有點同意

5分＝非常同意

問題	得分（最高5分）
8	
9	
10	
11	
12	
13	
14	
加強孩子的優勢 總分	最高35分

總得分

- 把兩個計分表的分數相加後，就是你的總分。總分應該介於7到70之間。

步驟三：詮釋得分

這份問卷把你的答案分成兩類組，揭示你的教養方式的兩個關鍵面向：你對孩子的優勢認識多少以及你鼓勵孩子加強自己優勢的程度。讓我們更仔細檢視這兩個分類：

認識孩子的優勢

你教養孩子的方式是，努力注意到、並瞭解孩子所擅長、所喜歡，並且做得起勁的事。你會告訴孩子，你知道他們的優點，你也會幫助孩子看見他們自己的優勢。

加強孩子的優勢

你教養孩子的方式是，積極鼓勵孩子花時間善用自己的優勢。你鼓勵孩子從事他們會有優異表現、會讓他們有活力，並且是他們經常從事的活動。比方說，你可能會鼓勵孩子到慈善機構做義工，因為你看出他們有慷慨待人、關懷別人的優點。或是，你注意到他們有音樂方面的才華，很喜歡音樂，你就會建議孩子報名參加學校的樂隊。

瞭解得分的涵義

你的得分會介於7分（沒有運用優勢本位教養方式）到70分（完全奉行優勢本位教養方式）之間。在你檢討自己的得分以前，最要記得的一件事情是，優勢本位教養方法是一套技巧，無論你這份問卷的得分高低，你都可以學習增進這套技巧。

0—20分＝優勢本位教養方式的低度使用者。如果你的得分在這個範圍內，不要擔心，很多人都還沒學會該如何重視優勢。你會驚訝發現，只要每天多關注孩子的優點，就會促進你和孩子的正向關係。你會學得很快，你會在這本書和我的網站上，找到許多教養的祕訣、技巧、和練習。

21—40分＝優勢本位教養方式的中度使用者。你在優勢本位教養的技巧上已經有扎實的基礎，你可以更深入瞭解優勢教養方法的過程。

41—60分＝優勢本位教養方式的高度使用者。你大概已經見識到優勢本位教養方法對孩子和家庭生活的好處。繼續努力，不斷成長，有更多美好的經歷等著你。

61—70分＝優勢本位教養方式的超級使用者。恭喜你！你在新的教養模式的道路上，熱情前進，打造一個以優勢驅動的世界。繼續加油！

這個評量表在我的網站上 http://www.strenthswitch.com 也找得到。你可以把這個網站告訴朋友。如果你想協助優勢本位教養方式持續進行中的研究，你可以到網站註冊，回答問卷。在你的同意下，你的測量結果會收錄在資料庫裡，幫助我們進一步瞭解優勢本位教養方式。

練習 找出你自己的優勢

學習如何認識和培養孩子的優勢，要先從自身做起。在第三章，你會學習更多有關優勢的資訊，我會告訴你一些你可以完成的問卷，有系統地來發覺自己擅長的才藝與正面的人格特質。但現在我們先從廣泛的角度開始探討。你有什麼優勢？在家長的角色上，你如何使用自己的優勢？讓我們從以下的活動來一探究竟。

你的最佳教養經驗

回想你某次良好的教養經驗，你對自己的所言所行，還有孩子的回應，都感覺很棒。現在把這個故事鉅細靡遺地寫下來。你的做法為何？你的感受如何？對孩子有何影響？

你的故事

練習 找出自己獨特的優勢本位教養型態

在我和世界各地的家長為數眾多的談話中，我注意到家長行使優勢本位教養方式，有三種迥然不同的風格。有些家長是透過和孩子談話，我稱這類型的父母為優勢溝通者。有些家長則是透過輔導，直接幫忙孩子練習，我稱這些家長是優勢行動者。還有一些家長，則是透過替孩子製造運用優勢本位的機會，我稱這些家長為優勢製造者。

我相信這三種典型的產生，是家長自身的優勢使然，不管家長自己有沒有意識到。溝通者會很自然使用交談，做為幫助孩子找到自己優勢的方法；喜歡實際動手的行動者，會自己示範和直接幫助孩子；有謀略，喜歡綜觀全局的製造者，會製造恰當的情況，有利孩子的優勢發展。我是一名溝通者，而我的丈夫馬修是一名行動家。我猜那名喜歡園藝的爸爸是一名製造者。你也有可能混合上述三種類型，但是你會有一種最主要的模式。你認為自己在這三種類型上，各有長短？你自己獨特的混搭風格為何？你可以到我的網站上，回答免費的優勢教養模式問卷。

練習

看看別的家長如何使用優勢本位教養方式

觀摩其他家長如何應用優勢本位教養方式，是學習成為一名優勢本位家長的好辦法。這就是為什麼我和我所指導的應用正面心理學碩士班（簡稱 MAPP）學生萊拉・莫斯曼（Lara Mossman），設立優勢交換（Strengths Exchange）網站的原因。

你在那裡可以找到家長、小孩和青少年談論他們如何運用自己的優勢的短片。觀看這些把品格優勢化為行動的故事，會提供你一些想法，把優勢帶進你自己的家庭生活中。在這個網站，我另外兩位碩士班學生，克萊兒・霍群（Claire Fortune）和潘蜜拉・努拿普若朵（Pamela Nunez Del Prado），也收集了一些有關品格優勢的訊息。所有網站上的資源都是免費的。

第二章

優勢開關

尼克八歲生日時，我們買了一輛腳踏車給他。他很愛他的新腳踏車，每天放學回家都會騎著它。馬修在我們屋子前平台的一角，清出一個空位讓尼克放腳踏車。儘管我們反覆提醒，要尼克把腳踏車放在該放的位置，但是他常常忘記，老是把腳踏車留在大門口。

尼克生日過後幾星期的某個傍晚，我辛苦工作一整天，回到家，發現尼克的腳踏車還是和往常一樣，斜靠在門口。這個孩子要到什麼時候才能學會？我心想。進到屋子裡，我用一種總之是不太好的態度，要求他把腳踏車移走。

第二天，我的車子一轉進家裡的車道，就看見腳踏車又停放在大門前。等等——又來了？！我覺得這簡直是上演《今天暫時停止》（*Groundhog Day*）裡的一幕。我走進屋裡，尼克從他的房間出來迎接我，臉上掛著偌大的微笑——但他還來不及說話，我就開口罵人了：「你需要學會把你的腳踏車歸位，要我不斷提醒你，真的很累人！」

他的臉瞬間垮下來，而典型的家長罪惡感在我心裡油然而生。真是糟透了。我才剛進門，還來不及打招呼，我就急著指責兒子做錯事。原本應該是兩人分開一整天後的快樂重逢，卻搞

成兩人都很難過的場面。尼克難過自己沒有把腳踏車歸位，我自責自己罵了他。對於如何處理家庭關係的問題，我是做了哪門子榜樣呢？是啊，我失敗了。

切換優勢開關為何大不易

在一場有關教養方法演講的問答時間，有位媽媽問：「你提到重視孩子的優勢，但有沒有哪一種教養方法是在關注孩子的缺點呢？因為我真的非常擅長注意到孩子的缺點。」我不由得當場大聲笑出來。

在第一章中，我提到人類習慣聚焦在負面事物上。即使滿懷為人父母的喜悅，可惜的是，我們也無法像變魔術般消除這種能力。我們太擅長看見孩子的錯，而搭上那列負面火車。

心理學家已經找出四種大腦的既定思路，這些思路會使我們容易產生負面的預設立場。瞭解這四種思路，並使用我在本章提供的工具，你就可以邁向預設為更正面、更有效果的優勢本位教養方法。

四種負面思路

讓我們更仔細檢視這四種負面的預設思路。

選擇性注意力（Selective Attention）

想像有人要你觀看一段短片，片中有六個人互傳兩顆籃球。三位球員穿白色襯衫，三位球員穿黑色襯衫。你的任務是在腦中默計白隊球員的傳球次數。

開始傳球後約三十秒，一個扮成大猩猩的人出現在螢幕裡，面對鏡頭捶打胸脯後，走出鏡頭。這隻毛茸茸的怪獸出現了整整九秒，當然很醒目。你甚至可能會因此忘了計算傳球次數，對嗎？

其實並不盡然，研究人員發現，有百分之五十觀看短片計算傳球的人，根本沒有注意到那隻大猩猩❶。這個現象。稱為「不注意盲視」（inattentional blindness）❷它之所以發生，是因為人會主動（也就是選擇性地）把自己的注意力放在某些事物上，以至於沒有注意到許多其他事物。當我一回家就責怪尼克腳踏車的事，我所表現的就是選擇性注意力：無視於尼克所做的其他事情，我眼中只有腳踏車。

選擇性注意力是大腦藉由過濾所接收到的訊息，避免資訊超載。我們隨時接收到的資訊，遠超過大腦注意力所能負擔。透過選擇性關注特定面向，大腦可以理解周遭的世界，但也相對犧牲大腦對其他面向的注意力。

讓我們做一個實驗。花三十秒的時間，拿好你手上的書（或是平板電腦），但不要閱讀書中的文字，把你的注意力放在拿這本書或平版電腦的感覺上。把注意力集中在你的手感上。你所拿的東西有多重？是重還是輕？書和電腦的封面/外殼，在手中感覺溫暖還是冰冷？是柔軟、可壓，還是堅硬、不可彎折。

好，時間到！現在回到書的內容。你或許覺得有點分神，因為你的大腦還在處理那些我要求你注意的訊息：重量、溫度、材質等等。其實，在某種程度上，你一直都意識到這些資訊，卻不自覺，而那正是為什麼你不會讓書掉到地上的原因，也是為什麼每隔幾分鐘你就會自動調整手的姿勢，以保持書本穩定，也避免手痠。但是當你開始把注意力放在書中的文字，你對書本物理特質的感受，很快就淡出成為意識的背景。（讓我順帶說聲，謝謝你閱讀我的書！）

選擇性注意力是大腦所發展出來的聰明的演化機制，以確保我們在一個不斷被資訊疲勞轟炸的世界裡，仍然能夠正常過日子。但是選擇性注意力的缺點現在就變明顯了。我們的篩選機制雖然迅速，卻不完美，所以我們常常錯失有助於評估周遭所發生事件的重要資訊。

對於選擇性注意力最關鍵的一點是，我們要知道它的存在。如果我們知道有選擇性注意力存在，我們就瞭解自己有能力超越它，如此一來，我們就能夠**選擇**自己注意力的焦點——例如，把焦點集中在孩子的優勢，而不是缺點上面。

選擇性注意力不全是負面的，然而它總是令資訊扭曲失真。當我準備懷孕的時候，我覺得除我以外，和我在同所大學工作的其他婦女也都懷孕了。這當然不是因為我們這區的生育能力不尋常的提升，也不是因為基因研究所在我們的飲水中添加某種物質，而是因為我滿腦子想的都是懷孕這回事，所以我的注意力就把人群中的懷孕婦女挑了出來。我服務的大學當時當然沒有出現嬰兒潮；純粹只是因為我注意懷孕婦女這件事的動機增強罷了。

還好的是，這種動機可以用意識加以控制。

負面偏見（Negativity Bias）

簡而言之，這就是導致我們忽略孩子優點的大腦結構。我們的大腦被設定為更快、更常看出問題所在，而不是聚焦在做對、做好上[3]。的確，這種負面偏見是如此不假思索，在前意識下形成。俄亥俄州立大學（Ohio State University）有一個研究，參與實驗者頭上戴著附有電擊的彈性頭罩，記錄他們在觀看一系列照片時頭皮上的電波反應。這些照片，有些顯示正面含意的影像，有些則是負面含意的影像，有些影像則不具正負含意。每張照片在電腦螢幕上以極快的速度顯現一次。當電腦出現負面影像的同時，受試者的電波反應出現強烈震盪，而這種電波反應甚至在受試者意識到自己對影像形成看法之前就發生了[4]。大腦對視覺上的刺激，更是會不假思索，特別迅速處理。換言之，負面偏見在我們仍未察覺之前就已經發生了。

負面偏見是很普遍的現象，即使是個性最陽光的人，也會有科學家稱為「正負不對稱」（positive-negative asymmetry）[5]的情況，他們仍然會投注較多的注意力在負面訊息，而不是正面訊息上。

因為這種偏見是在處理最基本的資訊時就產生[6]，所以也就會出現在我們所做的每一件事上：我們對事件的反應（好或壞），在人際關係中發展信任感（是與否）以及如何學習。當你第一次遇見某人的時候，你會不由自主花心思找出這個人的缺點。這種不對稱性造成：一個人必須做出更多好行為來消除負面的第一印象，而不需要用太多不好的行為就能消除掉好的第一印象。總而言之，壞印像很容易形成，但好名聲不容易保住。

如果這聽起來像是我們天生就是愛找碴，那麼你是對的。但如前所說，這其中有演化上的好理由[7]：負面偏見幫助我們遠離危險。想想你那些缺少負面偏見的祖先們，喔，且慢，這有點強人所難，因為那些人的基因根本沒機會進入遺傳的基因庫中，原因是，當他們被追趕到不支倒地，被野獸撲倒，被動物的尖角頂傷，被叮或被咬而中毒時，他們的生命突然提前結束了。再不然就是他們被自己疏於注意的敵人和危險給消滅了。人死了，基因也隨之被淘汰。於是我們的負面偏見也就更加根深蒂固了。

和選擇性注意力一樣，負面偏見也有其優點，即使我們現在不必再擔心那些獠牙利齒的野獸了。我們可以把負面偏見想成是個人的內裝安全監視系統。它會放大潛在的危險，向你示警。我們都有過這種經驗，有時我們感覺不自在，卻無法指出確切的原因，這就是負面偏見讓我們對周遭的威脅提高警覺。

負面偏見的壞處，特別是對教養子女而言，就是它令我們容易看見孩子的負面行為，而不是他們的正向表現。藉著讓我們只看見有限，而非完整的資訊，負面偏見從根本上減弱我們看見孩子整體表現的能力。

假設一個聰明的高一學生拿了一張成績是：甲上、甲、甲、丁的成績單回家。也就是說，他百分之八十的成績非常好，百分之二十的成績不理想。那你的注意力會放在哪個成績上面？你想當天晚餐時間，哪一科的成績會占據大部分的對話？照理說，那個丁等成績的話題應該花差不多百分之二十的時間討論，但實際和理論卻有落差。

你或許會這麼想：沒錯啊，我們當然要多加注意那個丁等的成績，因為那科的成績需要加強，而且這種成績可能會讓這個女孩進不了頂尖學府。你說的沒錯，但問題是，當我們過度在意那個丁等的成績，又有何用呢？過度注意比較不好的成績，會幫助這個女孩成績進步嗎？假如我們討論過那個丁等的成績，然後花四倍的注意力在她那些優異的成績上呢？假如我們能幫助她明白，自己或許能夠應用在某些科目致勝的能力，來協助自己有困難的科目呢？

優勢本位的方法正是如此。把注意力放在孩子有實力的地方，就有機會分析孩子在成績優良的科目上的表現，然後看看有什麼學習模式可以適用在她拿丁等的科目上。她拿甲的科目有何祕訣呢？與其追問失誤，不如找出孩子做得好的地方。

現在讓我們假設，有個男孩拿了一張有丁、丁、丁、丙、丙的成績單回家。他功課不好，對讀書不感興趣，也不打算一路求學拿學位。他對健身極感興趣，想成為一名健身教練。讓我們假設，要提高他進入一所日後能追求他理想工作的學校的機會，他需要的平均成績是丙等——所以他的確需要稍稍提高平均成績。但是不像前一個例子裡的學生，他沒有任何辦法借重任何一個成績優異的科目來拿好成績。

但是他仍然有自己的優勢。他是一名優秀的運動員，還幫忙訓練低年級的足球隊。在自己的足球隊上，和他所培訓的足球員中，他是一名有能力的領導者。他盡職負責，紀律分明。安排球隊的練習時間和設計培訓計畫，需要優異的組織能力，也要有足夠的毅力。他花很長的時間訓練球技，遵行嚴格的個人健身計畫。透過幫助他瞭解自己完成這些事情的優勢，你也同時幫助他看見這些優勢也能被運用在生活中其他領域。他也許不會成為優等生，但是加上努力、組織能力、毅力——這些他已證明自己充分擁有的能力，絕對可讓丁等的成績進步到丙等。

這並不是說，美化現實是一把成功之鑰，但負面偏見的確會扭曲現實。我們只是試著更貼近現實：讓正負兩面兼容並蓄。正向優勢太常受到忽略，導致它那用來提升成績和表現的力量根本沒有派上用場。

投射作用（Projection）

有個有趣的偏執是，我們比較容易看見他人的缺點，而不是優點，但是對自己的缺點，卻善於視而不見。

當然啦，正面的看自己會讓人感覺良好，而負面的看自己則會讓人不舒服。所以我們的自我（ego）就發展出一套過濾自我缺點，放大優點的機制。當我們遇到會損及正面自我的訊息時，我們的自我會透過心理學家稱為「自我防衛機制」（defense mechanisms）[8]的過程，立即回復這些正面概念。投射，又稱為「責任轉嫁」（blame shifting），就是一個經典的例子[9]。

在投射作用中，我們下意識地把自己的弱點轉移到別人身上。有點像舊式電影放映機，用光源穿透膠捲，把影像投射到螢幕上一樣，心理學的投射作用讓我們把自己的負面形象投射到別人身上。藉此，我們欺騙自己，把負面特質視為別人的，以回復自己正面的自我概念。

如果我們對自己的防衛機制缺乏自覺（而多數人多半不自覺），在日常生活中，投射作用就會成為家長容易掉進去的心理學陷阱[10]。當我們看見自己的兒女表現出我們不樂見出現在自己身上的特質時，我們就指責孩子。我們以為這樣做是在幫助孩子，但更深層的事實是，這樣做也是因為我們不想在孩子身上看見自己（恐怕是，醜陋的）身影。

在我的成長過程中，我的髒亂、健忘、沒有條理，簡直令人無法置信。我房間的地板就是我的衣櫃——地面衣櫃——而且我常常弄丟回家作業、衣服、鑰匙。曾經有一整個學期，我的教科書借放在我最要好朋友的儲物櫃裡（她是一位極有耐心的朋友），因為我自己的儲物櫃鑰匙掉了太多次，所以學校拒絕幫我更換新鑰匙。而我如何在缺乏整理能力的情況下，勉強度過那段歲月，只怕永不可考。

其實，我從來沒有真的擺脫那種髒亂的習性，馬修和我剛結婚時，家裡遭小偷。當警察走進我們的臥室時，警官高聲說，「你們被洗劫了。」讓我很糗的是，馬修必須笑著承認，「沒有啦，是我太太平常亂丟東西啦！」

所以我承認，當我看見自己孩子東西亂丟，沒有條理的樣子時——就像尼克把腳踏車放在門口——就挑起我的投射心理。我對東西不歸位比其他家長反應更強烈，或許是因為這正是我自己的弱點。

投射作用也可能讓我們企圖把自己的優勢——或是期望的優勢——強加在孩子身上。我們都看過「場邊家長」，企圖活在自己孩子運動比賽的戰績裡，或是經紀人家長，毫不留情的督促孩子的表演才華。

優勢本位的教養方法提供我們一種方法，接受孩子的本來的模樣——而不是父母企圖打造的樣子——因為你在第三章會學到，優勢本位的教養方法給予我們清晰而具體的標準來界定何為優勢。一旦你能找出孩子特定的才能和品格特質，你就可以把自我投射摒除在教養法則之外。

二元思維（Binary Thinking）

「這些年來做為成年人，我一直覺得自己不可靠。」一位大學同學最近對我坦承。這段話叫我感到既詫異又好笑，因為我知道她是一位努力不懈的人，而且條理分明到會在教科書用三種色筆畫線。她大學主修美術，暑假在學校附近的藝廊工作，嚴謹地編著藝術品目錄。畢業後搬到倫敦，第一份正式工作是在一間極富盛名的博物館，協助一名漫不經心的老闆，監督完成繁瑣複雜的藝術品修復工作。但是因為在家裡她被認為是個「不靠譜」的人，所以她相信自己有創意，卻不認為自己也是個講原則，井井有條的人，並且還具有過人的組織思考能力。因為在家裡，這個角色是她做律師的姐姐所有。多年來她受這種想法束縛，直到她終於開始接受一個人可以同時是有創意又有邏輯的想法。慢慢的，她注意到自己的紀律和管理能力，每次都能為工作帶來好成果，還有，當她對朋友說自己有多散漫不可靠時，她看到朋友臉上那副不敢置信的表情。當她開始看見自己全部優勢時，她有了創業的勇氣，為世界各地的買家，購置特別訂製的藝術品。我那「有創意又散漫」的朋友，是一位有條理又成功的女企業家，我以她為榮。

這是一個二元思維的典型例子，用非此則彼的二分法來看一切。當我們描述孩子「他是那個頑皮鬼。」「她是那個嚴肅認真的小孩。」「他是班上的開心果。」就是用二元思維把孩子分類。二元思維無法看清真相，人永遠不該被簡化為單一特質。而二元思維裡有個部分對優勢本位的教養方法特別不利：它讓你認為弱點和優勢是互相對立的兩極[11]。這對我們如何教養孩子造成深遠的影響。

正向心理學對教養子女有一個重大的貢獻，那就是我們理解到優勢和弱點並非兩極的對立[12]。就拿仁慈和無情舉例好了。我們都有過這種時候，眼看快遲到了，又覺得提不起精神，在平常我們會很友善的場合，那天就是沒有辦法特別佛心。在那種時候，我們對店員可能只是點頭致意，而不像平常會開口說聲「謝謝你」。但是沒有人會因此就說我們無情。只是因為心有旁騖、疲倦、有壓力，讓我們在仁慈和殘忍的座標上，和平日稍微有點不同罷了。如果仁慈是你的優勢，也許你會發現，即使你因為分神而少了那麼一點仁慈，和其他人極好的仁慈表現相比，你還是更勝一籌。從這樣的觀點來看，仁慈和無情並不是二元對立。缺少仁慈並不表示表現無情。你並非只能二選一。

對家長而言，二元思維的後果就是，它讓我們認為孩子要嘛有優勢，要嘛缺乏優勢，但這是錯誤的想法。優勢是由強至弱的程度差異⑬，即使你沒有看見太多傑出的表現，但優勢可能就在那裡，並且是可以「培養」的。我們會在後面的章節談到如何培養優勢。

優勢也可能會以某種你還看不出端倪的方式展現出來。孩子的畫作也許不能在美術館展出，但也許她的創意完全傾注在她的時尚感、或是如何裝飾自己的房間上頭。有些家長誤以為，假如孩子在學校功課不好，就代表他缺乏知識或是智商不夠高。孩子也許沒有傳統教育所謂的智商，但是我可以和你打賭，一定有某個領域的知識是他知之甚詳的，也許是線上遊戲、音樂、電影、社會名流、車子、工具、流行時尚、社群媒體等。

一個對線上遊戲有興趣的孩子，可能是一個會對這些遊戲的靈感來源、如何開發、如何寫程式、如何開拓市場，慢慢感興趣。一個手裡老是拿著手機，總是掛在社交網站上的孩子，可能很擅長交朋友，也許會成為一個知道如何建立結合共同興趣的網路社群，協助推動全球風潮的人。目前，他也許在家中是個有技巧的和事佬，或是在你找搭檔籌劃家裡請客事宜時的不二人選。一個會對流行著迷的孩子，可能成為一個新創家、率先接受新風潮的人，或是一名改革先鋒——是一位有適應力、有彈性、對新事物抱持高度接受能力的人——即使在父母看來，他不過是追求流行。

況且，如果這些只是孩子熱愛的事物，既不會改變世界，也不會成為他將來的志業，那又何妨？我們大人不也一樣——我們把這些事情稱為嗜好，甚至稱它們為帶著罪惡感的享受，這些事情從保養愛車、做手工藝品、到玩拼字遊戲、到唱卡拉OK，五花八門。無論你認為這些形形色色的知識本身有價值與否，但是這些事情的確顯示出：你的孩子有培養知識的能力。

最重要的是：負面的偏差，很難避免的投射作用，和二元思維的方式對教養的影響是：讓我們無法看出孩子真正的本質。

我們可以克服這些負面設定

讓我們回到那個我累了一天後回到家中的場景——我嚴厲訓斥了尼克亂放腳踏車後，看到他臉上迎接我的笑容褪去，然後我深陷罪惡感中。

當我們很累，或是另有掛心的事時，很難切換心思到優勢本位的教養方法上，而這正是負面設定啟動的時間。是的，家事要做完，腳踏車要收好，功課要做完，明天學校需要的東西要準備好。然而優勢本位的教養方法，正是幫助家長透過引導孩子運用自身的優勢去做他並不真的喜歡做、不想做的事、或是常常忘記做的事，無須嘮叨。你或許仍然需要提醒孩子，但是優勢本位的教養方式能夠緩和你的脾氣。你會用一種針對事情的方式，不需要說出或是批評孩子品格的負面看法（這個傢伙什麼時候才能學會？他為什麼不聽話？他為什麼老是記不住？）以下是發生在我家的事。

事後回想，我明白我腦中的負面設定害我出錯了。所以隔天我決定用不同的方式來處理問題。根據尼克過去的不良紀錄，我相當有把握自己還有機會跟他提及腳踏車的事，而這會是我彌補的機會，讓我從優勢，而非弱點的角度來管教孩子。

果然，當我把車開進車道，映入眼簾的正是腳踏車，就在前門邊。我先承認自己覺得沮喪，然後特意把自己的注意力轉換到正面事物，而不是負面事物上，尋找當下情況中的優勢。

首先，我一進門就先溫馨的和尼克打招呼。然後我環顧四周，發現他已經把便當盒拿出來放在洗碗槽旁邊，也把上學穿的鞋子收進鞋櫃裡了——幾個月前，就像腳踏車，他也有把鞋子歸位的「問題」。

他是一個好小孩，我心想，我的教養工作做得不賴。我對孩子和自己都別太苛責。我擁抱他，謝謝他把便當盒清乾淨，也把鞋子歸位，稱讚他收拾東西的能力越來越好了。然後我平心靜氣的請他把腳踏車放到該放的地方，並且請他明天也要記得這麼做。

他真的辦到了！

優勢開關：切斷負面思路的工具

我運用的是一種我最近發展的技巧，稱為優勢開關——簡單有力，是優勢本位教養方式的基本方法。這是一個心理開關，切換後，我把注意力從尼克的缺點切換到他的優點。

我也在辨識別人——朋友、同事、丈夫、孩子——的優點這件事上有進步，我常想，是不是隱含在優勢下的因素促使他們有良好的表現呢！。

當孩子表現出優點，同時我也處於平靜，有好心情的時侯，我可以把優勢本位教養方式發揮得宜，但是當他們沒有表現優勢，或是當我心有旁騖或是有壓力的時候，我就完全把它拋到腦後。我意識到自己需要一種策略，在孩子的優點並非顯而易見，或是在自己的狀況還沒調整好的情形下，幫助我採取優勢本位的教養方式，讓我能夠在面對孩子的當下、當場，迅速切斷自己的負面設定。雖然深呼吸或許能夠幫助我平靜，讓我不會一進門就對孩子破口大罵，但只靠深呼吸並不會幫助我看見孩子在當下所展現的優勢。我需要一種心理技巧，來導正我的選擇性注意力，並把注意力的焦點放在孩子的優勢上。

我從研究中瞭解，我當下沒有看出孩子的優勢，並不代表孩子的優勢不存在。我必須找到一個方法，清楚看見那些優點。我開始努力注意那個會讓我不假思索，而讓負面設定接管的關鍵點，讓自己暫停下來，介入自己和自己不由自主的反射動作中。我會(1)做幾次深呼吸，(2)加入一個想法：優勢就在那裡，但被藏起來了，讓我切換開關，把它們找出來。就這樣，優勢開關誕生了。

優勢開關的作用就像一個電路的斷路器，我真的想像出一個「開關」，然後看著那個開關在想像中被扳動，關掉聚光在負面的鎂光燈，再把鎂光燈打在正面特質上。這樣做的影響在於提醒我自己，為了要做一個成功的優勢本位家長，我需要在看到孩子做錯的事情**之前**，先注意到他們做對的事情。我需要在注意孩子的弱點之前，先把焦點放在他們的優勢上。

然後，在我先看到孩子的弱點的時侯——當我們才剛開始接觸優勢本位教養方式時，這是極可能發生的情況——我可以利用優勢開關，切斷負面設定模式，把它切換成優勢模式。

把這個開關想成是你給自己的腦袋敲一記——喚醒自己，讓自己在當下用心注意優勢。這樣你可以重新設定方向，從負面回歸正向。這會讓你在緊要關頭看見孩子的優勢。

注意力在哪裡，活力就在哪裡

這個小開關能夠產生極其強大的效果。它讓我們對選擇性注意力有更多控制力。我們所關注的事情會成為人生現實：注意力在哪裡，活力就灌注在哪裡。我們越專注在一件事情上，這件事情對我們就越加真實，有時不免犧牲其他事宜。我曾經讓尼克的腳踏車犯規事件成為非常、非常真實——已經到了足以排擠我對尼克是個好小孩看法的程度。

在我進門前開啟優勢開關，改變前一天所發生的事情。我把注意力全放在正向事物，所以立刻就看見尼克所做的一切美好事情。我從他歡迎我回家看見他對我的愛——何等美好；從他清理便當盒，收拾鞋子，看見他剛萌芽的整理東西的技巧。我領悟到，昨天他可能也同樣做了這些事，但我卻忽視了，因為我的注意力和精神都集中在他**唯一**沒有做的那件事上。

如果我繼續執意把焦點放在尼克不好好停放腳踏車上，而不去看他的優點，或許最後還是會贏得這場腳踏車戰役，但我也會精疲力盡，搞得家裡雞犬不寧。我也會失去利用這個情境教育的機會，讓尼克認識自己有整理東西的優勢，幫助他知道自己如何能夠利用這些優勢來記得腳踏車該停放在什麼地方。

啟動優勢開關也幫助我看見，投射作用或許會讓我對尼克更不耐煩。不是說我應該不要去計較尼克腳踏車歸不歸位的事，但是這讓我注意到，自己的負面反應也和不願意想起自己不收拾東西的惡習有關係。

腳踏車的問題並沒有因為一次的交談就立刻獲得改善，但是接下來的幾個禮拜，當我專注在多加使用優勢開關，尼克和我找到一個正向的處理方法——這個方法不會讓我們傷害彼此的感情。我提醒他腳踏車要歸位時，不會變成我們兩人的爭執點，因為我同時也指出他表現得很好的事情。除此之外，因為他最近養成收拾東西的優點，我和他建立了好關係。我越是稱讚他在整理自己的東西上做得很好，他就越瞭解自己是一個很棒的整理高手，也因此更能記得要把腳踏車歸位。

以下是另一位媽媽使用優勢開關，切斷負面偏見來解決長期困擾她和女兒的問題：

過去幾年我對女兒真是束手無策。當她還小的時候，我們很親近，但是現在她是個十幾歲的青少年，我們常常爭執。她的體重過重，我叫她不要擔心，但是我看得出來，這還是影響到她的自信心。她把壞心情發洩在我身上。兩個月前她加入健身房，上星期她從健身房回來，心情不好，隨手抓起一罐可樂。我本來想訓她一頓，如果運動之後她要這樣破壞成果，那她努力去健身有什麼意義呢？但我記得上次我這樣數落她，搞得我們彼此互相叫罵。她叫我不要干涉她的生活，而且就為了氣我，她又喝了第二罐可樂。

所以我深深吸了一口氣，想像自己正在打開孩子的優勢開關。這樣做果然奏效，我明白我的負面偏見代表我注意那罐可樂更勝於這個禮拜她已經去了三次健身房的事實。可樂對減重不好，但她有運動——這件事更值得被重視。

如果你有心想看見自己孩子的優點，你就會看見。讓優勢開關幫忙你，像幫助許多其他的家長一樣。很快你就會驚喜發現，自己開始看到孩子許多的良好特質。

優勢開關入門指南

這四種負面設定不會神奇地消失不見，但你會發現，你的大腦比這些負面設定還要神通廣大，你可以超越這些負面觀點。這其實只是一個小改變，只要稍加練習，你就會進入狀況，加快啟動優勢開關的反應。生活裡總有各種挑戰，你會有許多機會練習！

當然，尼克的腳踏車有時候還是會放錯地方，但是現在你不用為此就拉高嗓門。優勢本位教養方式的一個樂趣是，父母也能充滿活力和滿足。它會幫你找到自己和孩子的優勢。以下是一些學習使用優勢開關的建議：

1. 從低風險的情況開始：從那些不會讓你抓狂的情況，並且在你不覺得有壓力、不累、不餓的狀態下，開始嘗試使用優勢開關。

2. 進步到把優勢開關運用在那些可能演變成大爭吵的小問題上。你知道哪些問題屬於這一類。通常都是一些小事情，讓孩子和父母困擾不已。吃飯吃得慢、遲遲不開始做功課、一直吵著要玩線上遊戲、一直收發簡訊、脾氣陰晴不定！

3. 當你感覺自己的負面設定開始不斷湧現，**暫停**。在那幾秒鐘的時間裡，你可以做：

· **注意自己當下的感受**。惱怒？氣急敗壞？沮喪？失望？承認這些感受——這都是有道理的——但不要讓這種情緒一直緊隨不放。

· **選擇一項優勢**。有沒有一項優勢是你可以提醒孩子使用，以克服眼前的狀況？問你自己，我的孩子有那些優勢是可以幫助他用不同的方式處理這個問題？這個優勢如何能改變我對這個處境的做法和說法？反問自己，**自己有那些優勢能夠幫助自己用不同的方式處理現況**？

· **想像一個優勢開關**，然後告訴自己：「切換優勢開關」。這個視覺和口頭上的提示，能幫助你轉移注意力。

· **說出孩子的優勢**。當你看見一項優勢，把它說出來。例如，如果孩子分享他的東西，你可以謝謝他們分享的行為，然後說出你看見他們如何使用這項優勢：「謝謝你和妹妹分享你的東西。你真的很善良（或公平）。」你也可以說出在某個情況下所需的優勢。孩子吵架的時候，與其說「不要吵架！」，你可以說「嘿，和平相處好嗎？」如果兒子提不起勁來準備考試，你可以提醒他，「現在是你展現毅力的時刻。」

我鼓勵你仔細深入地想一想，對孩子，你究竟把注意力放在哪裡。當你沒有時間深思熟慮時，要記得優勢開關，記得切換優勢開關。

練習

發現自己的負面設定

回想最近你被孩子所做的事，或是該做而沒做的事惹惱了。問題出在四種負面設定中的哪一種？你當時的心思放在什麼事情上？當時你的二元思維是什麼？其中有沒有任何反射作用？然後問自己，當時是否對某種優勢視而不見？如果你可以使用優勢開關，重來一次，你的做法和說法會有何不同？

練習

發現一項優勢

發現和選擇孩子的一項優點。訂下目標，用一週的時間，在孩子身上看到這項特定的優勢，而且和孩子談論這項優勢：

「我真的非常欣賞你，在籌辦學校募款活動時表現出的那種策略性思維。你仔細思考合適的成員，訂定目標，執行計畫。表現出極佳的團隊精神。你確定每位團隊成員都受到肯定的那種謙虛，讓我以你為榮。」

「你很棒，會在吃點心前先停下來想一想該吃什麼。我希望自己也有像你一樣的自我意識和自我控制。」

「我很高興看見你和爸爸的爭執能化解。你能做到原諒和正直，真的很棒。」

「當我看見你那麼努力做功課，熱愛學習，有毅力，有責任感，讓我敬佩。」

「哇，你搭配出來的服裝真是超級有創意。你是一個真正創新潮流的人。」

第三章 瞭解優勢

讓我們做一個很快的實驗：拿一張紙和一隻筆，給自己五分鐘時間，寫下你所能想到的孩子的優點，越多越好。如果你不只一個孩子，那就為每個孩子留一分鐘的時間，想到什麼就寫什麼。準備好了嗎？開始！

好，時間到。現在看看你所列的項目，如果你很輕易寫出一串長的清單，恭喜你！但如果你像多數剛開始參加我的研習會時做這個練習的家長，要想出孩子多於五、六項的優勢，或許有點難。通常家長會寫孩子擅長的特定技能，像是數學、閱讀、美勞、音樂、或是運動項目。

當我在螢幕上打出不同詞彙時，我喜歡看見家長眼睛為之一亮的神情。最前面出現的二十四個詞彙是每個孩子都具有的品格優勢。也許有些出現在螢幕上的詞彙並不十分常見，但都可以在孩子身上找到。然後我讓螢幕陸續出現更多的詞彙——最後總共超過一百個優勢——家長開始興奮、海闊天空的去思考自己孩子的優勢。像是聯結者、改革者、催生者、深思熟慮、先驅者、和諧、原創力、好奇心、勇氣、熱情、公平、希望、及毅力。

「這些只是我們目前知道如何評量的優勢。」我說。

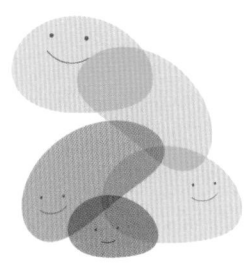

這時候家長才恍然大悟，知道他們或許都忽略了孩子還有許多優勢。儘管我們很愛我們的孩子，多數家長對自己孩子的優勢，或多或少，還是有盲點。部分原因是我們在第二章提到的負面偏執，而部分原因是，我們對優勢的視若無睹。即使我們真的看到了孩子的這些優勢，卻將它當作是理所當然，就像廚藝精湛的廚師座出了美味佳餚會說，「喔，我只是把冰箱裡頭的東西隨便加在一起。」或是勇敢的英雄會告訴記者，「人人都會見義勇為。」即使是專精優勢本位教養方式的家長也會有盲點，就像下面這位媽媽的回憶：

幾年前，我的女兒薩曼莎請我送她一份特別的生日禮物。她希望我們全家按照我為其他學員上課的方式，上一堂正式的優勢輔導課程。我們在一家烤雞外帶店一坐就是好幾個小時，討論她幽默、仁慈和團隊精神的優勢，如何以正面的方式表現在她的日常生活中。我細數她的各項優勢，提供我的最佳觀點，告訴她如何能有效使用自己的優勢，同時如何避免過度表現，以免帶來反效果。

她告訴我，直到今天她還是認為，這是她人生中最有份量的對話。我同意她的觀點。儘管我自認十分瞭解自己的女兒，而她自己也頗有自知之明，但我們關於優勢的談話，仍然讓我驚喜。例如，她並不知道幽默是她極重要的天賦，雖然我們家的每個成員，除我之外，都很風趣，而我也沒發現幽默是她的優勢。我把她的風趣當成理所當然，然而那天我理解到，幽默對她而言，是足以引人注目的優勢。我問了許多關於別人如何看待她的幽默並因此受惠的事情。接下來的幾年間，她開始更勇於把握這個優勢，在她的部落格、社交媒體、交友、和其他方面，處處展現幽默。

有了女兒的經驗，接下來我也和兒子做了優勢練習，結果我現在看待他們的眼光大為不同。身為長期在正面心理學界工作的臨床工作者，我以為自己對孩子瞭若指掌，但我和他們的談話過程，讓我大開眼界，因為就像多數人一樣，我也把孩子的優勢視為理所當然。

從那時候起，我們的對話常常圍繞著他們的優勢，包括在他們申請大學的過程。現在，我的孩子更常借重他們的優勢，以正面積極的方式，與別人互動，追求自己的目標。我也發現，這個過程幫助我的孩子感受到，媽媽真正認識並瞭解他們。過去幾年來，他們的朋友和大學的室友也多次打電話給我，要我和他們一起檢視他們的優勢，幫助他們瞭解如何用正確的方式使用優勢，追求理想的目標。如果每位家長知道，孩子多麼渴望類似這樣的對談，以及這種能真正改變人生的對話，對孩子有多大的幫助，家長一定會立刻開始和孩子進行這種交談。

當我們把孩子的優勢視為理所當然，或是只看得到特定類型的優勢，我們會失去幫助孩子利用他們的優勢，追求樂觀、抗壓和成功的機會。在本章，你會找到一種看待優勢的方法，幫助你更容易辨認孩子的優勢，開始見識到優勢本位的教養方式如何運作，並學習為什麼建立優勢如此重要。

優勢可以是技能、能力、興趣、品格特質、人格特質或才藝

首先讓我們談談上述這些詞彙。科學文獻中有許多釐清這些詞彙彼此差異的研究和文章，但是就目的來看，我們可以用優勢來包含上述詞彙。優勢可以是一項特定的才能，像是運算數字的能力、透視繪圖、演奏樂器、或是跑步速度飛快，然而優勢也可以是孩子身上富含的某種正面人格特質。

人格特質的優勢，是能夠利人利己的正向性格（例如，仁慈，感恩，公平❶）。研究人員發現有一組關鍵的正面特質（稱為品格優勢），在許多民族、偏遠部落、原住民文化都普遍存在❷。這些正面人格特質的六大分類分別是：勇氣、人性關懷、智慧、正義感、節制／自制以及尋找某種超越自我意義的能力❸。這些優勢具有普遍性，人人都擁有，但每個人的強度各有不同，因此形成每個人獨特的優勢形象。

人格特質的優勢——品格——在幫助我們建立外在表現的優勢——才能／才藝——上，扮

演了重要的角色。試想某位建立了某項才能／才藝的人，然後想像一下，如果缺乏品格的話，有辦法做到嗎？想像缺乏好奇心的愛因斯坦（Einstein），沒有創造力的披頭四（Beatles），毫無憐憫之心的泰勒莎修女（Mother Teresa），欠缺勇氣的尼爾．阿姆斯壯（Neil Armstrong）。

然而幾十年來，科學家對品格優勢，卻無動於衷。我們重視外在表現的優勢，通常是體能和技能。當我一開始問小朋友，他們認為優勢是什麼，他們幾乎總是指著自己的二頭肌，或是說自己提得動某個重物。體能幫助我們生存是事實，但是科學已經開始證實，某些品格特質能幫助人類解決問題、互助合作，以利生存。達契爾．克特納（Dacher Keltner）博士的研究顯示，我們的正向人格特質，像是愛、感恩和互助合作，能促進家人和朋友間的親密關係，讓他們能互相幫忙，分享食物，尋找伴侶，養兒育女[4]。這就是為什麼像同情心這樣的正向人格特質是與生俱來的本能[5]。適者生存得力於仁者的加持[6]。

我們每個人每一天都憑著直覺判斷他人的品格。和某個人碰面後，我們會產生「我喜歡這個人」或是「我不喜歡這個人」的感受，其背後的原因就是我們會下意識的評斷人的品格。

我們也會對品格有高下的區別。我們知道有些人比其他人更仁慈，有些人比其他人更懂得感恩，有些人在評量事情的公平與否上勝出，有些人則特別英勇。

你一旦熟悉了優勢的用語，熟悉觀察優勢的架構，就很容易在孩子身上看見他們的品格優勢。你或許將發現，比起才藝和技能，孩子還更常使用品格優勢來面對生活上的挑戰：

凱蒂古怪卻有創意，她熱愛人文、美術和設計，卻對理工和數學很頭痛。她對即將到來的化學週期表考試備感壓力。我建議她善用自己的創意，嘗試新的方法來準備考試。我們拿出她的美勞用具，她用保麗龍球、鐵絲和一些布料，做出化學元素的模型。她為考試所準備的材料，看起來像是一件可以入選現代美術館展品的藝術作品。考試的時候，因為她可以想像自己所做的模型的影像，所以她能夠記住化學元素。她生平第一次在理工科目得了一個A——這得歸功於她那有創意卻不科學的頭腦。

===

伊曼紐缺乏平衡感，四肢協調也有問題，以致他在下課時間會逃避體能活動，這也限制了他的交友圈。他和我聊到挑戰自己的重要性。他的優點是他有韌性，有決心，心胸開闊。我利用他「永不放棄」的態度，要他對困難的事情堅持不懈。他的老師告訴我，他在學校已經開始參與一些球類遊戲。聽他開始提起一些以前不常和他一起玩的同學名字，讓我深受鼓勵。

性格優勢不僅能幫助孩子處理大挑戰，也有助於解決孩子日常生活中的小麻煩：

朋友找傑若德放學後一起去玩跳跳床，朋友說自己四十分鐘後就得離開，因為他得和爸媽去另外一個地方，傑若德還是同意一起去。後來傑若德發現他得搭車到玩跳跳床的地方，卻只能和朋友一起玩四十分鐘，根本不值得。所以很有創意的傑若德，想要編個故事當成藉口，還問我用哪個版本比較好。

我提醒傑若德，平時他是一個真誠、有禮、又誠實（他的正直優勢）的人，這些是難能可貴的品格，鼓勵他考慮使用這些特質。

就算事情不盡理想，傑若德最後決定以正直實踐自己的承諾。做出承諾後，他的創意優勢有了新的方向：他安排一位住在跳跳床中心附近的家長載他們去。他們兩人後來有超過九十分鐘的時間一起玩跳跳床，玩得十分盡興。

優勢的三個關鍵元素

你或許見過孩子在鋼琴演奏會上不快樂的演奏。他或許彈對了所有音符，卻毫無活力，意興闌珊，好像他根本不想出現在那個地方。相反的，我們也曾看過孩子在舞台上很興奮，很有活力，雙手勇敢的滑過一個接一個的錯誤音符。

我們發現優勢是由三個元素結合而成，為了優勢本位的教養方式，我們需要三者兼顧：

1. 外在表現（擅長做某一件事）

2. 活力（喜歡做某一件事）

3. 高度使用（選擇做某一件事）[7]

假設剛剛那場鋼琴演奏會中的兩個小孩，都不會被心理學家歸類為有演奏鋼琴的優勢，因為他們兩個人都沒有表現出優勢的三種元素：第一位孩子彈得很好，但缺乏活力，如果讓他做選擇的話，他也許不會選擇彈鋼琴；第二個孩子，雖然很有活力，很有興趣，卻彈得不好。

優勢是那些我們做得很好，經常做，並且在做的時候帶有活力的事情。我們可藉由三個簡單的問題，分辨出孩子的優勢。

看見孩子優勢的三個問題

當你觀察孩子日常的談吐舉止時，問自己下列問題，來瞭解孩子獨特的優勢組合：

1. 我看見優異的表現嗎？注意孩子有超齡表現，快速學習，或是不斷有佳績。舉例：不久前才剛學會揮棒的小孩，就常常打出安打；常常喜歡埋在書堆裡的學齡兒童，比同儕使用更深奧的字彙和更複雜的句子構造；經常顯示出比多數成年人對情緒更細膩理解的青少年。

2. 我看見活力嗎？優勢會自我強化：我們越常使用優勢，我們從中的收穫就越大。優勢讓我們充滿活力。你會注意到，當孩子使用優勢時，他會有無窮的活力。艾蜜莉對畫畫有天分，當她素描或畫圖時，會有不尋常的充沛活力。當她畫畫時，她很少喊累。

3. 我看見高度使用嗎？最後要注意：

- 孩子有空閒時選擇從事什麼活動？
- 孩子多常投入某項特定的活動中。
- 孩子提到這項活動時，說些什麼。[8]

我有一位朋友，她十多歲的女兒善於建立人際關係，她的優勢是為人服務、追求平等、公平。她具有高度的公民意識，把自己的空閒時間都花在公共事務上，這讓她充滿幹勁，因為這些事情正好運用到她的優勢。她掌握最新的社會資訊和脈動，並且知道公民在其中的角色。她選擇休閒時間的方式，就是她內在優勢的最好線索。

這三個元素對真正的優勢形成美妙的回饋圈：優異表現提供孩子高度活力，所以孩子自然選擇多做，然後，高度使用優勢——又稱為努力與練習——提升外在表現的程度[9]。舉例來說，如果你注意到孩子彈鋼琴的時候充滿活力，而且你讓他有好玩的演奏機會，如果這是他潛藏的真實優勢，他會更勤於練習，這樣一來，他的表現又更上層樓，因此又會增加他的活力……所以這個循環又會繼續。

記住，這個三元素的組合會幫助你避免只因為孩子擅長某件事，就強迫孩子進入一個看似優勢的領域。這個組合也會幫助你區分孩子是否只是為了舒壓而對某項活動有時熱衷，有時冷淡，還是他表現出來的是真正的優勢。例如，有家長問我：「我的孩子很會玩線上遊戲，整天都想玩，這是優勢的指標嗎？」我回答：「當他玩遊戲的時候，觀察他的活力高低。他是很累、很煩躁？還是充滿活力，朝氣蓬勃？你有看出完整的三元素組合嗎？」

圖一：優勢的三個關鍵元素

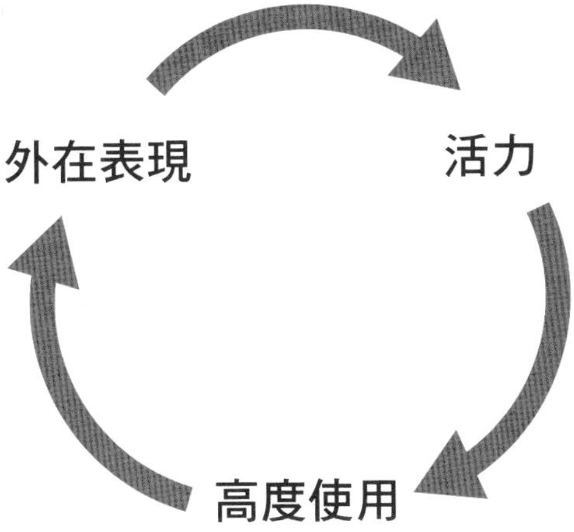

電腦遊戲可以發掘孩子有謀略，有解決問題的能力，也可以激發創造力（在某些遊戲中，你得創造一個嶄新的世界），但孩子也可能只是為了打發時間。所以要找出完備的三個指標。當你看見孩子在某方面有優異表現，並且充滿活力——你會知道，你已經發掘出孩子的某項優勢。

發掘孩子優勢的額外線索

你也可能看見下述指標：

動力或渴望

有時候你可以透過渴望使用某項優勢來確認這是真正的優勢，就是那種無可逃避的感覺。一個隱藏自己優勢的人會變得不像自己，然而一不小心，優勢還是會「露餡」。我同事的伴侶告訴我下面這則小故事：

我在小學的時候展露了音樂天分，所以爸媽讓我在城裡最好的音樂學院上聲樂課。我喜歡唱歌，卻對上台表演怯場。我唱得越好，大家就越要逼我上台表演。終於，到我十多歲的時候，在一個我和父母一起嚎啕大哭的場景中，我放棄唱歌了。爸媽在家的時候，我絕不開口唱歌，但是當他們不在家時，我會花幾個小時大展歌喉。唱歌讓我覺得最自在，最像我自己。

我參加學校的合唱團，從初中、高中、到大學、乃至到大學畢業後，享受合唱的樂趣。這是我可以使用我對歌唱的熱情卻不必獨唱的一種方式。我彈吉他，學小提琴（小提琴的技巧難度高，而我起步太晚，所以我沒有必須表演的風險）。大學畢業後，我開始學跳舞——隨音樂起舞。最讓我不敢置信的是，繞了一大圈，在五十幾歲時，我和舞蹈班同學們一起參加舞蹈演出，開始在別人面前表演。雖然我還是會緊張，然而我無法想像沒有音樂的人生。

當表現核心優勢的渴望受到壓抑，會產生特殊的痛苦。一位專職作家的友人告訴我：

幼稚園時期我很愛耍脾氣，因為我還不會讀書。我成長的年代並不鼓勵小孩在上小學之前開始閱讀。當我看到爸媽和姐姐看書時，就好像他們是一個我無法加入的特殊團體的成員。讀書看起來輕而易舉，好像你只要打開書本，看著書頁就好。但是每當我看著一本我和爸媽讀過無數次，打心裡熟悉的書，試者照做，我根本完全讀不懂。那些字句超過我的認知——只是一堆讀不懂的黑色亂碼。我被拒於門外，很不甘心。我急於想要解開這些文字的祕密。

我的朋友之所以鬧小脾氣，是因為他早期的才能並沒有被啟發。他的故事讓我思考，家長有時忽略了孩子的優勢，只因為孩子「應該」在特定時期或是上學後，才會發展某種才能。我的朋友在小學時學會閱讀後，他的能力超越其他同學。他的文章在高中和大學校刊發表，最後他成為一位專業作家，是再自然不過的事。

孩子自然展露優勢

只要經由觀察孩子平常的言行，就可以認識孩子的優勢。艾蜜莉常常塗鴉，似乎是不自覺的。她會邊看電視，手裡邊拿隻鉛筆，如果電視上放映卡通節目，她就邊看邊畫電視裡的卡通人物。這就是她。

優勢會在最不經意的情況下流露出來：

> 我的同卵雙胞胎女兒在學校做了優勢測驗。回家的車上，她們一邊吃著午後的點心，一邊告訴我她們最大的優勢。若怡打斷我們的對話，大叫：「這是我吃過最好吃的蘋果！」她最大的優勢就是欣賞美好和卓越的事物，完全顯示在她的行為中。她的雙胞胎妹妹（最大優勢：領導力、團隊精神、公平、幽默）已經吃完一整個蘋果，絲毫不在意蘋果是否爽脆可口。

優勢本位教養方式的部分探險，就是要提供孩子合理的機會來探索，然後評量孩子的某個特定的人格特質或才能，有沒有可能從「顯示潛能」進展到「表現佳績」[10]。我有個朋友，小時候能把他的中指後彎到觸及手腕。這不是一個人人都有的能力，卻也不會被認為是一種優勢，因為單憑這樣的能力，無助於發展或導向一個有用的結果。但是他的父母認為，他彎手指的能力可能是其他體能上柔軟度和敏捷能力的指標，他們也看出他喜歡運用他身體的柔軟度。所以他爸媽建議他參加體操隊。體操訓練幫助我的朋友發展他柔軟度上的優勢，並且善加發揮。

你並不需要對孩子的每項優勢線索做出反應──這樣會讓你和孩子疲憊不堪，並不是每個會彎曲的手指，都代表一名體操選手的誕生。

但是瞭解孩子是一件很有意思的事，採取一兩個步驟來幫忙孩子探索他的興趣和能力，看看有何進展。父母會很自然的買樂高給喜歡堆積木的孩子；買拼圖給很會分類和拼湊圖片的孩子；給看書一本接一本的孩子辦圖書證；鼓勵青少年孩子到動物收容中心當義工，培養他對動物的關懷與愛護。

我也常替艾蜜莉的畫畫技能找出路，她每年都替自己的慶生會邀請函作畫，我把她的作品掃描到電腦裡，然後我們一起做卡片。如果我聽到有繪畫比賽的消息，我會問她想不想參加，通常她會願意。珍妮，馬修的媽媽，也就是艾蜜莉的祖母，是一位有才華的畫家，她的作品曾在國外展出。我們會送艾蜜莉到珍妮家，她們可以花幾個小時的時間，一起快樂的畫畫聊天。艾蜜莉回家時神采奕奕，帶回美麗的畫作和我們分享。

有時候孩子的興趣似乎從天而降。家長會懷疑：這是真實的優勢嗎？意思是，這件事會持續下去嗎？以下是某個家庭如何逐步探索這個問題：

我的十歲女兒去朋友慶生會騎過馬後，就愛上馬了。在這以前，她從來沒有騎過馬。可是當其他孩子只在小徑上騎馬走走，她全部時間都和朋友的媽媽在牧場裡共乘一匹高大溫馴，名叫林哥的馬，一圈又一圈。回家後，她在自己的襪子上找到一根馬的毛，她一臉敬虔的說：「看哪，林哥的毛！」

她不斷提起騎馬的事，拚命看有關馬的書，所以幾個月後，我們讓她去上一週一次的騎馬課。之後，她又參加了馬鞍社團──把星期六的時間花在學習如何照顧馬廄分配給她的馬。星期天晚上，我煮晚餐的時候，她會跑來找我說，「你知道嗎？」，「不知道啊，什麼事？」，我會這樣回答。然後她會說，「我等不及下個星期六趕快到！」

幾年下來，她的興趣和精力絲毫不減──而且我們也覺得她需要一個課外活動和社交管道，因為她在學校只有少數幾位好朋友，而她們也不住在我們家附近。所以我們買了一匹（不太貴的！）馬給她，她每天負責照料，並且盡其所能，用自己打工以及在爸爸店裡幫忙所賺的錢，分擔養馬的費用。她害羞的打電話給獸醫和製作馬蹄的鐵匠，安排運送草料和飼料，這對增加她的勇氣是不錯的方法。而且她在馬廄中和同好相處的的過程也提升了社交關係。

從國中到高中，是她人生中最快樂的時光。高中最後一年，她憑自己的判斷和組織能力做了決定，並做好所有安排，她離家上大學前，把她的馬賣掉。她也以自己對動物的愛，想出一個很不尋常的畢業計畫：到動物園的兒童園區當志工，妥善運用她對待動物的技巧，照顧小綿羊、山羊、猴子、和其他小動物。當她回想起自己在馬廄的那段時光，仍然認為那是她人生中最美好的時光。

讓孩子廢寢忘食

如果孩子能夠長時間全神貫注在一件事情上，有種為之深深著迷，以致忘了時間的傾向，這通常是優勢的徵兆。這種狀態被形容為「全神投入」（flow）[11]。這是個好方法，可用來區別那種有良好表現卻不是真正優勢的行為，與那種讓孩子真正投入，而形成上述迷人回饋迴路的行為。如果某項活動無法讓我們充滿活力，我們通常不會因而廢寢忘食。

我們通常不會把這種全神投入的經驗，當成是優勢是重要且有意義的徵兆。那是因為我們有一種錯誤的觀念，認為疲憊工作才會帶來優異的表現。事實上，優勢的確能帶來優異表現。當工作和優勢相契合的時候，我們就不必那麼賣力工作，因為優勢能讓我們得心應手。當然，我們難免會遇到具挑戰性，或是令人疲乏的工作，但這些情況會因為其他那些能讓我們全心投入的活動而有所調節。

艾蜜莉無聊的時候，我會說，「妳可以畫畫啊？」有時候她會說：「好啊！」，有時候她會說她不太想畫畫。我不勉強她，只會建議說：「那不然把紙筆放在這邊，萬一妳待會想畫？」我或許會把她最喜歡的彩色鉛筆，或是替她新買的，而她還沒看過的畫紙拿出來（引起她的好奇心），播放她畫畫時喜歡聽的音樂，或是把我們從網站上下載的，她想畫的、讓她有靈感的圖案放在一旁。我也可能會說些讓她畫畫的理由，像是朋友的生日快到了，我猜她的朋友一定很想要一張特製的「艾蜜莉藝術卡片」（因為仁慈也是她的優勢），或是她可以在學校作業加上繪圖的部分。然後，通常我們的問題會變成，如何讓她放下畫筆！她是如此全神貫注，根本聽不見我告訴她該停筆了，該洗手吃飯了。尼克在戶外投籃時也有同樣的情形。

在後面幾章，我們會檢視如何以優勢本位的教養方式，來規劃孩子的作息，並考慮內建屬於孩子的「全神投入時段」，以平衡那些對孩子具有難度的活動。

能有正面的用處

研究人員也主張，優勢必須以對社會和道德有益的方式來使用[12]。如果我那位身體柔軟靈敏的朋友，竟然使用他無比靈活的身軀，逃避雷射光束的安全設施，盜取皇冠，他的體操特長的確有所收穫——成功竊取珠寶——但卻非正途。

家長的角色在於引導孩子正面使用自己的優勢——正如傑瑞德的媽媽鼓勵他使用正直，信守承諾赴約，以避免他把創造力用在編織白色謊言，取消和朋友的約定，來解決行程問題。看孩子如何開始運用自己的優勢，成為行善的力量，很是鼓舞人心。

路易，十二歲，在學校看了一部反霸凌的影片。影片中一個女孩坐在一張空椅子旁邊，手裡的標語寫著：「與我同坐。」路易和我談到這是表現仁慈的機會。不久後他告訴我，他看見一位同學午餐時間獨自坐在樹下。他注意到，這個同學最要好的朋友，因為生病缺席好一陣子了。路易過去和他坐在一起，和他聊天。路易說，他現在會注意到類似這樣的時刻。

＝＝＝

我是學校橄欖球隊兼具家長身分的教練。我和學生所做的賽後檢討不在於誰得分，而是在於當場上賽事激烈時，誰表現出忠誠、自我控制、領導力等，能化解衝突的品格優勢。多年來，我的兒子東姆是大家認可的和平使者。他的身高超過一百九十公分——一名高頭大馬的年輕人——但他喜歡擁抱別人，大家都知道。事實上，他的暱稱叫做抱抱，因為他對每個人都超有愛的。

當我不斷強調仁慈和憐憫，我看見他總是那個，當有人受傷時，會停下來幫助別人的孩子，不管受傷的人是隊友還是對方球員。別人經常稱讚他。

麥特是一個聰明的孩子，但不像他姐姐那麼自動自發。他還沒有想清楚，今年畢業後想做什麼。還有，要叫他專心讀書，比叫他玩電玩遊戲和上網更難。這些事造成家裡一些爭執。

麥克的優勢是有創意、好奇、幽默、謙虛、有公民意識。雖然他的好奇並不常用在課業上，但他的謙虛和公民意識則屢見不鮮。麥特在任何情況下，都不會咄咄逼人。他總是快樂合群（不時說些笑話），也總是關心別人。麥特常常為那些權益受損的人仗義執言。看電影和電視影集時，他經常對影片中被人忽略的角色表示關切。我認為這些優勢的總合就是憐憫；麥特滿有憐憫之心。

有時候我很容易擔心，他在課業上表現不佳會對他不利。但是把焦點放在他的優勢上，則令人欣慰。看見他清楚展現自己的優勢，我相信如果我們讓他做自己，長期來看，他不會有問題的。

我們還是敦促麥克努力學業，但是我們也知道，一個有創造力、好奇、幽默、謙虛、忠誠的合作夥伴，在這個世界不會有問題。

優勢強度

為了幫助家長釐清他們在孩子身上所看見的，真的是優勢、可能是優勢、或者根本不是優勢，我應用正向心理學中心（CAPP）所開發的四方矩陣。這個矩陣根據我們前面所談到的三種元素：表現，活力，使用，把行為分類為四種型態。這四種型態分別是：已實現的優勢、未實現的優勢、（後天）習得行為以及弱點[13]。

然而當我和兒童談到他們的優勢時，我發現**已實現的優勢**和**未實現的優勢**這兩個名詞並不適用。所以我以**核心優勢**（因為這種優勢是代表個人特色的核心素質）和**可培養的優勢**（因為這種優勢雖小，但透過訓練可成大器）這兩個名詞來取代。

讓我們更仔細檢視這四種型態：

・核心優勢（又稱為「最佳」優勢）

核心優勢是那些能激勵出高度優異表現、高活力、與頻繁使用的才能與個人特質。核心優勢對自己和對那些認識我們的人來說，都是明顯可見的。你可以說核心優勢是一個人的本質，因為如果把核心優勢拿走，你就不再是你了。也許你的孩子向來擅長平衡木的運動（體育能力）、從小早就有很好的音感（音樂能力）或者對設計和科技有種本能的理解力（空間感）。或是他總是很勇敢、有同情心、生來就有著沉著、安祥的性格（正向人格特質）。

・可培養的優勢

可培養的優勢激發我們的活力，提供優異表現的潛能，但我們通常對這些優勢的使用只在低到中等程度。你也許只偶爾在孩子身上看見這些優勢，但是如果有機會加以培養，這些優勢會有耀眼的表現。當幼兒使用可發展的優勢，你很可能會注意到他們精力充沛，顯示出良好表現的早期徵兆。

可培養的優勢很有趣，因為當它們還在發展階段，看起來不太像什麼優勢，然而一旦它們被發覺了，就可以迅速成長。我的兒子尼克在小學階段很排斥領導者的角色。事實上，他一年級和二年級的老師都告訴我，當他們詢問班上同學，誰想當班長，尼克是唯一沒有舉手的學生。但是到了高年級時，尼克發現，領導班上同學是一件能夠激勵他，而他也能夠勝任並喜歡的事。在團體任務中，他發現自己善於綜觀大局，而且也從培養團隊的良好互動關係當中獲得活力。除了自己注意到自己熱衷並擅長這類事務，他的同學和老師、他爸爸和我，也都告訴他同樣的觀察。他的經驗，再加上優勢本位回饋迴路的強化過程，幫助他看見並且肯定自己在領導才能上的優勢。這也激勵他去參與領導團隊的活動，組織和主辦慈善洗車活動，募資幫助瀕臨絕種的動物。他們班募集了足夠的金額，贊助一隻花豹、一隻紅貓熊、和一隻袋獾。

有了這次成功的領導經驗後，畢業前一年，尼克競選學生會主席。他沒獲選，但是很榮幸成為學會體育部的主要幹部。最讓他驚喜（馬修和我也很高興）的是，他在全校的戲劇演出擔任要角。更重要的是，感謝他新發現的領導能力優勢，他帶著更多的樂觀和韌性，進入他的國中生涯。

你可以透過以下的方式，鼓勵孩子使用自己可培養的優勢：

- 指出孩子常使用的優勢
- 告訴孩子他的成績／表現在進步中
- 讓孩子知道你看見他使用優勢時所流露出的正向活力
- 提供不太有壓力的機會讓孩子使用自己的優勢
- 當孩子出於自願，選擇使用可培養的優勢時，稱讚他（在第八章我們會談到如何讚美孩子，讓優勢增長極大化）

使用可培養的優勢需要鼓足勇氣。尼克要競選學校體育部幹部時需要勇氣。回想一下，上次你要嘗試某件事情時，忐忑不安，睡不安穩，有許多「萬一如何如何」的憂慮。然而當你嘗試了，成功了，你頓時活力倍增，感覺很棒：「**我辦到了！**」你正在培養那個特定優勢的能力，這種感覺太棒了。這就是你希望你的孩子也能擁有的經驗。

即使是年紀很小的孩子，也可以慢慢鼓勵他，嘗試使用可培養的優勢：

透過使用優勢的語彙，以及我們的身體和大腦的肌肉都需要鍛鍊再鍛鍊，才能變成夠強壯，有所專精的觀念。我們在培養五歲大的兒子求進步的心態，當他學習新的運動項目，騎他新的兩輪腳踏車，學習使用剪刀和其他工具時，這些觀念很有幫助。我們的想法是，當他明年開始上學時，他會抱著自己擁有優勢和技能的心態去上學。

．（後天）習得行為

優勢是內在的，而後天習得行為卻是需要由外「添加」的。通常我們經由父母、學校和別人的要求，來發展後天習得行為。因此之故，我們表現這些行為的動機，來自想要取悅他人，和外界和睦共處，或是獲得外部獎勵。我的一位研究生有修改文稿的才能，她真的很有本事（外在表現），但這件事不會讓她很興奮，她的動機只是要賺錢，供給自己讀完博士班。這是完全正當使用自己後天學到的本領，只要她不要涉入過深，以致占據過長的時間和注意力。

使用後天習得行為的最佳方式是，要知道這類行為為何，然後做日常生活規劃時，加以規範，避免它們占據自己太長時間。

多年前，當我第一次填寫正向應用心理學中心的問卷時，我發現自己在工作上，使用大量的後天習得行為。那時我已經是一名有策略的思考者，我在大學中升遷順利，而且因為我是一名很好的協調者，所以非常擅於主持會議，主持研究計畫。但這些並不是我的核心優勢，有些同事在會議結束後仍然活力充沛，但對我而言，會議讓我疲倦。我知道如果我想在一天工作結束之後，不會這麼疲憊不堪，我必須在工作中減少花時間做這些後天習得行為，要找方法讓我的優勢有所發揮。現在我會把工作會議排在午餐前，這樣一來，我會有時間休息。我會穿上運動鞋，在辦公室附近的公園走上二十分鐘的路，這能激發我的一項核心優勢：**欣賞美好和卓越的事物**。

家長可以幫助孩子發展後天學習的行為，但是在這樣做的同時也要知道，這些行為需要付出更多努力，孩子也不大可能達到他使用自己先天優勢時所能達到的相同水準。還有，因為孩子在使用習得行為時不大可能活力滿載，不要驚訝你必須常常提醒他們。你要有耐心，要記住，孩子的大腦不是先天就支持這項特定技能——然而藉著練習，神經網絡還是可以增長，新的行為模式也可以被建立。

最後，過度執行習得行為可能減少孩子的學習能量和學習動機的危險，因而有損我們建立樂觀和韌性的目標[14]。較好的方法是，盡可能鼓勵孩子找出自己的核心優勢，以此來規劃孩子所從事的活動。

過去兩年我們一直和十七歲的女兒一起努力，幫助她尋找想上的大學和想讀的科系。她的興趣廣泛，學科優異——包括各理工科目（科學、科技、機械、數學）——學校的輔導老師含蓄卻堅定的期望是，她會繼續鑽研這些科目。雖然她在這些理工科目的表現優異，她卻沒有受到相關科目或專業的吸引。事實上，她最想讀的是視訊傳播。

有一次她看到醫學研究人員在工作上使用這些數理技巧，雖然她喜歡這項工作，這個工作領域也會讓她發揮某些招牌優勢，像是好奇、喜愛學習，但是她並不喜歡，也不想從事這個領域的工作。

當她用力思考自己對這些經驗好壞參半的反應，我們幫忙她找出，她的哪些優勢能獲得良好的利用，而哪些優勢沒有派上用場（像是她的招牌優勢，愛心和幽默）。最後她瞭解到，對她而言，不只工作本身，環境和職場中的人際關係也能幫忙發揮她的優勢。

自從那次以後，她完成了價值實踐（VIA-Value in Action）兒童優點問卷、蓋洛普優勢識別器（Gallup Strengths Finder）2.0版（請參見附錄）及其他問卷。讓她開竅的時刻是當

VIA 問卷顯示她的最佳優勢是愛心、好奇心、幽默、仁慈、與愛好學習。

她正準備提出第一輪的大學申請，我們一起腦力激盪，研究符合她優勢的可能職業，來幫助她決定哪些大學科系會是她的最佳選項。她的學校提供的時間和資源都很有限，不能幫忙每位學生做這些事，所以我們認為這會是一個簡單的方法，幫她找出最能運用她的優勢，有助她追求幸福人生的生涯方向。

・弱點

我對弱點的定義和你在字典所找到的定義，或是谷歌搜尋的結果相類似。弱點是那些被視為是缺點或是有缺陷的特質——特別是會讓我們無法成功的缺點。我們可能在某些技巧、能力、才藝、人格和品格的某些面向有弱點。

我們每個人都有弱點，所以接受孩子有弱點的事實很重要。優勢本位的教養方法並不表示你要忽視孩子的弱點；優勢本位教養方法容許父母用新的觀點來看待弱點。事實上，優勢本位教養方法支持和孩子之間更真誠，較少防衛性的對話來談論弱點，因為孩子知道，父母的焦點放在他們的優勢上。

關於弱點，有三件重要的訊息要傳達給孩子：

1. 正如每個人都有優勢，每個人也都有弱點。
2. 有弱點並不表示你沒有價值；有弱點只是表示你是正常人。
3. 避免掉進花太多時間關注弱點的陷阱。

在我的研習會，我要家長用他們慣用的手寫下孩子的名字。我告訴他們，我們每個人都有自己慣用的手。像我，我慣用右手。不是我選擇使用右手，而是我們出生時，大腦網絡就設定好某一隻手比另外一隻手容易操作。我們以這種傾向為主，繼續發展我們的神經網絡。用慣用手寫字很容易。然後我說，「好吧，換手。」家長要花更長的時間，用他們的非慣用手書寫孩子的名字。字寫得很潦草，甚至還會寫錯。很累人，也令人有挫折感。如果你不斷把焦點放在要孩子改正他的弱點，這就好像你總是要求孩子使用他的非慣用手，孩子的表現、活力、和使用頻率都不會像運用自己的優勢來得好。

不斷對付缺點很累人，令人感到洩氣。這就是為什麼正向應用心理學中心的執行長艾力克斯・林里（Alex Linley）會說：「只有當我們充分發揮優勢時，才可能透過修正弱點而獲得成功。」[15]著名的領導力專家彼得・杜拉克（Peter Drucker）告訴我們，傑出的領導人以優勢聯結優勢，以致缺點變得毫無影響[16]。他完全認同「我們天生具備各項缺點」，但也相信，如果我們把焦點放在自己的優勢上，那麼缺點對我們根本無關緊要。

我們在第九章對如何運用優勢本位教養方法來對付弱點，會有更多討論。如果有比看見孩子運用優勢還要令人興奮的事，那應該是，看見孩子運用優勢來對付自己的弱點。

我的女兒米雅告訴我，她想要申請學生領導學院，那她必須在九年級時，離開家裡九星期。全年級只有三名男生和三名女生會入選。我的女兒並非不二人選，因為她的課業成績不算好，還有一點閱讀障礙。

我帶她做完VIA問卷，讓她知道她在學業和品格的優勢上，平分秋色。這改變了米雅對自己的看法。當她發現領導力是自己的最佳優勢，米雅認為領導學院會是運用自己優勢的一個好機會。她在申請文件和面談時，特別點出自己的優勢，展現超乎平常課業成績的水準。她談到，自己的領導能力能幫助與鼓勵別人，一起實現共同的目標，有益群體中良好的人際關係；她的毅力和熱心能幫助自己完成活動；如果有人想家，她的幽默感能夠逗那些離家在外的孩子開心，也能使她成為有趣、好相處的人。最後她告訴面試官，她還有一項優勢，就是懷抱希望，希望自己能入選學生領導學院。最後她被錄取了，獲得一個能讓她建立優勢，建立自信心的經驗。

═══

小學三年級時，愛莉轉學到一所教學嚴格的學校，她的數學開始跟不上進度。數學真的難倒她了，回家作業總是以眼淚和挫敗收場。她得要好努力才能拿到乙等、丙等的成績。到了國中時，她的代數課程採用新的「實力自主」教學模式。她對數學舉步維艱，茫然無助，被擊敗了。幸運的是，她的老師瞭解並且欣賞愛莉的本質。當愛莉需要反覆學習，老師孜孜不倦地教導她。老師看見並且提醒愛莉她所擁有的核心優勢——毅力。「妳擁有充沛的毅力，即使丟掉一半，妳所剩的毅力仍然比多數人擁有的還多。」老師瞭解是愛莉的創造力讓她對數學過度思考；「這個世界還不能接受妳那種邏輯思考。」老師稱讚她理解概念的能力；「妳掌握了困難的部分；妳只是在某些計算細節上有困難。」

老師花了很多年，很多時間的耐心教導。到高中最後一年，愛莉的數學成績進步到乙等，甚至甲下。雖然她大學入學考試的數學和語文成績仍有兩百分的落差，但是愛莉很自豪，四年後，即使大學沒有修過任何數學課程，她研究所入學考試的數學分數還是維持在相同水準，這要歸功於她青少年時憑毅力打下的好基礎。

圖表 2

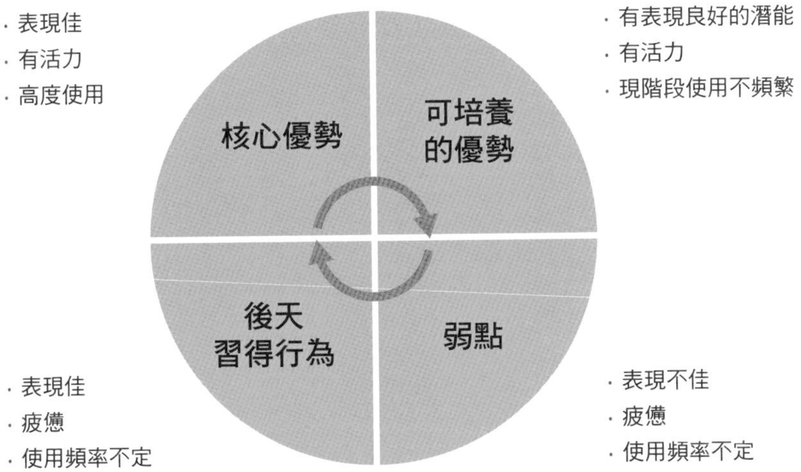

這個圖表說明，表現、活力和使用這三種關鍵元素，如何顯現在四種不同的行為模式中：核心優勢、可培養的優勢、後天習得行為與弱點。

先天、後天：優勢從哪來

研究人員認為優勢是先天的，這表示優勢或多或少是與生俱來的。雖然核心優勢比較明顯，而可培養的優勢或許在一開始並不明顯，但兩者都被視為含有遺傳因素在內。這表示，核心優勢會在孩子的幼年時期開始展露：

> 布萊安娜對欣賞美與卓越事物有很強的感受。當她才三歲大的時候，她要我注意吸塵器電線在地毯上呈現心形的圖樣。現在她十一歲了，我們到別人家玩，她總會記住別人家牆壁的顏色、沙發的紋路、以及地毯的圖案。

> 我的女兒從一出生就很好奇。剛開始是她白天都不想睡覺，到她開始會講話，她的問題從來沒有停過，很煩人。但是我注意到，她所說的話，在在顯示出她的好奇心，喜歡探究，而我希望鼓勵她這樣的傾向。

雙胞胎和被領養兒童的研究，對於幫助我們決定優勢是先天還是後天的交互作用特別重要[17]。雙胞胎研究比較著重在原生家庭成長的同卵雙胞胎（擁有相同基因）和異卵雙胞胎（只有百分之五十共同基因），人格特質和才能／才藝受到基因影響的程度。如果同卵雙胞胎在某項才藝（例如音樂）比異卵雙胞胎表現更多相似性，這就表示這項特質受到基因影響比受到後天環境影響更多。在領養兒童的研究中，研究人員比較養父母及被領養兒童（後天環境相同，先天基因不同），與領養兒童及其親生父母（後天環境不同，先天基因相同）的相似程度，來決定天生的優勢。

雙胞胎研究和領養兒童研究的發現，支持優勢有遺傳因素的想法——這是為什麼優勢對我們而言是如此自然而然。例如，在西安大略大學（University of Western Ontario）的研究發現，對於正向的人格特質，像是利他主義、同情心及撫育，基因和環境的影響各占一半[18]。科羅拉多州立大學（Colorado State University）的麥克・史德格（Michael Steger, Ph. D.）博士的研究也有類似發現。基因對「品格優勢」的影響，平均而言是百分之四十[19]。基因對人格特質，像是創造力、毅力、寬恕、自我控制，甚至有更強的影響（在百分之五十到比分之六十之間）。我們的認知能力受遺傳的影響，大約在百分之五十到百分之七十之間。基因對體能的影響則介於百分之二十到百分之七十之間，視不同方面的體能而有差別。

演化心理學家已經證實，發展優勢正是幫助物種進步的原因[20]。雖然演化讓我們事先對環境中的威脅和弱點保持警覺（就是我們前面討論過的負面偏差），歷經無數個世代，在那原始本能之上，還有複雜的神經通路，讓我們以更細膩的方式運用優勢，克服各種不利的處境：

- 體育能力和體能優勢允許我們捕獲獵物——並且避免成為別人的獵物。
- 智能優勢，像是好奇心，促使我們尋找新的食物來源和新的建築材料[21]。
- 決策能力和分析能力幫助我們解決問題，學會升火。
- 藝術才能幫助我們的祖先在洞穴牆壁上刻畫重要的人生課題。

真實的情況是，我們所擁有的優勢多於弱點——若非如此，我們不可能存活下來。

根據知名的心理治療師[22]，像是亞伯拉罕・馬斯洛（Abraham Maslow）、卡倫・霍妮（Karen Horney），和提出著名的「需求層次理論」金字塔（"hierarchy of needs" pyramid）的卡爾・

羅哲斯（Carl Rogers），人類發展優勢的動機是天生的。優勢發展發生在人生的每個階段，但在幼年期特別快速，這個時期的神經可塑性（neuroplasticity）——大腦透過與外在環境精密且活躍的互動，而改變自己往正、負方向增長的能力——急速增生：在出生後的前六個月，每秒有多達十萬個神經連結產生。

大腦每天創造大約一萬個新的細胞，並且不斷清除老舊的腦細胞。這個現象稱為「神經發生」（neurogenesis）[23]。科學家已經證明，大腦一直在重新組織自己。對我而言最新奇的是，這個重組過程是帶有目的性，而不是隨機發生的：大腦把新的細胞送達受到環境刺激的大腦區塊，把大腦區塊裡不再使用的老舊細胞清除掉。

一切經驗都會改變大腦。在讀這本書的時候，你也正在改變你的大腦。即使是在一個簡單的活動之後（科學家稱之為短期經歷），大腦會改變[24]，促使兩個神經元短暫連結——但如果這個經驗沒有再被重複，這些神經元可能會失去連結。想要大腦發生改變，並且持續這種改變，反覆練習是關鍵。

所以如果我們想要建立能支持孩子優勢的大腦區塊，我們需要創造一個環境，創造一些經歷，讓孩子能頻繁使用他們的優勢。某項優勢越常被使用——就算是解數獨，或是表現同理心——那個優勢的神經鏈就越常發生化學性連結。這些神經鏈連結成為跨越不同大腦區塊的神經網絡，把運動功能、感官資訊、抽象思考，結合在一起，因而更加強化這項優勢。**優勢本位經驗塑造優勢本位網絡**[25]。

然而經驗也可以取消神經網路。例如，小時候我學過單簧管。靠著練習，我的大腦形成可以讓我在讀譜後，自動變換指法到能發出正確音符按鍵的神經網絡。但是不像我早先提到的那位在生活中處處「顯露」音樂優勢的女士，單簧管並不是我的優勢，我提不起勁來，也沒有動力繼續，所以上高中以後，我就放棄了。因為這麼多年練就的技巧，我以為我這輩子都會懂得如何讀樂譜，然而當尼克開始上音樂課時，我發現自己已經完全忘了該怎麼讀樂譜了。神經心理學家把這個遺忘的過程稱為「突觸消除」（synaptic elimination）[26]。當神經元沒有與其他神經元溝通的需要時，這些神經元會慢慢脫離。如果拿臉書做比喻，這些神經元會解除彼此間的朋友關係[27]。大腦的運作法則是，沒有用就丟掉[28]，或是像尼克告訴我的：你沒有行動，你輸了。

我們大多能直覺地瞭解父母在幫助孩子培養能力上應有的角色，這就是為什麼我們會和孩子一起玩、一起讀書，讓他們參加體育活動，付學費讓他們上音樂課、請家教等等。或許教導孩子無形的優勢，像是正向人格特質，令人卻步，但這並不像你想像的那麼難。這個過程，由裡到外，採取完全相同的程序：父母幫助孩子注意到孩子使用正向特質的時刻，然後幫助他們練習。經過反覆練習，大腦便會受到改變，優勢在腦中深植。

在威斯康辛大學麥迪遜校區（University of Wisconsin-Madison）任教的理查・大衛森（Richard J. Davidson）博士，對我們如何擁有更快樂的大腦做出先驅性的研究，這個研究領域被稱為「情緒神經科學」（affective neuroscience）。大衛森教授的研究團隊已經證實，我們真的可以透過練習，在大腦中建立正向品格。在一個研究中，僅僅每天三十分鐘的慈悲心冥想訓練（在為期兩個星期的訓練中，參加研究的人員想像某個正在受苦的人，並且祈求這個人能獲得解脫）。

參加研究的人員在他們神經系統中與慈悲有關聯的區塊，顯現更大量的活動[29]。這個研究對像是二十二歲的年輕人，在這個年紀，神經可塑性已經開始下降。想像一下，如果我們讓孩子在他們神經可塑性最活躍的時期（像是童年和青少年時期），每天都有機會使用他們正向的人格特質和才能，那會發生什麼事情呢？

像這類的研究發現讓我思考：如果我們把花在嘮叨孩子矯正缺點的時間，刻意用在建立孩子的優勢，那孩子的大腦會產生什麼樣的變化呢？培養遺傳上的潛能需要練習和機會。沒有人一出生就具有「完備」的優勢。麥可・喬登（Michael Jordan）一直到九年級才首次灌籃成功。父母可以在孩子的優勢發展上做出貢獻——孩子的大腦天生具有接收能力。

我的優勢發展方程式

我擷取了賓州大學史考特・考夫曼（Scott Kaufman）博士和安琪拉・達克沃斯（Angela Duckworth）博士的觀念[30]，他們的研究工作含括的主題像是，才能發展、專才、資優教育、創造力，恆毅力，提出以下的優勢發展公式：

優勢發展＝能力×努力

起初只是多了一些遺傳上的優勢（能力），當孩子練習這項能力（努力），假以時日，表現倍增，結果讓孩子比其他孩子更快到達更高的里程碑。心理學家稱之為「乘數效應」（multiplier effect）。這就是為什麼當孩子把努力放在培養自己的優勢，而不在修正弱點時，他會有更高水準的表現。

這個效果解釋了，為什麼有的孩子能很快瞭解人際互動關係，並且比別人更快發展社交智商（social intelligence）。這個孩子從很小的時候，就被認為是一個善解人意、平易近人的人，他對別人的深刻理解，讓他被賦予領導者的地位，承擔責任。

這也是為什麼有的孩子參加游泳隊，雖然並不比別人練習勤快，卻輕易超越別人。每一趟來回，他的划水技巧和肌肉強度就是比旁邊水道的同儕增加更多一點，以致他每一次划水都會超前別人一點、又一點，直到他遠遠領先。

有鑑於孩子的優勢起初很籠統，做為優勢本位家長的任務其實很簡單，就是把孩子放在一個能夠培養天賦的環境中，幫助孩子讓優勢有更具體的發展。在有高社交智商的孩子和游泳選手的例子中，他們的遺傳傾向只有在他們開始努力之後才會生效。你可以藉著鼓勵孩子努力，幫助孩子從乘數效應中獲益。這對核心優勢最容易辦到，但就像我們多數人一樣，孩子的可培養優勢，（後天）習得行為，也需要下功夫努力。這就是為什麼在第七章，我們會檢視鼓勵孩子學習自我控制（並且父母以身作則）的重要性。

優勢本位教養方法解除了你花時間和精神，用亂槍打鳥的方式揣測孩子的能力，忙著把孩子從一個課外活動送到另一個課外活動，參加你認為對他「有益」的活動。相反地，藉著觀察孩子的表現、活力和使用優勢的徵兆，你可以有具體的「資訊」來確認孩子的優勢，幫助你決定哪些機會才是最合適的。

家長為孩子提供的機會，會因孩子的年齡而異——我們會在第四章討論。優勢本位教養方法具創意、有互動，讓家長和孩子可以一起探索，彼此討論可行和不可行性。拿我先前在本章提到的不樂意彈琴的女孩為例，她鋼琴彈得很好（表現優異），夠自動自發練習，也有一定的成績和水準。她只是好像並不喜歡彈鋼琴（讓她很累）。或許有另一個方法來看待這件事情。也許她不喜歡在別人面前彈琴，卻喜歡寫歌，喜歡自己練琴。也許只要不要求她上台表演，不在有壓力的情況下彈琴，她或許在鋼琴前面是活力充沛的。如果是這樣的情況，我們可以想想其他管道來幫助她發展這項優勢。也許她可以幫學校的歌舞劇演出寫歌，然後在幕後演奏。

看似矛盾的是，孩子對自己優勢的認識也會幫助他處理自己的不足之處。你的孩子也許核心優勢是在田徑賽跑，他已經全力以赴，滿有活力，也常常參加田徑活動，但卻仍然不足以讓他入選為接力賽的主將。也許孩子的核心優勢是領導力，也比同年齡的孩子有著更佳的領導才能，但這並不表示他將來就會成為一名企業的執行長。優勢本位孩子的前途如何呢？他們很堅強，在某些領域很有能力；對自己的優勢和弱點都十分瞭解；相信自己。他們對追求自己的最佳潛能感到滿足，不會一味追求外界所定義的「成功」。自我肯定，所以不會任意被別人操弄和動搖，不管是面對霸凌人的同學、瞧不起人的老闆、強悍的夥伴。他們擁有開心做自己喜歡做的事，並且熱愛自己工作的潛能。

從這個角度看來，孩子實際的表現並不重要。優勢本位教養方法的最大力量在於：孩子能夠內化他們是具有優勢的人這件事實，他們的優勢讓他們活力充沛；而且這些優勢是他們的內在資產，讓他們能發展樂觀和毅力，並且追求自己既定的人生目標。對父母和孩子雙方而言，還有什麼比這樣更好的結果呢？

練習

優勢評量

在優勢開關的網站上，你會看到由心理學家所開發，分屬三個體系，共有一百一十八個優勢的列表[31]。這些表列分類所依據的優勢本質乃是正向、對個人與他人有益處且具社會價值。你在這三類表列中會看到某些重疊的部分，也會看到三者之間有趣的差異。無庸置疑的是，人類所擁有的優勢還多的是，但這份列表是你開始使用優勢本位教養方式的一個好的起點。

這是一個可以用不同層次來做的練習。首先，你可以把所有的優勢讀過一次，把你在孩子身上所看見的優勢圈起來或寫下來。我猜你會發現孩子所擁有的優勢比你現在所瞭解的還多——那些他做得好、常常做、做得很起勁的事。你也許還會發覺一些孩子可培養的優勢：那些你偶爾在孩子身上見到，或許可以鼓勵孩子發展的優勢。

接下來，根據孩子的年齡以及感興趣的程度，你或許可以和孩子一起瀏覽這份優勢列表，看看孩子從中對自己有什麼想法。有些優勢或許很容易看出來，有些則未必然。你也許需要為孩子解釋和定義某些優勢。大一點的孩子可以自己把這份列表看過一次，然後你再和他們討論他們的想法。

最後，你或許可以請孩子把這些優勢再讀過一次，並且評量父母的優勢。這會開啟一些對你自己的優勢對孩子的優勢、以及家裡個別成員的獨特優勢對整體家庭影響的有趣討論。

練習

優勢評量再探

如果你的孩子喜歡辨識自己優勢的過程，還有許多問卷他可以去做，包括價值實踐優勢問卷青少年版（the Values in Action Youth Survey）、蓋洛普優勢識別器（Gallup Strengths Explorer）、蓋洛普優勢探索（Gallup Strengths Quest）。你可以在書後面的附錄中，找到這些問卷的網站。

同樣的，這個過程也可以採取多重方式進行：做問卷來發現自己的人格特質，做問卷來發現孩子的人格特質。和孩子一起回答問卷來幫助孩子發現自己的特質，或是讓大一點的孩子自行回答問卷，之後再和你一起討論。

用這些方法發覺優勢可以幫助自己培養優勢。這些方法也許可以幫助你克服自己的優勢盲點，但不應該讓它們侷限你和孩子。

要記住，這些問卷並非萬能。如果你最後得到的描述並不完全吻合你對自己的認識，那也沒關係。如果你認為自己在某個特定優勢比問卷最後顯示的更高或更低，要相信自己的判斷。利用這些問卷做為一個起點和一種方法，開始有關優勢的討論。

一旦孩子開始看見自己的優勢，他會對自己和對別人有更多瞭解，你也會更瞭解自己的孩子——如同下面的故事告訴我們的：

認識自己的優勢，讓我的女兒們對自己的學業和未來理想更有信心。若伊因而有信心選擇支持她展現對美和卓越事物欣賞力（美術和設計）的科系。認識自己的優勢也讓她有信心挺身而出，擔任本地一個兒童劇團設計方面的負責人。因為她瞭解自己的優勢，讓她對自己的本質和擅長的事物有務實的感受。後來當和她一起合作的孩子需要組織起來採取實際行動，用圖畫落實他們的構想，她馬上毫不猶豫的讓出位置，讓瑪緹達（長於領導力與團隊合作）接手建立工作流程，分配任務。從這件事我就可以看出，我的女兒因懂得自己與別人的優勢，而能幫助自己，在能夠貢獻己力的事情上勇於任事，也容許別人同樣貢獻所長。

＝＝＝＝

布萊安娜最大的優勢是幽默以及對美和卓越事物的賞析能力。和布萊安娜討論她的品格優勢，的確幫助她印證她每天如何在不同的情況中運用自己的優勢。這也提供我們一個架構和貼切的語言，來討論她如何使用品格優勢，這對加深她對自己行為的理解，以及品格優勢如何在不同的情況下發揮作用，多有助益。

＝＝＝＝

我在傑米七、八歲時，第一次用 VIA 優勢卡片帶他認識自己的優勢。我們在一家小咖啡館（算是招待他）做這件事。我們把卡片擺在桌上，我讓他選出那些他認為最像他的卡片（那些他不瞭解的卡片，我就為他解釋）。那時傑米在學校剛換新的班級，和老師有點摩擦，常常出狀況。他很容易就找出自己的優勢（即使他還在咖啡店裡東逛西逛，不太專心！）。

傑米也選擇替他的老師找優勢。一開始他說老師沒有任何優勢，但是後來他發覺老師有公平、寬恕、誠實、和幽默等優點。他能夠明白，老師跟他一樣，都有拿手和不拿手的事。

隔週，我們做了 VIA 青少年問卷。這個過程和結果產生了很大的影響，因為聆聽傑米的答案，讓我對他如何看待他自己，有了許多洞見。我覺得這些想法正好反映出我們當時所面對的那些情況：他在學校和在家裡的一些行為問題。那時候他對自己不認真、不努力有一些負面看法，也覺得自己的意見不受重視，不被關愛。

練習　優勢故事

我發現這個練習在父母和孩子一起找出優勢後很有用。請孩子選擇一項自己的優勢，然後說，「告訴我曾經發生在你生活中的某件事，而在那件事情上可以非常、非常明顯的看到你的優勢。」敘述優勢故事幫助孩子讓優勢變得具體而真實。家長可以請孩子告訴你一個小故事，或者你也可以自己先告訴孩子，你在他們身上所看見的優勢故事。在餐桌上或在車子裡，你可以告訴孩子，你記得他們做過的某件正面的事情，以及在這件事裡所表現出來的某項優勢：「你知道嗎，我想起你為你最好的朋友辦的驚喜慶生會。你邀請了所有的朋友，想辦法讓大家一起做了一張巨型的生日海報，烤蛋糕，而且一切都是祕密進行。你在慶生會前把每件事都辦好了。這真的顯示出你在領導能力、組織能力、溝通、和愛心與仁慈上的優勢。」

如果你認為自己先示範有助於孩子想出自己優勢故事，也可以告訴孩子你自己的優勢故事。下面是我最近告訴艾蜜莉有關我和尼克的仁慈優勢故事：

> 那天尼克和我從購物中心離開的時候，我們在停車場看見一位年輕的女士，推著一輛裝滿烘培用品——發酵粉、麵粉、水果等等——的購物車，她把幾盒雞蛋平放在最上面。

你知道這個故事接下來的情節走向，就在她有一盒雞蛋掉到地上破掉的時候，我們注意到這位女士，她沒辦法控制那輛推車。她的購物車超重，而她又沒控制好重心。

尼克和我和別人有約，而且我們時間有點趕不上了。所以那時候我必須仔細想想，好吧，現在有人需要幫助，我要去幫忙她，然後赴約遲到嗎？還是我應該讓別人幫忙她就好？不行，我認為她需要幫忙。所以我對尼克說，「我們必須去幫忙這位女士。」

結果原來這是她在附近一家咖啡／烘培店工作的第一天，他們要她到倉庫拿烘培原料。她以前沒有裝東西和推車的經驗。

我們幫忙她把雞蛋收拾好，重新擺好東西。但推車還是太重了，所以我說，「我幫妳一起拿到店裡去」。

我和那位女士一起合力推車，尼克走在車子旁邊，如果有東西掉了，他可以馬上撿起來。

我們一路慢慢推著車，我試著安慰她，說些像是：「我大概也會跟妳一樣，不要擔心，只破了一打雞蛋。這很難避免。我們都會犯錯。」

在我們到達那間烘培店之前，我也暗暗發愁，因為我知道我們赴約一定會遲到。但是知道我們在別人上班的第一天，幫助她度過難關，讓我快樂。她謝謝我，我也看出來她比較沒有那麼擔心了。她告訴我們：「你們兩位都是非常好心的人」，她這麼說讓尼克臉上露出微笑。

如果你不想讓這個練習看起來過於正式，你也可以在不經意間說自己的優勢故事。你也可以在和孩子分享一天的生活時，在輕鬆的交談中提到這些故事：「今天發生了某件事，有人很不高興，所以不想回我電話，和我討論這件事。我不喜歡有人生我氣的感覺。我知道自己的長處在團隊合作和有同理心，所以當他不接我電話的時候，我就到他的辦公室去找他，告訴他我可能也會和他有相同的感受，但他是我團隊中很受重視的一員，我們需要他才能讓我們的工作計畫順利成功。這樣做並不容易，但是我很高興我這樣子處理，因為現在我們溝通順暢，我想再過幾天，我們又可以一起在工作上全力衝刺了。」

第四章 優勢發展的年齡與階段

現在你知道如何界定優勢，如何注意到孩子的優勢，那讓我們來看看，優勢從兒童期到成年早期的發展。不同的優勢會在不同階段出現，這和孩子的體能、認知與情緒發展相關。瞭解兒童發展的曲線會幫助你知道，什麼是對不同年齡孩子的合理期待。在某些發展時期，大腦迅速增生，其速度和模式近乎失控；而某些時期，大腦的生長速度則沒那麼迅速——甚至有時候會下降。大腦發展的開始、停止、旁生，甚至某種程度的走回頭路，都是可預期的。這是當孩子的大腦逐漸發展出特有樣式，讓孩子成為獨特自我時會發生的。

你會看到大腦發展的變化反應在孩子追求、實踐並開始專精於特定優勢上。成為一名優勢本位家長讓你更能提升與欣賞孩子逐漸展現的獨特性。這不僅會幫助孩子成為最好的自己，也會增進你們的親子關係。

幫助我的孩子們找到他們自己的優勢，給了我一種方法和每個孩子建立個別關係，表達並培養我對他們每個人深切的關心。我的作法是，讚美每個孩子的長處，和他們對某個特定的優勢做輕鬆的對談。有關優勢的談話的確是一種提振人心的對話，有別於糾正孩子

做錯事、行為不當的對話。

優勢發展的過程與階段

在第三章我們談到，人的一生中大腦如何提供動力來建立我們的優勢，以及我們所創造的環境，如何透過神經可塑性來建立孩子的優勢。我們的大腦不斷在變化中，然而從大腦增長的速率和範圍來看，出生後的頭三年，遠非其他時期所能及[1]。我前面提到，光是出生後的前六個月，每一秒鐘就有十萬個新的神經連結產生。孩子在兩歲以前，大腦就已經達到成人大腦重量的百分之八十——而且你知道嗎？兩歲半的孩子，平均而言，比成人還要多出大約百分之五十的神經連結[2]。在童年時期，大腦灰質（gray matter），或稱為「思考物質」（thinking matter），的數量會過量生產，一直到十二歲左右。

當你考慮到嬰兒和幼兒有多少事情需要學習，大腦這種增長速度是很合理的。這些神經連結幫助小孩快速建構他們的大腦，發展基本能力，像是聽力、基本肢體技能、語言、簡單的人際關係技巧、以及基礎認知技巧[3]。

得力於這種神經急速增生，學齡前是培養孩子優勢的大好時機。你如果打開自己的優勢雷達偵測器，你會看到許多可培養的優勢一一浮現。有些優勢出現得很早：

我兒子的優勢是什麼呢？有韌性，有毅力，富同情心。這些優勢大部分在他的學步期和學齡前就顯現出來，直到今天都還是如此。

＝＝＝＝＝

哈米什和他幼兒園的朋友一起玩耍的時候，很喜歡當領袖——不過他也能讓別人帶領，所以他並不霸道！他對朋友的愛能透過友善的話語，透過擁抱表現出來，特別是遇到家人和朋友傷心難過的時候。幾乎在任何情況下，他都能運用他的社交商數和人打交道、交朋友。他對美好事物由衷欣賞，經常讚美日出、日落、花朵、昆蟲、動物、建築物、車子——任何他覺得美好的事物——發出驚奇與讚嘆。他對人生的熱情似乎無止境，要跟上他的步調要有充沛精神，有時候也很累人。

雖然這不會是你能幫助孩子發現可培養優勢的唯一時機，但這是一段持續數年，可用來探索和嘗試的大好機會。

想要幫助發覺和培養孩子從出生、童年、到青少年期的核心優勢和可發展的優勢，可以嘗試應用才能發展心理學家所研究的優勢發展原則。優勢的開展有其模式，班傑明•布魯姆（Benjamin Bloom）博士已經確認這個模式有三大階段[4]。讓我們看看這三個階段，和大腦在每個時期的發展。

一、浪漫階段：學齡前到前青春期

在這個階段，孩子使用潛在優勢來玩耍、探索、找樂趣。這是發展愛好的前兆。你會注意到孩子對特定活動很投入、很感興趣，也會注意到孩子經常表現出特定的人格特質，在這些方面的學習和表現會在水準之上。父母的角色是透過提供輕鬆的機會，讓孩子從事這些活動，而當你看見透露出優勢的跡象：表現、活力、使用頻率，你可以告知孩子，以強化這些優勢。就讓孩子好好的玩。

當然，培養才能和建構孩子的大腦是同時並行的。我喜歡把建構大腦的過程想成蓋房子，而孩子的才能就好比房子的內容物。在幼兒時期先把房子的外殼蓋好，再來是基礎工程——房子的結構、水管、電線管路——一一就位。你或許會訝異發現，學齡兒童的腦容積就和成年人的大腦差不多。事實上，六歲前，孩子的腦容量只比成人小百分之五[5]。

雖然腦容積的大小在小學時期並沒有太多增長，但是大腦的**容量和密度**卻急速增加，直到青春期[6]，孩子忙碌地往房子裡，盡其所能，塞滿許多令人興奮的事物：拼圖、桌遊、音樂、運動器材、專題作業、朋友、寵物、工具、手工藝、腳踏車、滑板、書本，還有許多天知道是啥東西。房子雖然凌亂，卻是個很有趣的地方（有點像我衣服丟滿地的房間）。

這都要歸功於大腦灰質的大量增生。我說過，當孩子嘗試新經驗，發展新技能，建構知識，大腦灰質就會增長。神經科學家把這個大腦發展階段稱為「過度增生」期，因為大腦產生的大腦細胞和突觸連結，比它在成人期實際所需要的，還要來得多。彷彿是大腦要讓孩子試遍可能的未來發展方向。這些大腦變化就是浪漫階段優勢發展的基礎，在這段時期，家長希望鼓勵孩子玩耍、發展自主性，以及鼓勵孩子對事物的愛好。

在這段期間，孩子負責基本情緒反應的邊緣系統（limbic system）和負責理性思考的額葉（frontal lobe），以差不多相同的速度生長。這兩者在嬰兒期和學齡前的體積都很小——在這些時期，孩子會鬧脾氣、衝動，因為他們還在學習如何讓感情與思考的過程更加協調、更受掌控。學齡前的中期和後期，這些大腦區域會以相近的速率成長，所以到孩子上小學前，這兩個大腦區塊彼此就可以更有效地「對話」。偶爾其中一個系統會凌駕於另一個系統之上，那就會出現脾氣失控，或是出現不恰當的決策，但你可以看見，多數時間，在你孩子的「房子裡」，樓上（額葉）和樓下（邊緣系統），一直保持對話。這兩者的相對生長速率在青少年時期會再次改變，那是我們下面所要討論的。

二、專精階段：青少年期

在青春期的初期和中期，孩子將更清楚自己的愛好，會更有系統的發展特定優勢，開始投入顯著的努力並顯示進階的學習。父母的角色是提供各種機會及人脈做為資源，來幫助孩子在自己的優勢上發展出高階技巧。這些資源可能包括各類課程、社團、夏令營、志願工作、所需的用具和設備、教練、家教等。還記得在第三章，我朋友那位具有公民意識的青少年女兒嗎？我的朋友支持她女兒優勢的方法是，協助女兒挑選社會議題，籌畫並舉辦提高意識的活動來提升公眾意識，開車接送她參加慈善活動，幫她聯絡對社會改革具有豐富知識的導師。

父母也要協助孩子學習有彈性的使用優勢：需要使用優勢時就用，使用優勢來彌補弱點或處理難題，當其他優勢在特定的情況下更有效時，就對某些優勢予以限縮或取代。在後面的章節中我們會詳加討論。

在這個階段，父母和孩子雙方都需要花更多時間和精神，父母還可能破費（更別說你或許會想在車子後窗貼上「媽媽／爸爸計程車」的貼紙）。在這個階段，孩子會為了追求他們的興趣和愛好，而尋找更為複雜的經歷。做為優勢本位家長，當你只重視孩子真實的能力和興趣，這其實會幫助你更小心選擇投注教養精神的地方；甚且，這不全然是家長的職責，你可以在孩子追求愛好的過程中，邀請他和你一起閱讀、研究各類課程、購買所需的物品。也許孩子也可以找些零星的家務事做，多賺點零用錢，分攤一些費用。最終還是要運用你在第三章所學到的三種界定優勢的標準，來幫助你區別什麼是真正的優勢，什麼事是基本能力。

專精階段的特點在於，從青春期初期到中期青少年大腦開始出現根本變化。青少年的大腦「房屋」，外觀看起來或許十分相似，但其實裡面正在經歷重大的內部重整。在青春期，大腦再一次大規模迅速增生，但這和先前的快速增生不同。

其中有一項不同是，大腦灰質在十二歲時達到高峰，然後就開始一段長時期的下降[9]，這個過程稱為神經修剪（neural pruning）。這或許聽來不利，卻有著好理由。青少年的大腦正在修正學齡後期的過度增生[10]，並且為成人期複雜的需求做準備。這段長期的深度神經改造，能讓大腦變得更為專精[11]，大腦各區塊間有更多連結，運作更有效率[12]。另一種看待這個現象的方式是，大腦正在決定哪些優勢應該繼續保留到成年期。

大腦怎麼知道哪些灰質必須清除呢？這有部分取決於基因[13]，有部分則取決於神經元彼此間的競爭。大腦網絡間進行了某種適者生存的殊死戰，神經系統彼此競逐，以求在重整後的大腦保有一席之地。孩子較常使用的神經網絡會越來越能勝任、越發健全，因而贏得勝利，而那些提供較疏於運用的行為、思考、技能及情緒運作的神經網絡則被修剪。

在這段時期，青少年對自己的優勢有更精確的理解（你也可以偶爾稱之為「誇張」）。透過修剪神經元，大腦架構更為精簡，孩子對自己常做的事情也會做得更好、更有效率。基本上，孩子的優勢被強化了。父母的角色則是要協助孩子，用更多努力，花更多時間，有系統的發展孩子的優勢。

也是在這個時期，邊緣系統和額葉約略相同的增生比例起了變化。邊緣系統開始急速增生，而額葉則比較晚熟。此外，大腦白質——連結大腦不同區塊，並使得不同區塊間能彼此「交談」的物質——尚未如家長所樂見的強力連結邊緣系統和額葉。雖然在青少年時期有大量的白質生長，但白質以神經心理學家稱之為「由後向前」的大腦生長模式，從大腦掌管較原始功能的區塊開始發展[14]，然後逐漸進展到比較高階功能的區塊[15]。

這一切都意味著，有時候由情緒主導的邊緣系統凌駕於邏輯主導的前額葉之上[16]。這就是為什麼青少年期常和情緒化、衝動、冒險、追求感官刺激的行為有關的原因[17]。孩子不是做這些行為來激怒父母，他真的是以當時當下來看待周遭，因為能提供他前瞻思考那部分的大腦還沒有完全連結。這也是為什麼青春期是最容易得到精神疾病的理由之一，我們發現在青少年時期罹患精神疾病的比例很高[18]。

然而青少年的大腦，在這段急速增生時期，也特別有利於學習。當大腦白質生長時，它能讓大腦各個區塊內以及各個區塊之間的連結更多、更緊密，允許更精密、更順暢、更快速的溝通[19]。下次當你對青少年期孩子蹩腳的溝通技巧生氣時，可以用這些科學事實來提醒自己。情況會越來越好的。情況的確正在好轉（即時你處於青少年期的孩子到現在都還不跟你講話！）

父母能盡力做到的就是，在保護孩子免於生理、心理、社交、和情緒方面的風險的同時，也允許青少年期的孩子擁有建立自我規範的行為與成熟舉止時所需的自由。優勢本位教養方式可以是一種和青少年子女建立關係極有效的方式，讓孩子知道，你瞭解他是誰，你是他隨時的幫助，當有朋友施壓要他做出冒險行為時，你可以幫助他使用優勢做為基石來引導自己的選擇。這個時期正是大腦決定神經連結的取捨之時，所以也要注意觀察任何孩子有可能發展的隱藏才能。

三、整合階段：後青春期到成年期

幸好，在後青春期，白質的連結性擴展有更多的聯繫。透過大腦內部溝通，青少年學會在特定情況下，如何適時地以一貫且恰當的方式善用優勢，無論是在同理心、幽默、組織能力、領導能力等種種方面。你會注意到孩子的情緒控管能力在後青春期有進步，恰好和他們的優勢發展整合階段同步。

在這個階段，孩子在特定的優勢上獲得優異的表現，更臻成熟，孩子對這些優勢有十足掌握，視為是自我認同密不可分的一部分[20]。青少年能夠看出自己的優勢是一大資源，可以用來為自己計畫成功的未來，塑造人生目標，造福別人。認識自己優勢的青少年們可能會找到既有趣又和自己優勢相關的暑期工作、參與社區服務、參加或領導學校社團、參與課外活動和頂尖的運動團體一起受訓、或在自己選定的領域裡，跟隨專家學習，並且從事讓他們的人生充滿興趣和成就感的活動。這些都可以成為申請大學時很棒的自傳材料，與申請符合孩子優勢的大學及其他機構獎學金的基礎，也能把孩子帶向未來實習和工作的選擇。這些是很大的報償，即使孩子的優勢並沒有帶來這些好處，最終報酬還是存在：一位深知自己所長，勇於承認自己的不足，能夠隨著人生歷程而成長和學習的成年人。

八項優勢

想要描繪出一百多種優勢的發展歷程是不可能的，所以我選擇介紹有最多研究基礎的**八種優勢——指的是四種才能（音樂、創意、體能、智能）和四種以人格（或做品格）為本的優勢（好奇心、智慧、情緒商數、人格特質）**。雖然人格是一個廣泛的概念，但有關人格的研究很多，對於兒童特定的人格特質，如何在不同階段出現，提供一個清楚的範例。

優勢並不會同時出現，研究人員對全部優勢的發展，至今仍沒有一個清晰的圖像。這就是為什麼，我再次強調，還是要觀察優勢的三個特徵——表現、活力、使用頻率——做為正在萌芽的優勢，在日常生活中的線索。

下面的圖表大致顯示出，各項優勢預期出現的時間軸和其最顯著的發展期間。但其中總會有個人差異以及因人而異的發展節奏，也不免有一些明顯的例外，就如眾所周知的，大部分「大創意」類型（這是指極高層次的創意，通常只有在那個領域，引領嶄新趨勢的頂尖知名藝術家或傑出人士，像是作家、科學家、發明家、作曲家、建築師、和工程師）出現在成人期中期。儘管也有天才兒童在青少年時期就對社會做出「大創意」貢獻的例子（例如莫札特）。再者，我們終其一生，都可以繼續發展和增強我們的優勢到某種程度。例如，情緒商數在兒童期開始發展，但可以在那些在職場上接受情緒

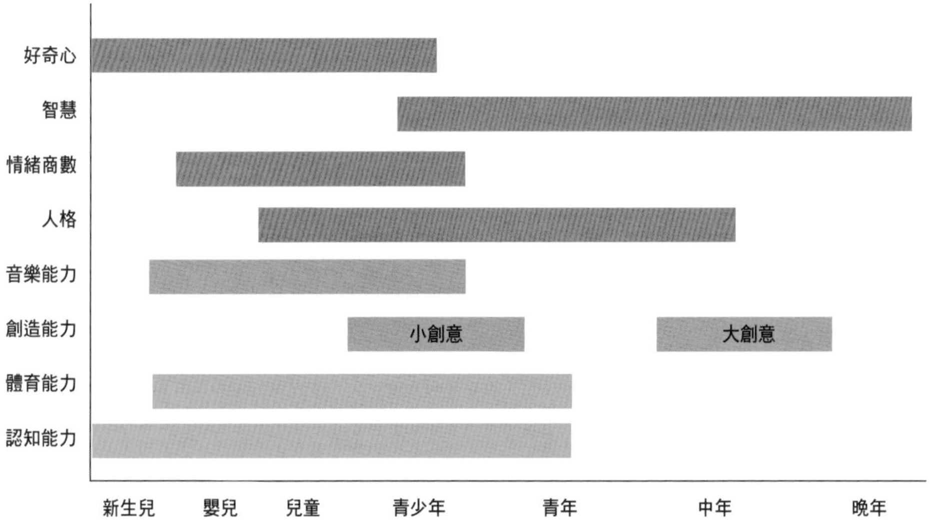

圖表三：這個圖表顯示八種關鍵優勢的發展軌跡

從上圖可見，某些優勢從出生時就很明顯。舉例來說，好奇心在新生兒身上立刻可以被辨識出來，從他們對環境的反應，特別是對周遭的人的反應。研究智商的研究人員也發現，嬰兒天生具有智能。利用像是心跳速率改變和追蹤眼球運動做為指標的研究顯示，嬰兒對周遭環境擁有精密的認知反應。嬰兒的智力能夠分辨多數人類語言的聲調、辨識少量的物體、區分生命體和無生命體、模仿面部表情、形成概念和類別、回憶發生過的事。

音樂能力從六個月大就可以被偵測到[21]。研究證實，嬰兒可以偵測到音樂的頻率、節奏、音色和旋律起伏；能夠記住音樂旋律長達十五秒鐘；也能夠根據音高、音量和音質替音樂分類。

同理心，是情緒智商的關鍵面向，也從嬰兒期開始，在六個月和兩歲之間開始發展[22]。八個月大的嬰兒能做出臉部表情、發出聲音、以及做出動作來回應難過的人[23]。

進入學步期，你會看到運動能力的早期徵兆，這種能力，在頭七年的時間裡，會持續進步[24]。在這個階段，你也可以根據孩子的脾氣，對孩子的人格特質，看出一點端倪，包括控制衝動的能力、探索新環境的謹慎程度，或是探索新環境的意願和熱切程度，以及他們對新認識的人是否感覺自在[25]。

大約三、四歲的時候，我們會開始看見孩子人格特質上更明顯、更一致的特徵，包括隨和（agreeableness）、情緒穩定性（emotional stability）、謹慎（conscientiousness）、外向內向的傾向（extroversion-introversion tendency）及經驗開放性（openness to experience）[26]。在這個年紀，你也會看到孩子開始認識自己的情緒，而他們的情緒智商也隨之增加。研究人員透過請孩子為假設性情境（例如，收到禮物）與相對應情緒（例如，高興）以及恰當的臉部表情（例如，面帶微笑的人）配對[27]，來測試這個理論。孩子為特定情境匹配出正確情緒與表情的能力程度，被用來評量這個年紀兒童的情緒智商範圍。

八歲左右，我們開始看到孩子表現出更成熟的情緒智商形式，以及能從理智上去理解別人處境的同理心（對照僅以情緒回應別人的難處），因為在這個時期，孩子的大腦發展出能從別人觀點看事情的能力，像是更高階的理解力以及易位思考[28]。

再大一點，你會看見更多體能和音樂能力的徵兆。例如和弦和音準主要在六歲到九歲之間發展，但是會持續到十二歲[29]。

雖然智商在出生時就開始，然後整個幼年期都有所增長，認知能力在青少年期再次擴展，因為青少年有更快的資訊處理能力，有更系統化的思考，更抽象化的思維，能夠把資訊分門別類到更複雜的系統中（例如，學前兒童有「車子」的分類；但青少年在車子之下還有細目：「休旅車」、「工程車」、「房車」、「四輪傳動車」、「掀背車」）[30]。「小創意」（小C），在青少年期更為明顯。小創意是他們在日常生活中的創意，在在可以從他們想出新穎、別緻、有彈性及有意義的想法的能力中明顯看出[31]。

不像很早就「聰明外露」的智商，智慧——我們使用和應用知識的方式——是一項「晚熟」的優勢[32]。你或許可以在幼年期，藉著像如何解決爭端、探究深入的問題看出端倪，但是青春期才是智慧真正急遽增長的階段。此時青少年的大腦驅使他們尋求新的經驗，和父母做切割，探索外在世界，匯集別人的觀點，引導他們發展更深刻的道德、智識、和社會意識。女生通常比男生更早發展智慧，這和男女在多數品格優勢的發展趨勢一致[33]。

身為家長，認識這些優勢大致的發展模式，對我們有益，理由有三。第一，它幫助我們知道在什麼時期可預期看到像音樂和體育能力這些才能的早期徵兆。第二，知道發展趨勢幫助我們評量某些優勢的外在表現，知道我們是否觀察到優於常態發展的表現，例如說同理心（但不要忘記我們也要檢視活力和使用頻率）。第三，它可以保證我們不會太強求孩子，期待他們表現出在優勢發展上尚未開始發展的優勢。

在孩子成長過程中鼓勵優勢發展

隨著孩子的成長，你會看到有些優勢逐漸明顯，有些消退了，有些優勢似乎不知從哪裡冒出來，而有些似乎消聲匿跡了。我們很難知道那些減弱或是消失的優勢，是不是因為它們並不是真實的優勢，還是因為環境沒有支持這些優勢的發展。

然而不必傷透腦筋多想，界定與培養真正優勢的試金石，應該就是我們在第三章所討論的那三項指標：優勢帶來活力、表現優異與經常表現。如果這三個元素沒有完備，那就不是優勢，而你對它因為缺乏使用而消失的現象，就不必太擔心。

大腦隨時啟動著，所以你會有很多機會在日常生活中，自然而然地和孩子一起打造優勢，親子雙方都不應該覺得勉強。根據以上所描述的大腦差異，優勢本位教養方式，對待幼兒和學齡兒童的方式應該有別於青少年。

在小一點的孩子身上發覺優勢可以很坦率（例如，**我可以看出來你很喜歡說故事**，你很有**說故事的優勢**）。對小孩子，當你看見他在做擅長的事，喜歡做那件事，而且選擇做那件事的時候，可以主動向他點明。你也可以告訴他，如何把特定優勢運用在人際關係中、學校課業上、體育活動或其他活動：人際關係需要仁慈以待，課業需要努力，運動需要公平——而這三者都需要毅力。

對青少年，你的優勢輔導需要細膩一點。雖然對小一點的孩子，你主動主導察覺、引導、培養孩子的優勢，但是對青少年，你最好保留一點，扮演像是「優勢偵測器」的角色，偵測如何能把優勢應用到他們的活動中。青少年的大腦喜歡新奇事物，所以父母可以鼓勵孩子試著把一些優勢應用到各個不同的情境中。例如，提供不同的環境幫助他們學習，當他們結合喜愛學習和創造力的優勢，會有什麼結果？幫助他們使用情緒智商的優勢，確定自己的幽默不會冒犯他人。請他們想想，是否不同的優勢適用在不同的人際關係裡：也許某位朋友喜歡熱情，但另一位朋友喜歡安靜；也許某位老師希望有尊嚴，而另一位老師喜歡謙虛。

在後面幾章，我們會探討許多方法，幫助孩子發覺並運用自己的優勢，也會培養運用優勢所需要的基本能力（例如自我控制）。但是下面四個關鍵的教養策略，會給你一個扎實的基礎，成為一名優秀的優勢本位家長。

四種關鍵優勢本位教養策略

以下是你可以用來支持孩子發展優勢的四種基礎心理過程。它們會影響孩子如何看待自己發展優勢的能力、如何向你學習優勢管理以及最終內化打造與應用自己優勢的能力。

這四種策略如下：

1. 心態管理（mind-set management）
2. 以身作則（role modeling）
3. 支援鷹架（scaffolding）

4. 在近側發展區間練習（proximal development practice）

心態管理

我們每個人都有一種既定的心態，其中也包括我們對自己的看法。不管你自己知不知道，你對自己的各個面向也秉持一套信念，包括對自己的智商、才藝、技能、品格與社交能力[34]。

卡蘿・杜維克博士（Carol Dweck）辨識出兩種思維：成長思維和定型思維[35]。一個具有成長思維的人，把自己視為具有可改變特質的人，而一個具有定型思維的人，則把個人特質視為靜態，不可改變的。

你和我或許對同一件事情會有相反的心態，孩子也是一樣。例如，兩個孩子可以擁有相同程度的智商，卻對智商的本質有著全然不同的信念。一個孩子可能認為智商是固定不變的，沒有辦法能夠讓自己變得更聰明。另一個孩子可能相信智商是可以改變的，只要加上努力和練習，他可以變得更聰明。雖然兩名學生有著相同程度的智商，但相信智商可以成長的學生，在學業測驗中會有較好的成績[36]。

兩種心態創造出截然不同的精神世界，而這個世界往後會在一個人的人生旅程中演繹出來。以下是一些定型思維和成長思維對照的例子，也歡迎你加上自己的故事：

定型思維	成長思維
「我是個笨蛋」	「我學習體能活動比學習其他事情要花長一點的時間」
「我解決電腦問題的技巧很爛」	「我的電腦一當機，我就很緊張，但我會做個深呼吸，上網查資料，打電話給那些懂電腦的朋友，得到我需要的幫忙，來解決問題」
「我讀書很慢」	「我想增進我的讀書速度，所以我正在學習速度技巧，看會不會對我有幫助。」
「我脾氣很急」	「我正在努力學習駕馭自己的脾氣」
「我的年紀太大不能換工作了」	「我不確定該不該換工作，但是我正在研究一些新的工作方向，看看重新學習和重新訓練得做些什麼。」

優勢雖然是基因遺傳，但仍然需要透過努力和實踐來培養。這就是為什麼成長思維能優化孩子發揮自己優勢潛能的機會。擁有成長心態的孩子學業成績較佳，對失敗的反應更有韌性，願意接受更多的挑戰，為求進步，能想出更多有效的策略，也顯現更多創造力——這些事情都有助於讓他們在所從事的任務上取得成功[37]。一個成長心態也有益孩子的社交生活。因為他們相信人是可以改變的，他們會表現出較有利於社交的行為，較少做出刻版印象的判斷，也會用比較正向的方式來解決人際糾紛[38]。

如果你擁有定型思維，你的孩子很可能也是如此。在第八章，我們會討論如何用一種培養成長的思維方式和孩子溝通。然而你也要瞭解到，孩子會從你的心態獲得暗示。最近的研究顯示，父母對於失敗抱持的心態（換言之，失敗是一件好事，一個學習的機會，或者失敗是一件壞事？）會影響孩子用定型思維或是成長思維來看待智商[39]。

我自己對青少年的研究顯示，相較於擁有定型思維的青少年，擁有成長思維的青少年比較容易接受父母有關優勢本位的訊息，也比較願意使用自己的優勢[40]。彷彿是青少年的定型思維阻擋了家長優勢本位的訊息。家長可以談論優勢，但如果你的孩子擁有定型思維，他會下意識裡弱化你的優勢本位對話，你的訊息無法傳達。這就是為什麼優勢本位教養的一個關鍵部分在於，藉由幫助孩子知道優勢是可以靠努力培養的，來鼓勵孩子對優勢抱持成長心態。

底限是：孩子從父母身上學習到某種心態，從孩子嘗試某件事情卻失敗了的那一刻起——而孩子往後不免還會有其他失敗的經驗——他們會從父母那裡得到有關下面兩件事情的訊息。(1)如何看待和回應失敗，以及(2)優勢是否能加以培養。

所以你對優勢的心態為何？你相信優勢可以被加強嗎？也許你剛開始讀這本書的時候的想法是，優勢是與生俱來的（這是部分為真），所以你的孩子要不擁有某種天賦的優勢，要不沒有。然而現在你已經知道了，優勢有先天和後天兩個面向，而且我們的大腦設定好能透過練習來幫助我們建立優勢。這意味著，你可以很有信心的用成長心態來看待優勢。當你這樣做，孩子也會這樣做。

以身作則

我們以上對父母心態的討論其實說的是以身作則。孩子從父母的身教學到的和從言教一樣多[41]。從心態到道德觀，實踐到堅持，領導力到愛好仁慈，孩子總是在觀察父母如何使用他們的優勢，培養這些優勢，以應付挑戰：

我的先生是位天生的領導者，在工作上和做籃球隊教練都是如此。我的大兒子傳承父親的身教以及領導力的優勢，做過籃球比賽的裁判，現在他自己也是一位籃球教練。

做為一名老師，我熱愛學習，我擁有雙碩士學位。我鼓勵我的兒子們在就學期間，努力課業。我記得我的老大曾說，「我永遠沒辦法像你那麼努力。」我覺得這話有點怪，但也感到欣慰，自己為他們做了一個好榜樣。然而他的成就顯示，他的能力遠超過我。我知道只要他努力，以他的資質，一定能展翅高飛——他做到了！這讓我萬分喜悅！

艾曼紐的人生困難重重，然而他的確擁有韌性的本質，他從來沒有屈服過。有一年夏天，他跌倒，手臂斷了，必須坐輪椅。就在這個意外發生之前，他的腳才剛動過手術。他

的左腳和右手都打了石膏，讓他幾乎動彈不得。這對他和家人都是一個打擊。但是我們都沒有放棄，仍然堅持繼續我們的暑假計畫。我們到海邊，盡可能享受我們的假期。他如果遇到困難，我們就想辦法幫忙。他一次都沒有露出沮喪的樣子。我們大家齊心，總是看著處境裡的光明面。

如果你自己不具備孩子所擁有的優勢，那怎麼辦？那就帶孩子認識擁有這些優勢的優勢幫手。帶有藝術才能的孩子去博物館和畫廊，以便他們研究著名藝術家的作品，閱讀有關這些藝術家的書籍，找出那些幫助這些藝術家展現才能的品格優勢。送喜歡數學的孩子去參加數學夏令營。尋找可以幫助孩子看見特定優勢如何落實的老師、家教、教練或是有成就的人士，讓孩子可以開始打造自己的優勢。

優勢本位的支援鷹架

請看以下的故事，看你是否能夠猜出他們的共通之處：

我經常強調兒子做得好的事情，以及我在這些事情當中所看出他的品格優勢。

＝＝＝

我正努力支援兒子的一項新習慣：即時做好早上上學的準備。我給他一個清單，張貼在醒目的地方，當他使用這個清單，執行上面所列的步驟，我會給他獎賞。現在想來，我還可以更進一步，鼓勵他使用這個清單來建立好習慣，透過循序漸進的步驟，聯結他的優勢和表現。

＝＝＝＝＝＝

老師聽傑米讀過有關難民的書籍後談論心裡的悲傷，就叫他以這個主題做一個專題作業。傑米使用他自己「希望」的優勢，非常投入尋找能夠幫助難民兒童的辦法，也對自己現有的生活很感恩。

＝＝＝＝＝＝

我決定思考露西的優勢（勇敢、寬恕、公正、感恩、毅力）如何幫助她和與別人相處，也看看是否會因為過度使用，或疏於使用這些優勢，偶爾成為她和別人相處的障礙。

我和露西討論她的優勢，並為每項優勢舉例。然後我請她想些例子，看這些優勢如何在日常生活中發揮作用。她的姐姐在使用適合兒童語言與解釋各項優勢的影響時，真的幫了大忙。我們讓露西覺得自己很特別，我們告訴她，優勢就好像超能力，可以在別人有需要時幫助別人。

我們認為她可以多加使用自己寬恕的優勢，「放過」她和姐姐之間的摩擦。我提醒她從《冰雪奇緣》（*Frozen*）這部電影學到的〈放開手〉（*Let it go*）這首歌，建議她，當姐姐惹她不高興時，她可以大聲唱出來，或是在腦子裡默唱，提醒自己，寬恕是她所擁有的超能力。她自己又加上，她也可以到院子裡的跳跳床上唱唱跳跳，來遠離爭端，忘記衝突。我們也談到她如何能運用公正的優勢，來認識別人的觀點，這也包括了她幾位姐姐的想法和感受。

我告訴露西，我們每個星期三都可以聊一聊，看她使用優勢和朋友及姐姐相處，做最佳的自己的情況如何。

這些故事的共同特色是什麼呢？在這些例子中的每位成人，都使用一種稱為「鷹架支援」（scoffolding）的技巧[42]。這只是表示他們會確保孩子獲得打造優勢所需的資源和支持。他們肯定孩子的能力，幫助孩子認識自己獨特的優勢組合，然後提供意見和建議，讓孩子能透過具有挑戰的處境，使用優勢改變習慣，使用優勢學習與成長，讓優勢在生活中的應用更有新意。

回到我們蓋房子的類比，藉由搭建鷹架，你提供了一個架構來支援孩子的成長，直到孩子自己能夠內化、並運用這些過程來支持他自己。你的支持或許會透過各種不同的形式，洞見、策略、提示、技巧、列表、規畫行程、系統、提醒、鼓勵以及其他任何可以幫助孩子長成獨立而有成就的成年人的方法。過程中，你從旁訓練孩子，協助他們卻不會取而代之，就近支援卻不淩駕其上，查詢孩子的近況、交談，並且和孩子一起設定目標，訂定計畫來達成這些目標。

搭建鷹架的可以是任何人，只要他們：

- 真心為孩子的好處著想
- 認識孩子的能力
- 對孩子的才能有寶貴的教導
- 知道如何用符合孩子能力的方式來推進孩子

鷹架支援對有愛心、想支持孩子的大人來說，是件容易的事。毫無疑問，你一定已經常常這樣做了。我只想簡單建議，你可以更有意識，更有系統的來做這件事，並且加入優勢的焦點。優勢本位的「鷹架支援」著重在提供孩子生活中培養和應用優勢的方法。家長可以提供支援，老師、教練，或是有智慧、有愛心的親戚也可以——或許是被孩子視為榜樣敬愛的阿姨、叔叔、或是祖父母。

刻意在可能發展區間練習

初中時我在壘球隊的蹩腳表現只證實了我青少年時期對自己的看法，我很笨拙，而且肢體不協調。在練習賽時，我總是那個最後被選上的女孩。最大的問題是，我是一個很糟糕的內野手：我怕球，沒有辦法判斷球的距離跟球的彈跳方向，常常漏接而導致對方跑者上壘、得分。在外野，我像個黑洞——球就在那裡消失無蹤了。

所以我爸爸決定試著幫我。那個春天，多數的傍晚，晚飯後，你會看到我和爸爸在後院丟球。一開始，他會直接丟簡單的高飛球給我，直到我有信心接住那些球。然後他開始加入一些在地上彈跳一兩次的滾地球，還是直接丟給我。接著是高飛球，我必須判斷球落地的速度，然後跑到落點下方接球。再來是離我稍遠的慢速滾地球。然後是容易被打擊出去的高飛球。然後是更遠的滾地球，我必須跑過去接球，並且判斷球會滾到哪裡。

後來他開始加快球速，加入更多彈跳和旋轉，所以滾地球會朝不可預測的方向前進。這段時間總是很好玩，沒什麼壓力，但我們真的在練球，好讓我能進步。而且我真的進步了！我讓我自己、我的隊友和我們的體育老師都嚇一跳。循序漸進是關鍵。如果爸爸一開始就投很快的旋轉滾地球，我大概很快就會放棄，甚至會更確信自己不是打球的料。而相反地，這是我第一次真正明白，我並不是天生笨手笨腳，我只是需要額外的練習才能進步。

我喜歡這篇父女的故事有兩個理由。第一，因為它讓我們看到，父母只要願意花時間和孩子在一起，某種奇蹟就會發生。第二，因為這是一個家長利用心理學家李夫・維高斯基（Les

Vygotsky）所稱的「可能發展區間」的完美例子[43]。

那是一個聽起來複雜的名詞，用來形容一種美好而自然的鷹架支援形態。這當中，大人透過幫助孩子練習，而且慢慢增加任務的挑戰性，讓這些挑戰只比孩子能力所及的程度再**稍微困難**一點，幫助孩子達到比他單憑己力所能及的程度更為高階的理解。

在這個過程中，對孩子的協助應該保持在最小的程度，以鼓勵孩子在能力所及的情況下，憑自己的能力求進步。大人可以提供鼓勵、提示、策略、技巧、設備和材料——但保留特定的示範、提供答案、或解釋答案做為最後的辦法。

大人的任務就是要找出最佳平衡點，在那裡有足夠的挑戰來敦促孩子，但又不會過頭，以致孩子完全灰心而放棄。大人的任務還在於，找出明確的讚美和「正向的催促」，讓孩子能繼續督促自己：「你對每顆球都有好眼力——你一直凝視那顆球，直到它進了你的手套。」「你對那顆球的彈跳解讀得很對，你只需要再衝快一點，及時到位，把球接住。」「當你彎下身來，雙膝要靠攏，要不然球會從雙腳的縫隙中溜掉。」

想像一雙友善、智慧、贊助之手，伸向你，在艱難的登山途徑，助你一臂之力，攀上下一個陡坡。這就是我們想為孩子做的。

在可能發展區間的範疇內努力，是幫助孩子很棒的方式，讓他們可以在提供成長所需資源，可信賴的大人關注和愛護的目光下，練習增進自己的優勢，培養新的優勢，在低風險的情況下對付自己的弱點。

當然也不要做過頭了，強迫孩子一直在可能發展區內努力。有時候也要讓孩子按照自己既有的能力行事，享受當下。該要進入可能發展區間的時候到了，你就會知道。大一點的孩子，即使不說出口，自己大概也會知道。我認為孩子期待我們使用自己的優勢來幫助他們變得更強大，給他們一個有智慧、有愛心的催促，讓他們朝著自己內心深處所知的正確方向前進：

最近我和十三歲大的女兒開車去她的籃球集訓。她入選本州的分區籃球隊，而這是決賽開始前的最後一次訓練。在練習中，她覺得自己被冷落了，因為其他女孩子似乎彼此認識，而且她們很可能在同一個球隊一起打球，或是上同一所學校。

我車子一發動她就開始哭，整整三十分鐘的車程，沒有停過。我的女兒不是個愛哭的人，我知道她很難過。她告訴我她不要再打籃球了……她討厭打籃球……類似這類的話。

我問她有沒有方法可以重新設想她目前的感受，像是「我現在不想打球，但是我已經承諾要參加比賽，我要完成這件事。」我提醒她，比賽期間很短，很快就會結束了。我也提到面對困難，不能半途而廢的重要性：「如果每次你的面前出現障礙，你就選擇逃避，那後果會如何呢？」

當我把車開進停車場時，她鼓足勇氣，擦乾眼淚。我們說好我會留在那裡看她練球，然後她就走了。她表現出堅強的韌性。

幸好她喜歡那次的練習多過於前面幾次練習。在回程的路上，我們對她展現韌性後的收穫，有很棒的交談。

要迎合她的想法很容易，把車掉頭，回家。我相信我想幫她找到方法來信守承諾的決心，讓她在這種處境下做出正確的抉擇。

這個故事有個快樂的後續發展：她的籃球技巧大有長進，而且自己願意面對更多挑戰！

目標不必遠大，甚至可以小到只是孩子想要試著改變的一個日常生活習慣。想要達成目標的努力，即使最後沒有達標，還是會有收穫：

我的女兒蘇西對自己喜歡吃零食的習慣很不滿意。她說我應該不要再買冰淇淋了，因為家裡大半的冰淇淋都是她吃掉的。我告訴蘇西，她開始有關心自己健康的想法，真是太好了，她應該要健康又有活力。我藉著稱讚她總是為別人著想，提起憐憫和仁慈，因為這正是她的特質。我說她也應該努力照顧自己才對。我提醒她，她曾經很擔心一位朋友幾乎天天在學校拿糖果當午餐，然後她建議這位朋友可以吃沙拉來取替吃糖。

我告訴她，環境中總會有誘惑，所以如果她真的不想吃含糖食品做為點心，那稍微自我節制是必要的。我也請蘇西考慮仁慈對待自己，不要只是盡量不吃垃圾食物，也要考慮在飲食中嘗試更多營養而多樣化的食物——因為一直以來，蘇西不喜歡嘗試新的食物，只吃特定的沙拉，和極少數的蔬菜。

蘇西決定她的目標是，每天吃一種她平常（勉強）吃的沙拉或者蔬菜，然後在晚餐的時候吃一種她沒吃過的沙拉和蔬菜。這項協議持續了大概一個星期，然後蘇西又回復原來的老樣子。然而，經過這個過程，蘇西的確學會勉強吃下包在壽司捲裡面的奶油果，也願意更常吃四季豆。這也算是有進步了。

你也可以展現優勢

我三十二歲的時候，決定成為一名樂觀主義者。那時我正懷著尼克，就像我在第一章提到的，我想讓孩子的童年和我自己的童年有所不同。我特別不希望讓我的孩子受到曾經一直困擾著我到成年的憂鬱症和焦慮的傷害。我知道研究顯示，一個人的樂觀和悲觀程度，對憂鬱症有很大的影響[44]。閱讀馬汀・塞利格曼《學習樂觀，樂觀學習》和《真實的快樂》，讓我有感而發，脫口而出：「這是我想從事的工作，我想成為這種家長。」

但是我當然不能屈指一彈，就讓自己變成一個樂觀主義者。我必須不斷努力改變自己的想法，改變對自己情緒的反應，改變自己在幾乎每個日常處境中的行為——因為我的先天設定就是看見杯子未滿的那一半，事情不好的那一面，總是更容易看見自己的弱點而不是自己的優勢。在成長的過程中，我認為自己是瑕疵品，認為自己不夠好。

馬汀・塞利格曼曾說，我們在童年時期從父母身上學會樂觀或是悲觀。所以我想，「嗯，如果你能學會悲觀，那你也可以學習擺脫悲觀。」那就是我計畫要做的事。

我知道如果我有一項優勢，那就是聰明。我是一個好學生，所以我把自己全副學習的優勢，都投注在擺脫我舊有的、悲觀的思考方式，學習一種新的、樂觀的思考方式。

我寫這本書的時候，尼克剛滿十三歲，我可以安心的說，我已經改變了我看待和解釋生活中大小事情的方式。我把挫折看成是需要被改正的事物的回饋，而不是失敗的判決。我把成功看成是能力、努力與好運的反映，而不是自己不配得到的僥倖。我不是永遠都能做個樂觀的人；有時候我更像是一個復原中，偶爾還是會退回消極心態的悲觀主義者。但是多數時候，我對人生的設定都是朝向樂觀的。

我的確改變了我人格中的這個面向，而我能確信的方法是，我在尼克和艾蜜莉身上所看到的高度樂觀。

上個禮拜尼克才在學校做完 VIA 品格優勢問卷，你猜他最大的優勢是哪些？希望和樂觀。

在 VIA 測試中，對希望和樂觀的描述是：「對未來有著最好的期待，並且努力達成這個目標；相信我們可以實現美好的未來。」

我真的為尼克感到高興，他對自己的未來是樂觀的。這不是我在成長過程中的感受，但是我很努力發展自己的樂觀，好讓我的孩子可以輕易獲得樂觀。

當然，我的兩個孩子能夠從他們十分正向的父親那裡獲得充沛的樂觀，真是十分幸運，然而其中也有我的貢獻。

我還是一個半成品，但我們不都是這樣嗎？而這不正是我們所在乎的嗎？我們是絕妙的個體，有著絕妙的腦袋，讓我們不管在任何年齡，都能成為更好的自己。

展現優勢，成為更好的自己，永不嫌晚。

當我們這樣做，孩子也會這樣做。

Chapter 4

優勢發展的年齡與階段

第二部

加強優勢

第五章 注意力、品味生活、感謝以及放鬆時間

上星期我用防晒油刷牙，這其實事出有因。防晒油的外包裝和牙膏一模一樣，它的質地和牙膏一樣黏稠，又和牙膏一起放在最上層的抽屜裡，而我的腦子當時正想著其他更重要的事情。所以，我隨手抓起一管（牙）膏，擠出膏狀物，開始刷牙。當我的味蕾感覺到防晒油噁心味道的那一瞬間，我的思緒迅速重新歸位。

當我們沒有保持注意的時候，這類事情就會發生。我有一個朋友把髮膠當成身體除臭劑——那真是個令人尷尬「膠著」的處境。還有一位朋友用即溶咖啡做佐料，但是她的小孩卻沒什麼反應，因為——更令人擔心的是——他們沒有發現。

也許你從來不曾用防晒油刷過牙，但是我敢打賭，你一定有過這種經驗，身體做著一件事，但腦袋卻在另一個地方。也許你在讀這本書時，曾經讀到某頁的頁底，才發現，雖然你的眼睛掃過每一個字，大腦卻沒有解讀字裡行間的意義（我原諒你）。也許你曾經急著跳上車，等車開到車道盡頭——甚至到了街口——你的大腦才意識到自己正在開車。

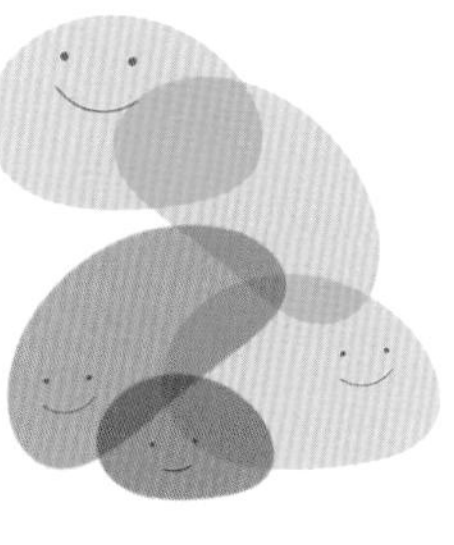

事實上，漫不經心的大腦正在進行一種特定型態的注意力，就像專注的大腦執行特定型態

的注意力一樣。想要平安聰敏度過人生，這兩種注意力都是必要的。我們其實可以透過有趣的方式訓練自己，讓這些訓練變成日常生活中重要的一環，強化這兩種注意力的好處，也會讓我們更有效率。教導孩子認識並熟悉這兩種注意力的範疇，是優勢本位教養方法所能提供的重要基礎。在本章，你會學到如何幫助孩子：

- 把自己的注意力從弱點移開，**瞄準優勢**。
- 把注意力維持在必要的的專注模式，好透過練習來培養優勢。
- 從生活經驗學習，建立堅定正向的自我認同的同時，**也回復自己注意力的能量**。

注意力的兩種型態

人類在地球上的日常生活，真是十分繁雜。只要想想你每天所做的每個動作，所說的每個字，所擁有的每個念頭。真是令人難以置信，不是嗎？但是如果從注意力的焦點，以及如何把注意力放在焦點上的角度來看，這一切都可以被歸結我們所使用的兩種類型的注意力。我們隨時都會使用到其中一種，而且不斷在這兩種注意力之間切換。

1. 導向式注意力（Directed Attention）

導向式注意力是特意和有意識的把心思專注在某件事上的過程。這是「由上而下」，就好像是大腦扮演公司執行長，指揮員工（神經元）執行任務：好，現在該摺衣服／做便當／開車上班／寫備忘錄／打電話等等。

你可以把導向注意力想成是由兩個層面所組成：方向和持久性❶，我稱之為「瞄準和持續」。指揮或是瞄準我們的注意力，幫助我們專注在特定的任務、想法或挑戰上。維持或持續我們的注意力讓我們能夠繼續在那件事上保持專注。

導向注意力需要努力，重點是要把其他會干擾我們的訊息排除掉——就像把注意力放在做功課上面，即使家裡的電視機是開著的。或是，確定用牙膏刷牙，即使腦子裡還想著一大堆事情。

2. 自由式注意力（Free Form Attention）

這聽起來好像悖乎常理，但是注意力也要透過休息來建立❷。我說的是當大腦漫不經心的時候，沒有一個特定的計畫。和導向式注意力，由上而下的本質相反，自由式注意力沒有方向，而且是由下而上：洞見、想法、或是對某個問題的解答，以一種耐人尋味的方式，從我們漫無方向的大腦深處浮現，這種過程讓心靈學家和科學家玩味，也令眾人百思不解。

我們的大腦需要這種放鬆的狀態，正如我們的身體需要睡眠：這是為了恢復和復甦。當我們給自己所謂的「停機時間」，這種狀態就會發生。這有個好例子，就是我在第三章提到的進入忘我的境界。優勢本位家長知道孩子需要這段時間，儘管社會壓力是要跟上行程滿檔的風潮，他們還是在孩子的日常生活中保留能放鬆的時間。

現在你已經認識了這兩種主要型態的注意力，我們將要更深入地一一探討他們對優勢本位教養方式的意義。

注意力的真相

真相是：我們集中注意力的本事並不好。成年人至多在二十到三十五分鐘之間[3]（我在寫這頁稿子的時候，其間還不由得想到查看我的電子信箱，記起某個我們得去超市買的東西，還因為我工作上的某個計畫而分心）。然而我們卻期待自己要持續數個小時的注意力，甚且，我們也太常對孩子能力所不及的事有過度的期待。

你或許會說，「我可以一整個早上都坐在辦公桌前工作。」我知道你不是撒謊，但這並非事實。你也許真的一坐好幾個小時，努力工作，但是你，和我一樣，也會想到電子郵件，待辦事宜，周末計畫，各種雜事以及該付的帳單等等。

我們一開始是很專心，但是差不多九分鐘以後，我們的認真程度就降低了[4]。我們的注意力會轉移到其他地方，即使很短暫，然後再重新回復注意力在我們所做的事上[5]。我們不是專注好幾個小時，實際上，我們是不停的重新對準目標，重新延續我們的注意力。

當我們要求孩子發揮導向式注意力，我們是要孩子把注意力縮小並集中在單一事物上。然後我們要他們持續注意那件事情，不要被任何其他事情干擾。這對我們大人都不是一件容易的事了，所以我們需要把對孩子的期待放寬一點。

對於人類的注意力，過去的研究結果有出入，可能不同個體間的差異頗大，不過以下有幾項基本原則讓我們能切合實際：

- 幼兒集中並持續注意力的技巧不足，這也許不足為奇。多數三歲大的兒童能夠持續專注力的時間大約是三到五分鐘[6]。
- 在六歲到十二歲之間有段成長的快速生長期，孩子能夠持續注意力的時間大約是十分鐘左右[7]。
- 十五歲左右，專注力又有一次快速生長期[8]，這要感謝大腦的成長以及增生的髓鞘——神經元的絕緣體，有助快速的神經傳導。這讓我們的持續注意力可以達到約二十到三十五分鐘[9]。

- 此後，我們的注意力持平發展，所以我們到了成年時期，集中注意力的能力並不比自己在青少年時期好多少[10]。

最後一點就現代人的眼光來看，似乎有點悲哀，但這有其演化上的理由。在熱帶草原上，長時間專注在某些事情上並不安全，因為這樣一來，我們就不會變換對周遭的注意力，查看是否有野獸要攻擊我們。

這些注意力持久度（attention span）的研究結果，是從我們稱為持續操作測試（Continuous Performance Tasks）得來的。這個測試讓心理學家能夠測量我們接收外來訊息的準確度，以及我們對這些訊息的注意力能持續多久。這個測試通常要受試者注視一個會顯示一系列字母、形狀、或數字的電腦螢幕，每次當受測者看見一組特定排碼時，他必須按下按鈕——比方說，當你看見緊隨數字1之後所出現的數字9。這意味著受測者一、要把注意力集中在電腦螢幕上；二、在看見數字1之後，得持續注意是否緊接著會出現數字9；三、只有當他緊接著看見數字9才要按鈕；四、排除其他所有的排序；以及五、在接受測試期間持續這樣的程序。六歲大的兒童約有百分之七十一的準確率（正確反應），到十五歲時，準確率躍升到百分之九十六[11]，大人的表現和青少年相近（其實是稍微差了一點），準確率約是百分之九十四[12]。

輕輕鬆鬆訓練注意力

你和孩子之間有多少挫折與衝突是因為孩子缺乏注意力、不專心？我希望上一段文字說明了，在注意力這件事上，沒有人有特別的優勢。然而把焦點放在孩子的優勢上，卻能夠培養出正面投入的心態，以增強注意力。下面敘述的這個家庭，運用他們學步期孩子所擁有的毅力與正在萌芽的創造力的優勢，鼓勵孩子培養注意力。

過去有一年的時間，我因為經常出差，必須把兩歲大的兒子阿瑞留在家裡。我希望能減少媽媽不在家所造成的影響。所以第一次出差時，阿瑞從機場帶著他的第一份樂高玩具回家去。從此阿瑞就愛上了樂高。剛開始他爸爸會幫忙他，但是幾次下來，阿瑞就完全自己組裝起來了。

我們簡直不敢相信，才三歲大，他就可以組裝大孩子的樂高，表現出無比的毅力：解讀組裝說明書，保持專注，修正錯誤。有一次我打電話回家，那時他已經整整持續組裝樂高四個鐘頭，連飯都是放在樂高邊上吃的。他的毅力當然顯露無遺，但他同時表現出來的創造力也很驚人。在這段期間，我們刻意稱讚他投入的過程，肯定在他身上所看到的優勢。看見優勢在孩子身上與時俱增是如此美妙的事，我十分慶幸自己懂得使用優勢語言來鼓勵和培養他以這樣的方式成長。

當我們引導孩子發展核心優勢與可培養的優勢，我們就是在幫助他們集中注意力。持續保持注意力則讓孩子能夠投注在有益於培養優勢的活動裡——或是用建設性的方式來對付自己的弱點——像是努力、練習、解決問題之類的。

雖然孩子的優勢有其天生的遺傳成分，但唯有經過持續練習，優勢的潛力才會充分體現，而持續練習則需要具備持續的注意力。幫助孩子運用導向式注意力，有助於讓他們把注意力集中在自己的優勢上，不至於，如演化上原來為我們所設定的，執著於自己的弱點上。這會幫助孩子在處理弱點時，能使用自己天賦的優勢，也有助於他們持續這種努力。

優勢本位教養方式也會提升你的注意力。當你練習切換優勢開關——你在第二章所學習的簡單而有效的集中注意力工具——你會發現，把注意力從孩子的弱點轉移到孩子的優勢上，變得越來越容易，為孩子示範切換優勢開關也更為容易。同樣地，孩子也會發現，發覺自己的優勢，使用自己優勢，變得越來越容易。

在這些過程中，導向式注意力既有助於建立優勢本位教養，也同時受惠於優勢本位教養。

我經常被問到，優勢本位教養方式能否幫助注意力有困難的孩子[13]。我可以這麼說，透過幫助家長把焦點放在孩子的良好表現上，優勢本位教養方式建立了一種更為正面、互助的親子關係。這表示，家長和孩子因為欠缺注意力、不專心的問題所引起的緊張關係和挫折感會減少。當孩子的注意力問題不再被視為是他的個人問題，也不再是親子關係中的關鍵因素時，孩子的優勢就有機會受到重視。

有超過二十年時間和患有自閉症譜系障礙（autism spectrum disorder, 簡稱 ASD）的兒童及其父母一起工作的靚・平博士（June Pimm, PhD）[14]鼎力支持以優勢為本，具兒童發展觀點的教養方法，支持設立能幫助兒童發揮所長的環境與人際關係。她的觀念和丹佛早療模式（Early Start Denver Model）是一致的。這個早療模式乃是依據兒童的發展程度，以及個人獨特的優勢與弱點組合來治療自閉症[15]。這個計畫使用正向的人際關係，培養自閉症兒童的社交能力和適應力。在一個實驗計畫中，百分之三十參與這項計畫的兒童，自閉症的癥狀減緩，他們的診斷從自閉症譜系障礙成為比較不嚴重的待分類廣泛性發展障礙（Pervasive Developmental Disorder – Not otherwise specified; 簡稱 PDD-NOS）。

對注意力不足過動症（Attention Deficit/Hyperactivity disorder, ADHD）兒童的正向教養方法研究顯示，雖然正向教養方法並未改變注意力不足的過動症診斷，但的確改善了他們的行為[16]。那些家長經常使用讚美、正向情緒、肢體擁抱和正向參與做為教養方法的過動兒，較少有行為問題、情緒問題、人際問題、與過動行為。這些研究人員沒有把這些正向的教養方式叫做優勢本位，但我會稱這是優勢本位教養。

一位母親描述自己如何因為發現有亞斯伯格症候群（Asperger's syndrome）的兒子的核心優勢，而看見自己以前不曾注意過的，兒子在觀察（注意）別人情緒上的優勢：

> 棼有亞斯伯格症候群，當我知道情緒智商是他的招牌優勢，讓我甚感詫異，直到問過熟識他的人，我才真的相信。他的老師說，這在他看來十分合理：棼會注意到別人忽略的細節，對別人情緒很敏感，雖然他或許並不總是知道該如何回應或如何處理這些情緒。
>
> 知道這是棼的優勢幫助我瞭解，棼能夠觀察別人的情緒，但是他需要別人的協助來做出恰當的回應。當他有朋友來家裡玩，有時他會告訴我，他的朋友覺得「不舒服」，他會解釋自己從朋友臉上看見的一些線索。我們會討論，讓他可以想想該如何幫忙解決問題。

不論你的孩子有沒有這些問題，如果你知道孩子的優勢，就更能幫助他發揮注意力，因為你可以更小心衡量特定任務與孩子的優勢相稱與否。如果一件事情太過簡單或太難，我們的大腦容易分神。正面情緒，對事情有把握的程度、感興趣與否以及喜不喜歡做這件事，也會影響我們集中和持續注意力的能力[17]。知道孩子的優勢有助於父母洞悉哪些事情會符合上述標準，以及孩子在什麼地方可能會有困難，所以需要多幾次休息時間和放鬆時間、或是需要父母多給予支援。

最近我們家常常出現令人煩心的場景是，鼓勵九歲的艾蜜莉在出門上學前穿好鞋子。這個場景大概是這樣：我讓艾蜜莉知道，爸爸五分鐘內要帶她上學，請她穿好鞋子。艾蜜莉是個隨和的女孩子，她會說好——但多數時候，她並沒有把鞋穿上。這個場景經常是以我拉高嗓門，而艾蜜莉仍然光著腳丫子收場，她看起來完全無法理解，為什麼我會這麼不高興，畢竟她同意了我的要求——而且她完全有心照辦。

當艾蜜莉說她會穿好鞋子，她是真心這麼想的，但眨眼間，她的注意力轉移到別的地方，馬上就忘了要穿鞋子這回事。使用優勢本位教養方法，我們可以把這種令人挫折的時刻，轉變成訓練注意力的時機。

第一個注意力的轉換必須出於身為家長的我：我使用優勢開關切換我的注意力，從挫折切換到看出這是幫助艾蜜莉增長注意力的機會。穿鞋子的要求就變成一個使用她的遵守、合作、服務等優勢的時刻。利用她真心想要遵循我的要求以取悅我的關係，來幫助她持續專注在自己該做的事情上。我的要求從「艾蜜莉，能夠請你穿上鞋子嗎？」變成「好了，艾咪寶貝，現在是你用專心穿好鞋子來向我展示你的注意力肌群有多麼強壯的時刻。你覺得自己辦得到嗎？要不然，我們來玩遊戲，我幫你計時，看你多快能把鞋子穿好？」

除此以外，再麻煩的也不過就是把電視關掉，留在她身邊，幫助她保持注意力。每一次她能集中並保持夠長的注意力把鞋子穿上，她就是在發展她的注意能力。很快地，我就可以只要說，「艾蜜莉，能請你穿上鞋子嗎？」然後她就可以辦到，因為她注意力的持久度已經增加了。

當孩子從事需要非常專注的活動，像是體育訓練，或是練習下棋，這些其實都是訓練注意力的方式。孩子不只是培養運動技能或是思考技巧；他也是在發展能夠延長做一件事情的注意力的能力——這是優勢發展所需要的核心技巧。尼克和艾蜜莉加入了每週一次的馬戲社團，他們在那裡學習雜技和其它的馬戲團技藝。雜耍和盪秋千非常有趣，但也需要高度專心。一個小小的閃神，孩子手上的球會落掉……或者搞不好是讓自己摔下來。

練習 培養注意力的活動

想像孩子在一天中所從事的多種活動，或許其中有很多活動可用來培養他的注意力技巧，因而有益他發展優勢。重點在於，要以新的想法，把這些活動的困難轉化為機會。就只要問自己以下幾個問題，：

1. 現在可以培養那項優勢？
2. 合理的期待為何？
3. 我如何重新詮釋這項活動，好讓孩子清楚知道這個活動能夠發揮他的優勢？
4. 我如何幫助孩子使用他的優勢來完成這項活動，並且讓他更能夠集中注意力，保持注意力？
5. 如果這個活動需要用到孩子的可培養優勢、（後天）習得行為甚至是弱點，我如何在過程中支援孩子？

本章後面所列的活動會幫助你和孩子增進注意力。

品味生活

品味生活是一種愉快的注意力訓練方式，捕捉美好經驗的片刻，在當下建立正向經驗，儲存美好事物的回憶，在遇到困難的時候可以回味[18]。這包含把注意力專注於讓你覺得美好的事件與情境。當諸事順遂的時候，有許多值得品味的時刻。遇到困難時，因為已經熟於品味生活，讓你能更輕易地轉換心境，發覺並品味周遭環境與人事的優點——包括在孩子和自己身上。

我推薦優勢本位教養家長練習品味生活，因為這會教導你和孩子，如何藉著把注意力集中在正向事物上，以避開負面偏差。此外，因為品味生活也需要停頓片刻，讓我們的注意力停留在令我們感覺美好的事物上，所以也能幫助我們延續注意力。

值得品味的時刻到處皆是。例如，我喜歡咖啡的香氣。幸運的是，我上班的大樓樓下就有咖啡店。咖啡的香氣每天早晨飄散在樓下大廳中，讓我有機會在上班途中，享受一陣嗅覺上的快感。小咖啡館也自己烤蛋糕和各式糕點。唯一能夠勝過剛出爐的藍莓小蛋糕的香味，就是咬一口剛烤好的藍莓小蛋糕，你不覺得嗎？

有些日子，我滿腦子都是工作，雖然鼻子聞到咖啡的美味氣息，但腦袋卻沒意識到。等我回過神來，人已經在電梯裡，甚至沒發覺自己剛剛經過小咖啡館，平白失去片刻的樂趣。

其他的日子裡，我會記得透過品味咖啡店飄出來的香氣，來訓練自己的注意力。就在我經過大廳的當下，我把注意力從工作的思緒轉開，把全副注意力放在嗅覺上。我試著猜想正在煮的咖啡是用哪種咖啡豆（阿拉比卡嗎？還是羅巴斯塔？）剛出爐的蛋糕是哪種口味（藍莓？還是肉桂？）我享受僅來自這些香味的快感。這不會浪費我繁忙日程裡的任何時間，但是卻幫助我集中和保持注意力，也讓我每天有個好的開始。

你可以把品味生活片刻排入你和孩子的日常生活中，當成一種活動或一種遊戲。尼克、艾蜜莉和我喜歡看雲，說出我們認為雲彩的形狀。享受當下片刻，已經成為我們每天互動重要的一環。我們躺在地上盡情享受陽光，我們喜歡馬修有時候在星期天早上為我們煎麵餅的香味，我們觀賞日落，我們還真的會停下腳步，聞一聞鄰居家的玫瑰。

品味生活不只幫助訓練孩子的注意力技巧，也能提升快樂、正向情緒以及對生活的滿足[19]。孩子每天的生活應該會有許多向來被忽略的「小確幸時刻」，孩子一旦學會重視這些時刻，就可以利用他們儲存自己的正向經驗。儲存正向經驗的孩子擁有良好的回憶，在遇到困難的時候可以從中提領。

我大一那年面臨很大的適應挑戰。那是我離家最長，課業最繁重的日子。社交生活多彩多姿，可是也令人焦慮，有時候我真的很害怕自己在大學的成績不及格。我發現了一個在睡前幫助我保持平靜的方法，我想像自己還住在家裡時的夏日傍晚。想像我和父母一起到鄰居家的後院，在夜色中消磨時光，眺望著林子，聽夏夜蟲鳴，閑聊種種瑣事，鄰居家的史賓格犬依偎在腳邊。這幅居家景象讓我心情平靜；也提醒我，家永遠都會在那裡等我，因為家就在我的腦海中。

練習　列出品味名單和享樂契約

在一張紙上，把你的品味生活表列出來。不要花太多時間思考；只要寫下那些總是讓你心情為之一振，帶給你微笑，激勵你，讓你快樂的事。那可以只是一杯咖啡的香氣，海灘上的浪潮聲，回家時迎接你的寵物，剛咬下你最喜歡的食物的第一口，或是看見孩子開心的笑容那麼簡單。如果你寫不出來，不要擔心。這是告訴你，美好的品味生活時光正等著你！

再來，和孩子談談品味生活的想法。解釋品味生活是什麼意思。和孩子一起列出他所享受事物。你也可以和孩子分享你自己品味生活的列表。和孩子一起做一份享樂契約，互相提醒，要記得品味你們所列出事物。繼續尋找可以加入你們的品味生活列表的事物。

五種加強孩子品味生活能力的方法

這裡有一些方法可以幫助孩子停下腳步，享受當下的時刻或當下的感受。

1. 留意周遭環境。大自然充滿了美麗與驚奇，提供無窮的機會讓孩子集中注意力，維持注意力。艾蜜莉最近喜歡賞鳥，她和祖父羅勃，馬修的爸爸，也是一位知識豐富的賞鳥家，可以走上好長的一段路散步，欣賞我們澳洲美麗鳥類的鳥鳴與繽紛色彩。

2. 享受身體感官的知覺。我們的身體就像是一部行動的品味機器。我們可以享受味道、聲音和肢體上的感覺。你可以鼓勵孩子品味巧克力的滋味、晚餐的香氣、洗澡時溫暖的洗澡水灑落背上的感覺、大熱天裡冷飲的清涼感受、一個擁抱或背部按摩的感覺。下次你幫孩子換上新床單，請孩子感受一下鑽進爽乾淨的床單下的感覺。

3. 建立家庭時間。全家相聚的時光也是一件可供孩子玩味的事情。一起看電影、烹調、聚餐、散步、運動，都是品味生活的良機。我一位朋友有個就讀高三的女兒，她們母女倆經常一起看電影。這不但是她們相處的方式，也是她女兒在課業壓力下紓壓的重要方法，知道自己可以把注意力從壓力轉移到其他有益的活動上。

4. 記住快樂時光。品味生活不限於專注於當下，鼓勵孩子透過回想生活中的快樂時光，從事福瑞德・布萊恩（Fred Bryant）博士所謂的「回味品味」（reminiscent savoring）[20]，就像上述那位大學新鮮人回憶過往一般。如果孩子今天過得不好，可以嘗試回味以往的生活品味。先讓孩子分享當天的生活點滴，分享當下不佳的情緒。等到情緒稍微緩和下來，試著用回味以前生活品味的方式，慢慢讓孩子走出不快樂的情緒，恢復快樂心情。我通常會向我的孩子講以前發生過的好玩事情，或是從我的記憶中挖出和現在讓他們不悅的事情恰好相反的過往經驗。如果他們和朋友吵架了，我會讓他們盡情發洩他們的負面情緒，然後討論解決的辦法，找出相處之道。然後我們會提起和那位朋友以前做過好玩的事。這樣做總是能讓他們心情好一點，而且他們學會了，可以把自己的想法和注意力從一些負面的事情轉移，放在有益的事情上。

剪貼是我閑暇時喜歡做的事，也是一個很好的品味生活的方式。當我檢視照片，編排頁面，記錄下各種重要的家庭活動，我回味著那個場合，這讓我感覺很快樂。有時候尼克和艾蜜莉會和我一起做他們的活動剪貼簿，像是他們的慶生會，或是家人一起過節。我好愛這種時候，因為當他們放聲談論、品味著那些時刻，我們會有精采的對話。

5. **展望未來**[21]。你也可以鼓勵孩子想想為將來所規畫的美好事情。例如，高中畢業典禮、家庭度假計畫、即將到來的旅行，當天晚餐的菜色。這稱為「預期品味」（anticipatory savoring）。這會教導孩子，他們可以掌握自己的注意力，如果他們想要想辦法讓自己快樂，他們也可以把心思寄望未來。有些家長對這種做法有疑慮，因為他們擔心這或許會讓孩子屆時因期望落空而失望。我不認為我們應該拿將來有可能失望做理由，而阻止孩子獲得當下預期品味的好處。這裡的重點在於，幫助孩子期待將來的快樂，**即時**獲得預期品味的好處，同時做到，當事情真正來臨時，孩子會真實享受當下時刻，而不是和自己過去的理想期待做比較。如果事情不如預期，父母可以把失望當成一次機會，練習韌性思考——從找出原來沒想到的優點，到發揮孩子的優勢，儘管事情不如人意，也要超越困境，思考改善的方法。

最近的一個傍晚，尼克走進廚房，催促我和他一起到外面看夕陽。那是個美麗的粉紅色天空，參雜著紫色和橘色的色彩，他從臥室的窗戶看到這幕景色。我品味這個時刻，不單是因為夕陽是如此美麗。這麼多年來，因為我們練習品味生活，尼克的腦中已經習慣注意和品味生活中的美好時刻，他儲存人生美好時刻的戶頭豐收。這是讓我玩味的地方。

每當我覺得我們正擁有一個美好的時刻，我養成了一個習慣說：「人生真是美好。」這是我給品味生活的口頭提示，用來為大家加強和延續這個時刻。最近我和艾蜜莉在後院的跳跳床上蹦蹦跳跳時，艾蜜莉提議我們躺下來看雲。當我們彼此述說著從雲朵變化中看到的形狀，她不由自主地說：「人生真是美好。」我的心飛得像我們正在觀賞的雲彩一樣高，因為我的兩個孩子都在學習如何主動的把自己的注意力引導到正向的經驗。我的使命完成了。

感謝：重量級的優勢建造者

你也許可以看出，透過鍛鍊我們的正向注意力，品味生活帶來感謝。身為一名正向心理學家，對研究哪些正向情緒，我自有偏好，我所研究的情緒，我都喜歡。但是僅次於「愛」，我最喜歡的是「感謝」，因為感謝帶來重量級（看看我用了多麼科學的用語）的正面能量。

雙重和三重感謝

感謝是注意到，並且主動回應發生在生活裡的美好事物。感謝融合了注意與品味——並且附帶行動表示。只是注意到一件好事（噢，今天晚餐吃牛排），並非感謝。注意並且加上品味生活（噢，今天晚餐吃牛排，聞起來好香！）是另一個層次——感謝的「雙重」面相。但是當你在這個方程式中再加上附帶行為，這個附帶行為就成就了「三重」感謝：你主動為美好事物表達謝意。就這個例子來說，就是經由對煎牛排的人說出：「哇，謝謝你為我們煎牛排，聞起來真香！」

讓我們思考一下以上發生的事實。你把注意力轉到一個正向的焦點，為自己注入良好感覺所帶來的神經化學物質的洗禮。然而透過表達謝意，你也建立了一種氛圍，讓別人在這個氛圍中也可以意識到這個美好時刻，品味生活，經歷和你一樣的正向感受的衝擊。像這種三重感謝的互動，為雙方貫注充沛的正向感受，而正是這種利他的面向，使得感謝的力量如此強大。

我們可以讓孩子和家長進到實驗室裡，讓他們坐在電腦前面，每天用我在本章前面所描述的方式，訓練他們的注意力，為期一個月。我相信每次當他們看見必須注意的那個數字組合，他們會忠實的按下小紅按鈕，而他們的注意力也會越來越進步。

但這樣做很無趣，更為有趣的做法是，開始練習感謝。這樣我們不但能增進記憶力的技巧，增強我們的正向情緒，同時我們也能把這種好處帶給別人。

感謝可以用文字的方式呈現——「謝謝你」是最為常見又有效的方式——但是你可以在稱讚別人表現出某個特定優勢上面，多加著墨，不管這個優勢是烹飪技巧、為人著想、創意、或是那一百一十八個心理學家所開發，表列在我網站上（www.strenthswitch.com）的優勢中的任何一種。優勢本位教養方式本身是用一種欣賞和感謝的態度，珍惜孩子的本質，同時也幫助孩子欣賞別人的優勢。

你的謝意也可以用行動表達：感謝餐廳侍者一天必須清理幾百個盤子，所以用餐後，家人一起把盤子整齊疊放在餐桌上，幫忙他清理桌子；帶杯咖啡給同事，因為你知道他今天事務繁忙；和學校裡看起來有點孤單的新同學打招呼；寫一張謝卡給幫你寫大學入學推薦信的老師。這些感謝的行為只是舉手之勞，表達了「我注意到了，謝謝你」。

在你每天的日常生活中，隨時表示感謝之意，為孩子以身教示範感謝。而稱讚孩子則是一個美妙的方法，讓孩子真正明白收受感謝的美好感覺。我們在第八章會詳細談到最有效的讚美方式。

感謝的目標是對外：我們注意到某件事情，心有所感，我們覺得需要把這份感受讓外界知道——不管是對人、對神、或是宇宙世界。當我們滿懷感謝，無法言喻，我們或許會把這種感受稱為讚嘆、驚嘆。在一篇我去年和一位博士班學生以及黛安娜・維拉—柏德瑞克博士（Dianne Vella-Brodrick）所寫的論文裡，我們把它稱之為「感恩」（gratefulness），以別於社交性質的感謝[22]。

每個人都希望受到注意，獲得賞識。當我們真正心懷感謝，我認為我們體現了更高層次的自我。感謝所費無幾，卻對大家意義深厚。

感謝的好處

我在憂鬱症療癒過程中學會把注意力放在感謝上。它幫助我用不同的態度看待事情，發現我該學習的課題並感謝這些學習，並且發現那些我若非心懷感謝或許就無法發現的好處。

為數甚多的研究顯示，感謝對個人的心理健康很重要。感謝和許多正向的心理指標有關，像是自我規範、熱情、利他主義、正向情緒、自我價值、與人生的滿足[23]。懂得感謝的人較少感到苦毒和憂鬱（我挑戰你嘗試在同一個時刻，同時感受苦毒與感謝）。

斯特林大學（University of Stirling）的艾力克斯，伍德博士（Alex Wood）發現，在睡前心懷感謝的人較快入睡，睡眠時間較長，睡眠品質較佳[24]。對於我和家人而言，這個研究改變了我們的生命。

我以前上床時，腦子裡常常還想著一堆事情，我會反覆開燈，在我放在床頭的待辦事項表上寫東西，深怕我明天會忘記。我要花好幾個小時才能入睡。這是懂得感謝之道以前的我。

但是讀過伍德博士的研究之後，我開始做一個簡單的練習，改變研究人員所謂的「睡前認知」（pre-sleep cognition）——也就是我們在臨睡前所想的事情。藉著把心思放在我所感謝的許多事情上，我用充滿感謝的睡前認知，取代我所煩惱的事情：艾蜜莉那天給我的擁抱……尼克讓全家哈哈大笑的笑話……和馬修良好的交談……一個遮風避雨的家。我腦中的訊息是「事情都順利，生活還不錯。」而不是：「我還有很多事沒做完」。

把注意力集中和維持在我感謝的事物上，讓我身心平靜。我通常還在想著我的感謝事項時就睡著了！這種感覺真美妙。然而在表象之下的是，我正在改變我的大腦，建立新的注意力模式，注意那些美好的事物。我越是訓練大腦看見美好的事物，我就越容易看見孩子的優勢和自己的優勢。

多年來，我在床邊時間和尼克與艾蜜莉做這個練習，請他們告訴我一些當天讓他們感謝的事。我希望他們能夠培養這個懂得感謝的優勢。因為這會讓他們成為更好的人，讓他們更喜歡自己。

感謝也培植我們的人際關係[25]。心理學家把感謝歸為一種利他的情緒：感謝對自己和對別人都有正面效果。感謝深植人心，因為其中有原始的演化理由。恐懼讓我們遠離狩獵者，怒氣讓我們反擊，好奇心讓我們找出新的食物來源，愛讓我們彼此相依相伴，繁殖讓物種延續。那感謝為什麼會被納入我們的情緒管道中呢？

演化心理學學家認為，感謝建立了不同家庭／基因庫之間人與人的聯結[26]，透過培養互助行為來建立更堅固的社群團體。假設你和我在大草原上閒逛，你請我吃你找到的好吃食物。你其實沒有必要這樣做，因為我們之間沒有血緣關係。如果我心中因此充滿感謝之情，很想和你分享這種感受，不管是透過語言還是行動[27]——這就是所謂的互惠，或是說以某種方式回報恩情——這種交往培養了我們彼此之間的情誼，讓我們有可能再次互相分享資源。我們越是這樣做，我們的社群團體就變得越堅固、越願意對彼此效力。

也許這就是為什麼每個研究社會學和人文的主要學科都會強調感謝的重要性，每個宗教都會宣揚感謝的重要性，不管是對神或對人。社會學家說，缺乏由感謝所凝聚的合作行為，我們無法成為一個社會。羅馬哲學家西塞羅（Cicero）則把感謝稱為一切美德之母。

練習 感謝的入門方法

我們可以訓練自己以及訓練孩子更懂得感謝，這個過程和結果都可以很愉快。其實只要訓練大腦偵測某種模式——而這是大腦非常擅長的事。這也是優勢本位的訓練，因為感謝是一項品格優勢。而且如我所說的，欣賞孩子的優勢也就是為孩子示範感謝行為。

好事連連

正如我前面提過的，每個晚上當我送尼克和艾蜜莉上床，在他們睡著前，我會請他們告訴我三件當天值得他們感謝的事情。我把它叫做「好事連連」（What Went Well-WWW）技巧。這是在很多家庭頗受歡迎的練習。

我九歲大女兒的核心優勢是謙虛、勇敢、寬恕、公平、感謝、毅力。她經常和姐姐意見不合，最後變得和大家格格不入，對事情過度敏感。我和她談到感謝，告訴她「好事連連」的技巧，建議她每天照著做，更常使用她自己感謝的這個優勢。我們決定每天晚餐時間讓她帶我們分享「好事連連」，四個月過去了，她仍然要我們分享「好事連連」。她在學校比以前更快樂，也會幫忙年紀小的孩子，老師很以她為榮。

傑米九歲，有注意力不足過動症。他每天晚上上床前和我練習「好事連連」。這件事運用了他善於感謝的優勢。這也讓我有機會和他一起反省他這一天的生活，找出那些他和朋友用來幫忙解決問題的優勢。他也會問我那天過得如何。在我三個小孩當中，他是唯一喜愛做這項活動，會要求做這件事的孩子。

星期四，感恩日

每個星期四，我們家會找時間聊聊值得感謝的事情，大自完成學校作業、得獎、得到別人的幫助，小至日常瑣事，像是聚餐、坐車時開心的事、或是享受好天氣。

如果你找不到在星期四感謝日可以說的題材，「一千件很棒的事」的網站㉘，對提醒你那些能令你會心一笑的小事——像是在一盒巧克力裡找出有特別內餡的巧克力，的確很有幫助。我喜歡瀏覽這個網站，它能讓我迅速回復好心情。

感恩瓶／感謝榜

擺個空的罐子，請家人把寫了感謝事宜的小字條放在裡面。等瓶子滿了，你可以請家人到咖啡店吃東西，以示感謝。把小紙條全部倒出來，重新讀過，重溫那些好時光。這是「回味品味」一個很好的練習。也可以試著做感謝榜：用一個可以放在廚房或客廳的白板，讓家人在上面寫上或者畫出他們的感謝事宜，或是用軟木塞板或便利貼來做感謝榜。

感謝貼紙和感謝函

說到便利貼，在我家，我用便利貼做為「驚喜謝函」。當我很欣賞／感謝馬修、尼克、艾蜜莉所做的事，或者只是純粹感謝他們的為人，我會在他們的枕頭上放一張便利貼（便利貼無法真的黏在枕頭上，但是我會稍微摺一下，讓它們可以放在枕頭上——而且我們家人已經學會要注意枕頭上的便利貼）。在一個顯示以身作則之可貴的美好例子裡，艾蜜莉最近在我的枕頭上放了一張便利貼，謝謝我幫忙她烤餅乾，貼紙上還畫了一塊餅乾做為裝飾。

便利貼的加長版就是謝函。你可以鼓勵孩子寫謝函給那些幫忙過他的人，也許是親戚、朋友、導師或老師、或是他所認識的其他人。請他認真思考那位人士為他所做的，有獨特意義的事情。請孩子寫下這些事情，鼓勵他親自把謝函送過去，當面讀出來（如果對方住得很遠，則可以透過電話或 Skype）。

許多研究已經證實感謝函能有效增進生活滿意度和正向情緒，對青少年和兒童亦然。這類研究的首創是馬汀・塞利格曼；然後傑弗瑞・福洛博士（Jeffery Froh）在青少年族群裡重複了這個研究[29]。你可以在本書的附錄中找到，由加州大學柏克萊分校至善科學中心（Greater Good Science Center）所制定的感謝函書寫準則。

孩子寫感謝函，只要簡單扼要，針對特定事件，誠心誠意。一開始可以說出感謝的原由，然後寫下孩子從這位人士收受禮物時的感受，接著是為什麼這件事讓孩子覺得很棒的具體理由，再以感謝結尾，並寫上孩子的簽名。

感謝日記

把感謝日記想成是感謝函的增長版，但只是為自己而寫。把注意力放在那些生活中值得感謝的事情上。至善科學中心有些建議，告訴你如何讓寫日記的過程既容易（別擔心，不必巨細靡遺，也不會花很多時間——其實恰好相反）又有效果。而且如果文字不是你表達感受的首選，你可以發揮一點創意，就像下面這位青少年所做的：

我為學校的美術課作業做了一本感謝日記相簿。剛開始這只是一份作業，但是我已經持續做了超過一年的時間。這幫助我瞭解自己擁有一個豐富的人生。

感恩步行

和孩子一起在社區裡散步，把住家附近值得感謝的事物挑出來。家人去野餐、慢跑、遊玩的公園，這公園同時也是愛唱歌的鳥兒、花園、和美麗樹木的家；家人每天上班、上學搭公車的站牌；賣可口糕點的蛋糕店；店家和善的商場；鄰居家花園裡美麗的花朵；鄰近的學校和教堂——都能觸動感謝的心情。和大一點的小孩則可以把這當成是十五分鐘的課業休息時間，可以從適度的有氧運動中獲得強化注意力的益處，同時訓練大腦體會感謝之道[30]。當我們出外旅行時，我也和尼可與艾蜜莉從事感恩步行，好讓我們記住度假時到訪過的美好地方。

致謝行動

我們前面提到，感謝可以用行動表達，也可以用感謝的言語。和孩子討論他們可以用來對別人表達謝意的行為：

> 傑西從行善中獲得活力，這也是我們家人覺得有意義的事。我希望孩子知道，對別人行善的同時也會大大增進他們自己的幸福感。傑西決定要更常使用自己仁慈與富創造力的優勢。我們首先到一家咖啡店，為陌生人買了一杯咖啡（我們默默坐在一旁觀看——我們還放了一張「甦醒計畫」的善行卡）。傑西又想到了一件更有創意的事，也可以要和弟弟一起做。

我們到花店買花。傑西用有創意的方式把花一朵一朵分別包好，放在籃子裡。弟弟們負責看管那一大束花。起先他們把花放在鄰居家的門口，敲門後就跑掉了，但這樣做好像沒起什麼作用。後來我們挨家挨戶敲鄰居家的門，把花送給他們，然後對他們說：「祝你有美好的一天。」鄰居的讚美和反應讓孩子深感振奮。

回家後我要他們把那些稱讚的話寫下來，讓自己可以對這些話多加玩味，也可以讓這些讚美在心中沉澱。其中最窩心的話是：「我媽媽去世了，我枯坐在椅子上，十分消沉——但你們送來這些花，讓我快樂起來」。另一位鄰居說：「這是免費的嗎？不要錢嗎？！」還有人說：「謝謝你們，現在輪到我去為別人做些好事了！」

那天晚上，傑西告訴她的朋友（我們的鄰居）有關甦醒計畫的事，她們很興奮，也想參與。所以這些女孩們親手做了些杯子蛋糕，分送鄰居。

孩子到現在還對這件事和這件事對他們的影響，津津樂道，而且他們還想再做一次。我鼓勵他們日行一善。多數週末他們會走路去麵包店，我告訴他們，路過戴斯家時要進去打招呼，戴斯九十六歲了。他們會問候戴斯好，問他當天想吃什麼蛋糕，然後會買蛋糕帶回去給他。戴斯每次都會跟他們重複講起關於他太太和戰爭的相同故事，但是孩子知道，他們這樣做讓戴斯有好興致。

放鬆是件好事

品味生活與感謝，兩者都是導向式注意力的類型。然而我在本章前面還描述過第二種型態的注意力。和有特定焦點的導向式注意力相對照，那就是自由樣態的注意力，是大腦在沒有執行任務時的自然狀態，注意力可以任意變換。這種情形發生在當大腦處在科學家所謂的休息階段。在一九九〇年代，神經心理學家開始深入探討自由式注意力，發現這種注意力有許多好處。如果你想要立刻更換到自由式注意力的樣態，你所需要做的事就是**放鬆**。

然而我說的並非任意形式的放鬆。有一種有建設性的放鬆可以讓大腦恢復，因此對優勢本位教養的目的而言是重要的。讓我們稱它為「優質放鬆」。

優質放鬆有三種特質：

1. 這個活動並非被動——也就是說，你的大腦不能只是被「塞進」一堆外來的資訊。
2. 這個活動的用腦方式讓大腦同時也能隨心所欲。
3. 你嫻熟於某個活動，所以你無需留心活動的過程或是技巧。

這或許聽起來有點複雜，但事實上優質放鬆是再簡單不過的一種有意思的狀態，我們喜歡處在那種狀態。優質放鬆發生於我們閱讀時、畫畫或做手工藝品、烹調熟悉的料理、投籃或是從事非競爭性的運動、拼圖、修補東西或者動手做東西、隨手寫些自由聯想的作品、甚至只是做著白日夢的時候。

放鬆不能是在為當晚來家裡吃飯的一屋子客人烹調你從未料理過的菜餚、黏在電視或電腦前、做家事（除非你喜歡做家事）、進行激烈的運動比賽或是從事激烈的運動訓練，也不能是任何不能讓大腦神遊於當前游刃有餘的事情之外的其他事情。有時候活動一開始需要集中注意力，然後當我們熟練之後，就會成為優質放鬆的活動。

放鬆為什麼對我們有益？

如同我在本章前頭所說的，我們整天在導向式注意力和自由式注意力之間拉鋸。事實上優質放鬆有點像是導向式注意力和正念之間的橋梁。在導向注意力裡，我們的注意力精準的集中在某件特定的事物上，而正念時，我們主動注意到在自由式注意力當中所產生的意念思緒——我們在下一章會討論。

現今的研究顯示，當我們處在所謂的休息狀態，我們的大腦仍然十分活躍[31]。用功能性磁振造影掃描休息階段的大腦時，會發現多處大腦區塊有亮光反應，表示那些區塊有大腦活動。那就是為什麼我不喜歡把自由式注意力想成是休息狀態，而是視為「刻意休息」。雖然看似互相矛盾，但刻意休息在培養我們注意的能力上扮演一個重要的角色。

特別是，刻意休息能更新並恢復我們導向式注意力的能力，所以當我們把注意力轉回導向式注意力時，我們可以更仔細注意到當下發生的事情。把運動當成休息時間甚至可以幫助我們更迅速集中注意力。事實上，事件發生的當下（電子郵件接收聲響、貓咪叫、或是孩子呼喚你）和大腦接收到這個事件的訊息（可由大腦中的電波變化看見），中間會有極短的時間差——大約三佰毫秒。

這種測量稱為事件相關電位（Event Related Potential - ERP）。就本質而言，這是我們大腦根據外界現實而更新資訊，但我們總是有一點延遲。科學家發現，在做過適度的有氧運動後，事件相關電位即刻有進步[32]。或許演化論就是犒賞那些腦力與體能並進的人。但我所知道的是，當一個青少年有三個小時的回家作業，但實際上卻只能維持大約二十分鐘的注意力，他中間需要有休息時間來幫助他把注意力放在功課上。一個鐘頭裡，花十五分鐘左右的時間，做些自己喜歡的體能活動，在我看來並非浪費時間。

再者，我們的大腦利用刻意休息來裁併學習到的資訊，好釋出資源，使用在接下來的學習上（也包括發展新的優勢）。你的電腦是否曾經因為同時跑太多軟體，導致速度變慢甚至當機？大腦也會超載。當我們透過導向式注意力接收大量資訊，輸入的資訊彼此爭奪神經通路時，也可能造成「大腦塞車」[33]。大腦需要休息時間來處理和整理這些訊息。

研究人員做了一個有趣的研究，他們測試老鼠探索迷宮時的腦中電波圖形，然後他們給這些老鼠一些休息時間，繼續測試它們的大腦電波。研究人員觀察到，即使老鼠在休息狀態，它們腦中持續起伏的電波圖形和它們在迷宮中奔跑時是相同的。研究人員的結論是，他們所看到的現象是「記憶固化」[34]（memory consolidation）（是的，放鬆甚至對老鼠也有好處）。

讓我們從迷宮的老鼠升級，看看另一個對放鬆時的資訊處理研究。研究人員給阿姆斯特丹的一群大學生一系列車子的尺寸、里程、駕駛度及其他性能的資料。每位學生的任務是，分析獲得的資料，從中挑選出最佳車輛。其中一半的學生有四分鐘時間專心查看這些資料再做出決定。但另外一半的學生則利用這四分鐘時間做字謎遊戲。結果，相較於全心全意分析資料的學生，那些因為做字謎而不能專心分析資料的學生還比較容易選出最佳車輛。他們的大腦在放鬆的時候能更有效率分析那些資料。這又一次證明，暫時拋開手邊的問題似乎頗有益處[35]。

我們都曾經有過這種經驗，在我們暫時把某個問題放下一陣子之後——淋浴、散步、運動或投入自己的嗜好，突然對這個問題有了深刻的見解。不知怎麼回事，問題的答案從大腦中油然而生，得來全不費工夫。放鬆時間給了我們一個心智空間，讓大腦能夠深入鑽研自己，發覺自己原本蘊藏的知識。

最後，我們在導向式注意力和自由式注意力之間的切換，會隨練習而進步，讓我們擁有最佳效率。我們在必要時要能夠馬上凝聚注意力，然後，只要情況許可，要放鬆到刻意休息的模式，這樣才能讓精神保持最高警覺，消化所學習的資訊，並且讓這個知識應用在下一個必須集中注意力的時候。

這些想法在哥倫比亞大學（Columbia University）研究人員一系列的實驗結果中獲得佐證。這些研究人員和學校合作，試驗一個以遊戲為基礎的開放式課程，為四歲到十三歲的學生提供能增強孩子短期記憶的電腦遊戲、非電玩遊戲、有氧運動、武術、瑜珈、和正念等循序漸進的內容[36]。這些研究人員希望知道，如果學校在密集的學習課程中，經由穿插遊戲（亦即放鬆時間）課程，給學生一點休息時間，會有什麼結果。在這個「少就是多」的經典案例中，和上一整天傳統學業課程的學生比較，這些學生在遊戲課程後，注意力技巧和認知表現上出現大幅進步。注意力可以透過休息和遊戲來培養[37]。

優勢本位的放鬆時間

基於以上的理由，當家長為孩子應該從事什麼樣的活動來尋求我的意見，他們經常會很驚訝我刪除他們原來的計畫項目，建議讓孩子在週間有空閒時間從事優質放鬆[38]。並不是說孩子在這段放鬆的時間裡，什麼事情都不必注意，而只是孩子的注意力在腦子裡做了調整。重要的事情仍然在腦中進行著。我們知道，即使是大人也只能夠保持大約二十分鐘的注意力，過了二十分鐘之後就無法那麼專注。我們知道，如果你的女兒做完數學作業，在開始做下一個作業前，花幾分鐘去打一杯奶昔，或是閱讀某本書中一個章節；或是兒子從學校回來，在開始做功課以前，藉著在後院投籃一個小時解除壓力，他們的大腦仍然十分有效率的在處理腦中的資訊。他們仍在整理大腦接收進來的訊息，賦予情緒上的意義，和原有的記憶結合，整合成為自己固有的一部分。這些都是孩子建立自我認同的一環，學習把自我和自己所做的事情區分開來[39]。

做為一名聰明的優勢本位家長意味著，要堅定抗拒那種幫孩子排滿行程，好讓他們看起來很忙碌的壓力。儘管放心（休息——雙關語），即使是從外表看不出來，孩子一直都很忙碌。讓孩子按下暫停鍵，所以他可以重新啟動注意力的泉源，休息後他會更有力量，繼續建立自己的優勢。大膽的在孩子的日程表上加入休息時間。鼓勵孩子把優質放鬆時間視為成為真實自己重要的一環：

> 我的女兒潔西敏的優勢是欣賞美好與卓越的事物。她現在知道花時間享受她周遭所見——替日落、花朵、動物照相——並不「古怪」和浪費時間。她真的很享受這件事情，去年就比以前拍了更多照片，還包括在學校選修一門攝影課。

孩子在優質放鬆時間裡應該做些什麼事呢？任何能夠讓他們輕鬆自處的事。重點在於放鬆無關乎外在表現；在這段時間，他們應該覺得輕鬆自在。萬一孩子問起：不是的，優質放鬆不是傳簡訊和講電話，這會讓我們捲入外在世界（有一個研究發現，光是要求受訪者——青少年和年輕的成年人——描述並畫出手機的樣子，他們的同理心反應就降低了）[40]。

練習

放鬆的角落

有個有益優勢本位放鬆的方法是，在孩子的日常作息中安排一段時間，並在家中某個角落安排一個實體空間，不需要找一個單獨的房間，或是很大的空間，來設立一個放鬆的角落給孩子，只需要有一個孩子可以稱為自己角落的地方。這個地方也許有張穩固的桌子，一張二手店買來的椅子，有幾個架子和櫃子放置美勞用品、桌遊、書本，也可以在地上放一大塊塑膠布，讓孩子弄髒弄亂也沒關係。放鬆的角落也可以是一個閱讀的角落，擺上一盞燈、豆袋椅、或是在地上放上很舒服的軟墊子。

在這個地方擺設的東西或許要視孩子的優勢而定。這是安靜的角落嗎？還是要擺播放音樂的器材呢？這是安置家裡寵物天竺鼠或魚缸的地方嗎？樂器可以擺在這裡嗎？如果是對科技感興趣的孩子，把這個地方安排成孩子可以錄音、錄影的電腦區如何？比實體空間、玩具、或科技更重要的是，提供一個讓孩子的心靈能夠自由奔放的精神空間才是重要的。

第六章 正念

讀過上一章以後，你或許會想，是不是我們只要注重快樂時光和正向思考，生活自會一帆風順。但是你我都知道，就算人生沿途風光旖旎，水波輕漫，有著能讓我們優游的快樂時光，但人生難免也會遭遇一點都不好玩的暴風雨。

品味生活和感謝幫助我們和孩子意識到美好時光，強化那些時刻的甜美滋味，在人生順境中培養優勢。而這些優勢在我們遇到困難時，也能派上用場，因為發展正向注意力，能在我們遇到挑戰和困難時，幫助我們有意識的把注意力集中和維持在正向而有價值的事物上。

我在上一章中也討論到，當我們處在放鬆狀態時，我們的注意力沒有特定目標，自由去來，不受意識拘束。這種內觀的注意力能幫助大腦整合我們的過往經驗，讓我們能匯集所學習到的資訊，以備未來之用。更重要的是，研究顯示，我們處理事情和情緒的心智狀態，塑造了記憶，培養自我意識。你也可以這麼說，我們在不自覺的情況下建構智慧。

然而在忙亂的日常生活中，想要安穩過日子，需要的不止是我在第五章所介紹的那些注意力的操練。

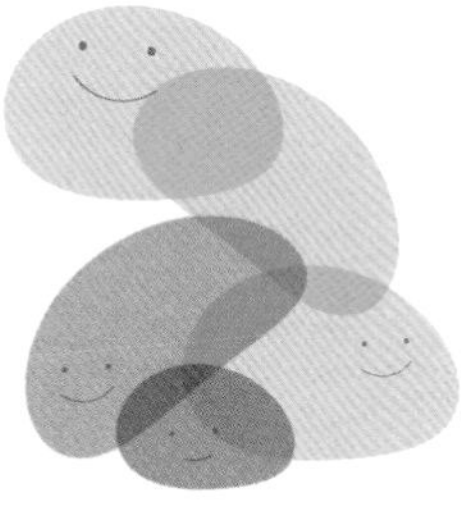

在本章，我們要探索另一種稱為正念的內觀注意力❶。正念不像放鬆時間那種毫無形式，漫無焦點的注意力，正念是一種主動而積極的內省，讓我們瞭解自己內在因應人生而產生的各種思緒和情感，讓我們能夠理解、處理並且引導這些思緒和情緒。因此之故，正念對優勢本位教養以及日常生活具有無比的好處。

正念的簡單定義

正念會讓人聯想到瑜伽修行者，打著蓮花坐姿唱誦「唵」（OM），但是當代科學家和心理學家則是透過三個簡單的步驟，把正念當成一個有規則可循，集中精神的過程：

- 把注意力集中在某個特定事物上（例如，自己的呼吸或是當下時刻）
- 當注意力飄走的時候要有自覺
- 把注意力拉回來

當你這樣做，你會注意到，在人生流轉中，自己當下的所思所想，這會讓你意識到自己即時的思緒和感受。

大多數嘗試正念的人，特別是在一剛開始的時候，會發現自己思緒不定，感受更迭。這沒有關係，大腦本來就擅長快速思考。正念會幫助你的大腦思緒緩和下來，這樣做能讓你獲得一點精神空間，真正掌控自己的思緒和情感。正念幫助你慢慢意識到，自己的思緒獨立於己身之外。正念讓你能夠輕輕抓住某個思緒，進而調整思緒的方向，選擇另一個思緒加以檢視等等。透過練習，你可以選擇特定的思緒和情感予以關注或採取行動——這包括選擇運用更多優勢本位的想法。

當我教導正念時，我會用綁著線的氫氣球來比喻。正念時，這顆氣球就坐落在你頭頂正上方——完全和你當下的思緒、情感、感官知覺同在。然而就如你的思緒一般，慢慢的，這顆氣球會飄走。這時候你會感覺到自己被綁住氣球的那條線拉扯了一下。這提醒你，你的思緒已經飄離當下時刻（也許你剛才想到一個工作上的問題，或是想著今天晚餐的菜色）。這個拉扯提醒你，要輕輕的把氣球拉回頭頂來，把你的注意力拉回到眼前這一刻。

當我剛開始練習正念時，我告訴瑜珈老師我很氣餒，我的心思太飄忽不定了。她給了我一些有智慧，令我安心的忠告。她說，氣球常常飄走沒有關係，重要的是你越來越懂得如何把氣球拉回來。

「純粹注意」（Bare Attention）：正念的核心

正念的核心是瑜珈修行者所稱的「純粹注意」[2]——體會一切思緒、情緒、及身體的感官知覺，而不訴諸詮釋與論斷。最後那個部分很難辦到，相信我，我知道。

我在寫這本書的時候，馬修和我帶孩子去度假。頭幾天很好玩，但後來艾蜜莉和尼克彼此有點厭倦對方了，他們開始吵架。有一天晚上，當我們全家想一起坐下來看個影片時，終於起了爭執。艾蜜莉決定要橫躺在整張沙發上，讓別人（也就是尼克）不能坐在沙發上。所以尼克對著艾蜜莉的臉打起飽嗝來——對一個青少年男孩來說，這樣做很好玩，但是妹妹卻覺得很噁心。這招果然奏效！妹妹從沙發上跳了起來，而尼克則跳了上去。艾蜜莉很火，大叫著說他是全世界最可惡的哥哥。這時候尼克儘可能地伸長身體，好占領沙發的每一寸角落。我試圖提起他們的正向人格特質，鼓勵兩人從各自的角度想想，這趟旅行他們兩個人在一起有多麼好玩。但沒有用，兩個人都很生氣，沒有人願意承認自己平常還滿喜歡有對方做伴。我接著嘗試說到他們的寬恕能力，而我再度失敗。

在那個時刻，「純粹注意」就派上用場了。當兩個孩子吵得越來越大聲，我開始注意到我身體的感官反應。我注意到自己的胸腔緊縮，呼吸變得短促。我很想把雙耳蓋住，再塞一大把爆米花到嘴巴裡。我察覺自己的心思意念，聽見自己內在的批判——帶著負面偏差的那個我，針對弱點，在我耳邊不停嘲諷著：你正在寫一本教養書籍，而你連讓自己的孩子停止爭吵都辦不到！我理解到我正拿著這不愉快的一幕和自己所創造的家庭「應有的」恬靜度假心理圖像做比較。

這一切只花了我數秒鐘。透過感謝「純粹注意」，讓我築起一個正念空間的保護膜，給我一個短暫卻很受用的停頓時間，讓我思考，卻不回應。我可以接收那個正在告訴我告訴自己的那個目前所發生的負面故事，然而那只會對眼前的處境平添壓力。雖然我知道自己沒有成功說服孩子使用他們的優勢，但是在那個正念空間，我找到了凝聚我個人優勢的憑藉：

一、**我理性與具有觀點的優勢**：孩子難免會吵架，這是人生現實。如果有朋友告訴我，「我們去度假時孩子吵架了。」我會因而就認為他是一個失格的家長嗎？如果是，那就太可笑了。然後我突然想起：當我們全家去迪士尼樂園時，尼克和艾蜜莉因為時差吵架時，我並沒有驚慌失措。做為一個比孩子更有經驗的旅行者，當時我用忍耐與寬容來幫助孩子處理時差問題，我讓孩子知道時差會過去，而且真的如此。我現在也可以使用那些優勢。

二、**我幽默的優勢**：因為我正在寫一本教養書，所以就不允許我的孩子吵架嗎？那多奇怪呀！

三、**我同情和仁慈的優勢**：我這樣批評自己，令我自己感到難過。如果我聽見某位朋友對

> 自己如此苛責，我也會覺得不好受。做為家長，我不必是完美的；我只需要和孩子同在[3]。

正念的保護空間拯救了我。於是我保持冷靜，沒有對孩子大吼大叫，要他們住口，好讓我停止對自我的內在批判。我沒有往自己嘴裡塞進大把的爆米花來紓解壓力。我和孩子一起度過難關，努力避免擴大爭端，直到他們對自己的優勢能有足夠的認識，懂得駕馭自己。我說了些像是：「我知道這讓你很挫折，但是讓我們花一點時間想想這件事……我們大家吵得夠久了，不如出去做點別的事情吧？……我知道你們正在吵架，但其實其他時間裡你們相處得蠻好的。艾蜜莉，我知道你告訴尼克，他是世界上最可惡的哥哥，但是大多數的時間，你們兩個是蠻好的朋友，你知道嘛？半個小時前，尼克還替你推著腳踏車，你們兩個簡直笑翻天了。」

使用正念，我可以：

- 活在當下，關注當下情境，關注自己對情境的解讀。
- 重新詮釋兩者。
- 選擇我的行動，並且，幫助孩子也學習如此做。

這對為人父母者是極大的能力。

正念已被證實的好處

想像有人讓你在手機上下載一個程式，那個程式會在一個星期的時間裡隨機發出訊號。當嗶聲響起，你要完成一份簡短的問卷，問你在當下的那個時刻，你的注意力所在。你是集中注意力在手邊正在進行的某件事情上，還是你正在回想過去或未來的某件事情呢？

這個簡單卻寓意深遠的研究，真的有人做了。結果發現，受訪者的心思有百分之四十七的時間並不在自己手邊進行的事情上。他們也許正在想著和別人的一段對話，或是自己週末的行程。這個研究發現，我們情緒最佳的時刻是，當我們活在當下[4]，然而我們僅有勉強過半的時間處在正念中。

正念已經證實對兒童和青少年有益。由我在美國、加拿大、英國、澳洲、和台灣的學校所主持的一個大型正念的後設研究報告顯示，正念能提升樂觀、韌性、自我接納、穩定情緒、和整體的幸福感，也能減輕壓力、怒氣與焦慮[5]。

學生說：「如果我冥想，我感覺平靜，感覺我不需要和別人爭辯」，「從事正念之後，你會更加放鬆，你把腦袋放空，這會令你平靜下來」。

老師也說，在正念的單元之後，他們覺得更自在，更專注。

長期下來，正念也能提升正向情緒。理查・大衛生博士（Richard Davidson）的研究顯示，經過八週正念課程的人，減低了他們右前額葉皮質（prefrontal conrtex）的活動（主司負面情緒），並且增加左前額葉皮質的活動（主司正面情緒）[6]。

單單是注意到自己的思緒就能夠有這麼大的功效嗎？是的，光是思考某個活動就足以改變大腦。在一個研究中，參加者花一星期的時間在腦中練習彈奏一首五指鋼琴曲，光是想像自己在談鋼琴，大腦中負責手指運動的區塊就擴大了[7]。

正念家長，正念孩子

家長的正念也會影響孩子。在一個研究中，我測試了家長的正念程度，然後也測試他們孩子的正念程度和壓力程度。結果十分清楚：家長越具正念，孩子也越具正念——而孩子越具正念，就越少壓力[8]。家長的正念為孩子設立一個成功適應環境的循環。這會讓孩子一輩子受用。

做為一名正念家長，你可以讓孩子在三方面受益：

1. 你會把當前的教養工作做得更好。
2. 你會為孩子示範處理人際衝突與其他壓力的有效方式。
3. 你能訓練孩子慢慢更具正念。

正念家長能幫助孩子不輕易受環境左右。當孩子面對困難，或是陷入負面情緒中時，家長能用問問題的方式找出可能正在困擾孩子的負面偏差想法，像是「你如何解讀這件事？」，或是「我們何不暫停一下？你現在有什麼想法呢？那是對你有益的想法嗎？是正確的想法嗎？」

好吧，你有正念，那接下來呢？

大部分的正念專家利用正念來幫助別人和負面思考與焦慮脫鉤。然而你要用什麼來取代這些負面想法呢？你如何採取正向行動呢？

我建議使用正念技巧以優勢本位思考來取代負面想法，在困境中努力尋求好的結果。你可以教導孩子也這樣做，不管他們是遇到很難的回家作業、嚴格的老師、和朋友之間的爭執或是必須面對犯錯的後果。在那個假期裡，當尼克和艾蜜莉吵架的時候，我在正念時刻使用自己的優勢，給了自己一條出路，如此一來，我才能保持冷靜，持續提醒他們使用懂事、寬恕、幽默、仁慈等優勢，來修復兩人間的嫌隙。

我記得讀過一本正念的書，作者在書中把我們負面思考的毛病比擬成一台調到隨時播放壞消息的收音機頻道。為什麼不利用正念來把我們的頻率重新調到優勢頻道——問問自己：「我能夠使用什麼優勢來處理這個問題？」然後也幫助孩子這樣做呢？想起上述那個彈奏虛擬鋼琴的研究，我在想：如果我們請孩子每天在腦海中複習他們的優勢，會有什麼結果呢？

正念和優勢本位教養如何配合

每當孩子練習我在本章起頭所分享的正念三步驟時，他學會更隨心所欲來集中並維持內在的意識，並在意念游移時，重新導正它。假以時日，他會更善於排除讓他分心的事，保持持續的內省，使他能察覺自己思緒與情緒模式[9]。

正念幫助孩子瞭解自己完整的情緒、瞭解自己的優勢和弱點。這對優勢本位教養十分有用，因為正念提升了自我洞察，識破那些容易阻礙優勢發展，無益的心智習慣，像是拖延、悲觀、自我懷疑。正念讓孩子有更好的機會，能透過逆境來培養優勢。

艾蜜莉曾有過一次大崩潰。事後交談時，我問她當時的感受，她說：「媽媽，有時候我好生氣，那種憤怒的感覺，像是被一道閃電穿透身體。」後來有一次，她看起來像在生氣，我問她：「你的身體裡面有閃電嗎？」她停頓了一會，然後說，「沒有，我現在並不憤怒，只是感到挫折。」在那個正念時刻，她能夠標記自己的感受，區分兩種不同型態的負面情緒，把自己的情緒從憤怒降級為挫折。當我說這對我們大家而言都是快樂的結局，請相信我！

研究顯示，長期練習正念能夠培養正向情緒[10]，讓發揮優勢變得更容易。例如，艾蜜莉告訴我，當她畫畫的時候，她注意到自己有一種「暢快感」。尼克說他投籃即將得分的時候自己知道，因為他的視野會縮小，一切干擾都消失，而籃網似乎變得又大又寬。正念幫助我們知道自己使用優勢時的感受，讓我們下次更容易使用優勢。如同萊恩．尼米耶克（Ryan Niemiec）博士甚具說服力的說法，「正念開啟認識自我之門，門後所見正是品格優勢。[11]」

正念在孩子追求優勢的過程中幫助他們的同時，正念也協助你成為一名優勢本位家長，在你力圖鎮定時，讓你度過那些挑戰性時刻——正如正念在我的假期中幫助我。正念也以更長遠的方式幫助家長，讓家長能夠體恤孩子，真正瞭解孩子的本質與孩子的本事。正念幫助你打開認識之門，看見孩子的優勢。當你這樣做，你會更容易及時在孩子展現優勢的當下就注意到。你也許會發覺孩子的興致突然改變、孩子說話語氣不同或是在某種技巧上略有進步——也許那是一個應該栽培的優勢。你或許會看到孩子花許多時間在特定興趣上——高度使用——這是核心優勢的徵兆。

還記得第二章裡那位看見體重過重的女兒從健身房回來，心情不佳，隨手抓起一罐可樂，然後決定切換優勢開關的媽媽嗎？留意自己的情緒幫助這位媽媽注意到自己的負面偏差（把焦點放在那罐可樂上），把自己的注意力導向女兒那星期已經去過健身房三次的事實，讓這位媽媽避免挑女兒毛病。她敘述自己如何使用我們在第五章所討論的正向注意力工具，把自己的注意力轉移到正向的事物上。我會說，她也使用了正念來察覺自己對女兒的負面陳述，進而建構一個有關女兒成熟度的新敘述——這是對她自己心智狀態的提升，也增進她的人際關係，包括和女兒的母女關係。

這個星期我很留意自己的正向情緒。我寫了感恩日記，並且把注意力放在品味生活上。我每天都擁抱女兒，因為這會帶給我好心情。我注意到我的精神振奮起來，好像更容易看見周遭的美好事物。我也更常看見我先生和我同事的優勢。我覺得自己好像又找回了從前那個很正向的自己。

昨天晚上，我女兒從健身房回家，我想到她為了達成目標努力不懈，一股驕傲之情油然而生。我第一次真正注意到她瘦了，而且我看到她真的開始成熟，懂得承擔責任。我不在乎她喝了可樂，而且我告訴她，我以她為榮。她給我一個擁抱，並且謝謝我給她的支持。事情真的完全改觀了。

正念幫助你切換優勢開關。在第二章，我說了那個不管我數落尼克多少次，他就是不把自己的腳踏車歸位的故事。多年前的那一天，當我坐在車裡，做了那個打開優勢開關的決定，那真要感謝當下那個正念時刻。在那短短的幾秒鐘內：

- 讓我能夠察覺自己的挫折感，卻不沉溺其中。
- 給我一個精神空間，明白自己或許把自己亂丟東西的弱點，投射在尼克身上，扭曲了我對他的認識。

• 讓我發揮自己具有洞察力的優勢，想到，嘿，他只有八歲，容許犯錯，我們要一起面對這個問題。我們努力了六個月的時間，幫助他養成把鞋子歸位的習慣——而現在他總是會把鞋子歸位。腳踏車的問題也會解決的。

• 幫助我使用仁慈的優勢：上次我為腳踏車的事罵他，他看起來好傷心。我想找出一個更正面的方法來幫助他學習把腳踏車歸位。讓我們試試不同的方法。然後我就能夠使用我的自制力（下一章我們會討論自制力）來駕馭指責他的衝動，取而代之的是，我切換了優勢開關。

正如練習正念的時候，不管你有多少次必須把氫氣球拉回到你當下的思緒都不要緊，你注意到自己沒有打開優勢開關的次數也無關緊要。重要的是，你開啟優勢開關的能力進步了多少。你的正念能力越好，你開啟優勢開關的能力就越好。

使用正念幫助孩子克服弱點

我們都有自己不擅長的事情，而正念能夠幫助孩子處理他們的難處。假如你的孩子數學有困難，那如何用正念幫助他呢？可能的作法如下：

1. **活在當下**（純粹注意）。幫助孩子瞭解當時的狀況，瞭解自己的煩惱，與自己對事情的詮釋。當他想到要做數學作業，打開數學課本後卻遇到自己沒辦法解答的題目時，他的感受如何（挫折、生氣、焦慮、無助）？他如何詮釋這個處境（我很笨、我永遠都不學會、我就是數學很爛）？你可以問孩子：「當你寫數學作業的時候，腦中的想法是什麼？腦中的對話是什麼？」幫助孩子把那些想法整理，並呈現出來，如果孩子需要一點時間來釐清自己的負面思考，家長要有耐心。你要和孩子一起面對問題，但不要批評。

2. **重新架構**。藉著找出孩子思考中扭曲失真的想法，和他可以使用的優勢，幫助孩子以優勢本位的想法來取代負面想法。例如：

- 「你認為那些想法有幫助嗎？你覺得那些想法真的正確嗎？」
- 「那些是有意思的想法，但我覺得你其實不是這樣子的，因為當你______【提供一些孩子做得很好，感覺自豪的例子。】」
- 「還記得那個你做得比預期還好的數學作業嗎？真的很棒。那時候你的想法和現在有什麼不同嗎？」
- 「告訴我你以前做完數學作業卻沒有剛才告訴我的那種負面感受的經驗。你那個時候做了什麼事，還是有什麼想法？」

- 「我知道數學很難。我以前對＿＿＿＿的感覺就是這樣。你的數學能力和你的＿＿＿＿能力並不相當。但是因為你告訴自己這些負面的事情，反而讓數學變得更難。讓我們看看你有什麼別的想法能幫助你比較順利完成數學作業。」

談論孩子所擁有的，並且能夠應用在當前處境的優勢，就會改變他對事情的詮釋。例如：「數學不是我的長項，但我知道自己很有毅力。可以專注在目標上。我很有條理，做事有始有終。我很好奇，而且能夠學習新的事物。我可以請求幫忙，或請人教我。我知道我一旦學會了，會很開心。我擅長的事情很多，像是英文、打棒球、製作影片、拆解汽車。」

3. **採取行動**。採取優勢本位教養方法，對於孩子如何運用自己的優勢，妥善面對問題，你可以發揮創意。例如，建議孩子從優勢本位的角度來思考：

- 「英文是你的強項而且你喜歡英文。讓我們看看當你在做英文作業時，你的一些想法。今天晚上你做英文作業的時候，我幫你設定手機每十分鐘響一次。每一次手機響的時候，你就停下來想想你當時的感受，以及當時腦子裡的想法。把你的想法和感受寫在筆記本上。一個鐘頭後，檢視你的筆記。你的感受和想法一一寫在筆記本的左邊欄位，之後，再加一個欄位，用來評量那些想法和感受，對你寫作業有益還是有害。」

隔天晚上，可以進一步嘗試以下做法：

- 「讓我們做個實驗。接下來的三十分鐘，像平常一樣的做數學作業。我們設定手機十分鐘響一次，讓你記錄自己的想法和感覺。然後我們再評量這些想法和感覺是有益處還是有壞處。」
- 「再接下來的三十分鐘，繼續做數學作業，但是用你做英文作業時，那些比較有益的想法和感覺來取代。當手機鈴聲響起，停下來注意你的想法和感受。然後查看你做英文作業時所寫的筆記，選擇一個比較有益的想法來取代你當時的想法。」

也可以試試其他針對孩子的優勢的實驗：

- 同意設定計時器，設定好一段特定的時間做功課，或是設定目標完成特定數目的問題。然後休息十五分鐘，做一些孩子非常喜歡的，沒有特定形式的腦力活動。或者讓孩子設定一個較為長期的目標，如果他在某個小考或大考，獲得特定成績（設定目標的優勢），就可以獲得一個事先約定好的特別禮物。

- 先做數學作業（當孩子精神好，最能夠運用自己毅力的優勢時）。
- 做完孩子喜歡的事情之後再做數學作業，像是觀看好笑的影片（幽默的優勢），運動（體育的優勢），參加社團或群體活動後回家（社交能力和領導力的優勢）。
- 讓孩子自行安排如何做數學作業（組織能力的優勢）。
- 研究一下讓孩子和比較懂數學，能夠解釋數學概念的朋友一起做數學作業（運用社交優勢——但要確定孩子真的在做功課！）
- 幫助孩子獲得正確觀點，或是運用孩子有自己觀點的優勢：我不需要在數學拿到和英文一樣的成績，或是：我數學不需要拿甲等，但是我至少要拿到＿＿＿，這樣我的平均成績才能夠達到我想要申請的大學要求。或是：我畢業後的工作並不需要用到數學，但是我現在必須學習數學，而且要學得夠好，好讓我能夠進入一所能符合未來工作所需的學校。或是：我會盡全力，但是數學不好並不是世界末日。
- 幫助孩子對自己有同理心：「數學真的很難，但只要堅持十分鐘，就可以有休息時間，吃點點心。你的努力讓我引以為榮，你很有毅力，而且你漸漸明白了，為什麼數學對你難度，也知道了自己的負面思考反而讓數學變得更難。數學對你不像其科目那麼容易，但是你一定可以克服。」

一開始，你必須陪伴孩子走過每個步驟，幫助孩子說出自己的感受，提供意見來重新塑造他們的想法，並且從優勢觀點採取行動。一開始你必須盯緊一點，陪在孩子旁邊，做為孩子的依靠，或是詢問孩子事情的進展，因為孩子的氫氣球常常需要從飄到「舊有的」負面思維那邊被拉回來。你要問孩子，「你有哪些優勢能夠在這個情況下幫助你？」但是當孩子漸漸清楚自己的優勢，學習自己把綁著氣球的線拉回來，他們會漸漸內化正念的過程，那時只有在他們覺得卡關的時候，你才需要從旁輔導。

正念，以及通往韌性和成長之路

我常被問到，培養優勢本位是不是表示我們絕對不能擁有負面情緒，不能在不如意的處境下，感覺沮喪。當然不是。培養優勢本位並不表示我們要忽略不如意的時候，或是為了孩子而虛偽的保持樂觀。我們需要務實。正念是幫助孩子培養韌性的好方法[12]。有高度韌性的人也會經歷負面情緒，卻仍然堅持正向情緒。困難愈大，韌性也愈加強大。我們可以讓正面及負面情緒同時並存，在各樣情緒間做出細膩的區分——心理學家稱之為情緒複雜性（emotional complexity）[13]。

無論你是多麼優質的家長，你的孩子還是會遇到問題，有弱點，遭遇困難。只有在面對挑戰卻不退縮的時候，孩子才能夠培養出韌性。正念和優勢的組合幫助孩子迎接挑戰，因為他知道自己能夠承受當下的各種情緒，包括不舒服的感受，並且使用自己的優勢讓自己回復。

我們可以為孩子做榜樣，協助孩子在他們自己的身上發現這些資源。約翰・高特曼（John Gottman）博士把這種情況稱為**情緒指導**（emotional coaching）[14]。有父母做情緒指導長大的孩子會知道所有的情緒都可以被接納[15]。心理學家和神經科學家發現，這些孩子的中樞神經系統較為穩定，靜止心率（resting heart rate）較低，還有比較健康的情緒大腦迴路[16]。這是一群在壓力下仍然能夠保持冷靜的孩子！他們學會了如何受惠於自己的正向情緒，感受到負面情緒卻不讓它們影響到自己。

我朋友的孩子是一位傑出的運動員，專攻跳高。十七歲的時候，有一次落地時姿勢不佳，導致背部嚴重受傷，花了一整年的時間才復原。剛受傷時，他變得很憂鬱，他自我認同中很重要的一環消失了。我的朋友知道他兒子擁有像是毅力、有動力、專注和社交能力等優勢。這其中的某些優勢正是讓他得以在跳高方面如此傑出的原因。不出所料，朋友為兒子的這些優勢找到了新的出路。

復健治療的項目中也包括游泳，所以我的朋友開始每天和兒子一起游泳。她利用往返游泳池，和接送兒子看醫生的交通時間，來觀察並點出兒子的優勢。她看見兒子把自己的毅力、有動力、和專注應用到復健練習中。她也看到前所未見的耐心和同理心在兒子身上出現。

他們一起報名參加一個九個月後舉行的海泳活動，而且他兒子決定要使用自己的社交能力、毅力以及新發現的同理心，為一個支援憂鬱症患者的慈善活動募款。他利用接下來的九個月時間準備游泳比賽，從背傷復原，並且發展出新的優勢。他的憂鬱症消失了。他新的目標讓他充滿動力和活力，而且他募集到相當多的捐款。本來可能是非常悲慘的時間，變成了母子交心的經驗。

透過留意孩子既有和新增加的優勢，並且幫助孩子也看見自己的優勢，我的朋友幫助她那青少年孩子通過考驗，抵達佳境。三年過去了，他們仍然繼續一起參加一年一度的海泳活動。

每天會遇到的問題，像是在學校的課業問題，以及和同學之間的摩擦，會對孩子造成很大的情緒困擾，但是這些問題能透過正念，和以優勢為基礎的情緒教導被有效解決。下面是一位四年級的孩子以正念向感受敏銳的老師表達自己的情緒後，讓學校對優勢本位有了新認識：

和羅琳談話時，她說出自己被朋友圈排除的悲傷。我請她描述她最喜歡做的事情以及感覺最快樂的時候。我很快就看出，仁慈可能是羅琳的優勢。我問她對仁慈的看法。當她描述自己的善行，我在想，她的朋友會怎麼看待這些行為呢？經過羅琳的同意，我們和她的朋友碰面，一起探索這群學生的各種優勢。這在我們學校是例行的練習，所以看起來就像是尋常中學習的一環。羅琳的朋友解釋，羅琳的好意有時候會介入別人的空間，打斷別人的談話。他們喜歡有羅琳做伴，但也客氣解釋，有時候羅琳可能會介入過多！我們聊到有時候優勢也會被過度使用。後來我問羅琳她對和朋友的對談有什麼想法。她說她非常珍惜朋友的誠實與仁慈，所以我們決定把重點放在做個誠實良善的人。不久後，羅琳又被這群朋友接納了。對優勢的瞭解，以及擁有與優勢相關的共同語言，讓他們對彼此與彼此間的差異能有非常真實的理解。

做為家長，我們也可以使用正念和優勢來關照自己。

回顧這十年做為繼母的日子，我發現自己使用多種優勢來撫育我們的兒子，並維護我個人的幸福。這個旅程並不總是那麼輕鬆，特別是在剛開始的時候。觀察、傾聽、詢問、使用直覺、管理情緒與對事情的看法，這些都是很必要的技巧。我也學會使用我的社交智商，稍微拉開彼此的距離，卻有愛心，輕鬆以對。

五年前我開始在附近的醫院當志工，因為我想要幫助別人，而且也瞭解自己需要一個有點不一樣的出口。我記得我先生說，我把可以花更多精神和兒子相處的時間用在去醫院和陌生人交談。那時候我發現兒子比較喜歡和他們的爸爸相處，而和那些會正視我，和我互動，和我交談的患者以及醫院員工相處，會增加我的幸福感。那也讓我更懂得感謝家人和我自己有健康的身體。可喜的是，我的幸福感「滿載」後，供給了我和家人互動所需的情緒補給。現在我可以高興的看著兩個朝氣蓬勃的年輕人，享受我們之間友善親愛的關係。

如果在你長大的過程中認為情緒應該被壓抑，被禁止（如果你這樣相信，這不是你的錯；我們通常是從父母那裡學到如何掌控情緒）[17]，現在在你幫助孩子的時候，正是你改變這種信念的時機。

情緒輔導（emotional coaching）是一種能夠很快學會的技巧[18]。索菲・赫威斯特（Sophie Havighurst）博士是我在墨爾本大學的同事，她發現很多學步兒童、學前兒童、學齡兒童以及青少年的父母都這樣做。在參加過高特曼博士所開發的「傾聽孩子的心聲」（Turning into Kids）課程後——在課程中，家長要參加一個當地社區中心舉辦的課程，每週兩小時，共六週。課程包括群組討論和腦力激盪、小組練習、影片範例、小組長示範以及小組角色扮演——參加她的研究的家長會更加鼓勵孩子表達情緒，增加使用情緒標籤，能更熟練地和孩子討論情緒的起因和後果。這對親子雙方都有正面的效果。

一個簡單的策略就是，使用我們前面所探討的優勢本位正念技巧，養成經常詢問孩子感受的習慣。這是一個讓孩子表明自己感受的好方法，並且協助他決定如何使用自己的優勢來處理這些感受。這是及時幫助孩子，幫助他發展必須具備的情緒複雜性，好在順境及逆境中培養優勢。你可以利用遊戲，像是猜廣告印刷品上面，或是書中人物的情緒，或是把電視關靜音後猜電視人物的情緒，來幫助幼兒注意各種不同的情緒。

你會很驚訝孩子對正念的感受敏銳。這代表你也注意孩子——這會讓他們感覺很棒！

在我們家，我們盡量每天從早到晚練習正念，運用呼吸法來注意周遭，安定我們的身體。我的希望是，這種肢體語言和經驗會成為我們家的傳統。今年夏天，我們決定要把讓我們快樂的事物都寫下來。每天晚上當我們互道晚安時，我們就回顧當天是否有什麼事，能讓我們再添一兩筆新的事情在這個快樂清單上。昨天晚上，我的女兒葛芮絲（她快五歲了）和我窩在一起，談論一天中的快樂時刻，她說，「媽媽，你知道什麼事情讓我最快樂嗎？就是當我們一起躺在草地上，看著天上的雲，練習聽鳥叫的聲音。這就是正念，對嗎，媽媽？這是我最快樂的事。」

即使在最不可能的狀況下，正念也可能發生。有一所學校，有一次請我對一群吵鬧不休的八年級男生介紹正念，希望這群被分到輔導團體的男孩子對學校課業能夠投注更多注意力。雖然他們以前試過正念，但是並沒有顯著效果。

我很緊張，因為我被要求執行一件以前已經失敗過的任務，但是我帶著發掘優勢的態度進場，舉目所見，處處都是優勢。教室裡充滿精力、幽默、熱情、活力、團隊精神、有趣、肢體協調、充滿運動細胞。他們的團體互動重點在於競爭和好玩。他們講沒兩句話就會提到運動或是生殖器官……，不過後者和我的故事無關。

我馬上看出來，要他們乖乖坐著根本行不通，所以我決定要透過他們的優勢，讓他們玩需要留神的飛盤遊戲，來介紹正念。

這群男生兩兩一組，然後我們來到校園的草地上。我唯一設定的遊戲規則是，他們必須在靜默中做這個練習。一開始我要他們把注意力放在手部，把注意力放在丟擲飛盤和接收飛盤的時候，飛盤在他們手裡不同的感覺。

接下來，我請這群男孩子注意把飛盤擲出去時，飛盤在不同速度，不同力道，不同高度下所發出的不同聲音。我們的五官在發展正念時扮演了關鍵角色，因為感官的輸入訊息只發生在此時此地。事情過後，你就感覺不到，也聽不到這些訊息了。

上過幾堂正念飛盤的課程後，這些男孩有了正念的經歷：他們能夠集中注意力在飛盤的聲音和觸感上，並且排除其他干擾。然後我們練習培養他們察覺，當他們把飛盤丟擲得很好和接得很好的時候，閃過他們腦中的思緒，與飛盤丟擲得不好、接得不好的時候的思緒，兩者間的不同。我們討論當他們漏接飛盤時所產生的那些有害的想法（我真是沒救；我是一個魯蛇；我失敗了；我真沒用；好糗啊），以及這些想法在他們在課堂上學習新的功課時也會產生。我們列出那些他們可以用來取代這些負面思考的優勢本位想法和行動。

我們之所以能夠列出優勢清單，是因為這些男孩子在幾個星期以前，已經在課堂裡和我一起做過品格優勢問卷。在找出自己的優勢，並且在課堂上討論這些優勢後，每個男孩子要做一份作業，寫出在他們的生活中曾經利用自己的優勢，成功完成某件事情的經驗。有趣的是，他們多數的成功經驗來自校外生活。所以我必須找出一個方法，讓這些男孩子看見，他們的優勢也能夠幫助課業學習。在課堂上，我們把教室的牆壁變成優勢牆，在那裡，我們完整列出二十四項VIA品格優勢。每位學生把自己的大頭照剪下來，貼在自己做的三英吋大小的身型上面（你應該看看他們所畫的肌肉和刺青！）。每當有學生看見某位同學使用某項優勢，他可以離開座位，到牆上去把使用優勢那位同學的迷你人型，放在他所使用的那項品格優勢上面。很快的，這些男孩子開始內化他們自己的優勢。

隨著課程的進展，我延長正念裡身體靜止的面向，但是沒有完全摒除肢體活動的面向。我們總是會使用到他們的肢體優勢。到第八堂課之前，這些男孩子已經能夠安靜坐著，把手放在腹部做十五分鐘的腹式呼吸。

他們的老師簡直不敢置信。老師說，這些孩子對學校課業比以前更專心，當他們分心的時候，她只要暫停上課，讓他們做兩分鐘的呼吸練習。透過正念，這些孩子發展出更敏銳的專注力，更懂得排除外界干擾。他們的正念意識孕育出優勢本位的思考，而優勢思考則幫助他們對自己的課業和未來升學，變得更樂觀。

我們的課程以帶著飛盤在校園裡圍坐成大圓圈做結尾。我請這些男孩把飛盤丟給圓圈裡的某位同學，當他把飛盤擲給那位同學的時候，要說出他在那位同學身上所看見的優勢。我們就這樣玩著這個遊戲，直到每位孩子都接到了別人丟給他的飛盤。對我和這些男孩子來說，這樣的結束非常感人。在我們共處的八個星期結束時，這些男孩都比以前站得更挺拔，更驕傲。

正念和有特殊問題的孩子

做為為一名常常接觸年輕孩子的心理學家，我對正念教養對自閉症譜系障礙（ASD），注意力不足過動症，和對立性反抗疾患（oppositional defiant disorder—ODD）兒童可能會有的效果很感興趣。這些年輕孩子面對特殊的挑戰，他們的問題導因於他們常常感到挫折，因而引起焦躁、憤怒、攻擊和其他問題行為（比如，踢東西、咬人、打人）[19]。我為學校提供諮詢工作時，經常看見教室裡上演這些情節。每當我看見這些學生的困難，就激起我心中無比的同情。

正念已被證實是這些兒童和他們的家長亟需的幫助。在一個正念教養對注意力不足過動症、反抗叛逆症、及自閉症青少年的家庭的效果研究中[20]，青少年及其家長各自接受八個單元的正念訓練後，青少年在注意力和減低攻擊行為上有了進步。

在我和我的同儕利百佳・基南—蒙特（Rebekah Keenan-Mount）和妮可・阿爾布雷希特（Nikki Albrecht）就這個課題所發表的一篇論文中，我們發現，正念本位的治療方法不只幫助有自閉症光譜症的孩子，也幫助了他們的家長[21]。當家長被教導刻意注意孩子的方法，以及注意自己的教養方式——注意力放在此時、此地，且不帶批評——這個方法幫助他們避免用不假思索、負面的方式對孩子的行為做出過度反應。參加這個研究的多數家長告訴我們，這對他們自己的整體健康和生活品質有益處，包括對自己教養的角色感到比較快樂。藉著每天的冥想練習，家長學會如何照顧自己，把平靜帶到家庭中。

在我們所檢視過的研究中，我們發現了一個共同模式，父母提升正念有助於減少孩子的問題行為，特別是當正念結合一個提供家長以更具同理心的方式回應孩子挫折的教育課程（你也可以說這是優勢本位課程）的時候。歸根究柢：正念增進人際關係，讓人際關係更加坦誠，也較少衝動回應。這對任何家庭來說都是勝算，但對於面對這類特殊挑戰孩子的家庭來說，感受更為深刻：

我們十歲大的兒子裘德在四歲的時候被診斷出有輕度到中度的自閉症。我剛進入這個「自閉症世界」時，第一件注意到的事情就是，這個世界裡充滿了壓力與焦慮。父母擔心孩子。許多父母焦急尋找能帶來奇蹟的治療方法。

我也很焦慮。當時我對自閉症一無所知，對治療方法也完全不熟悉。所以我開始學習、尋找裘德上學的選項。

我參觀過一個教室，在那裡，我覺得有自閉症的孩子都受到制式化訓練，以特定方式回答問題、行動；在另一個學校，在那裡，孩子的一舉一動都被記錄下來，好像他們是實驗室裡的白老鼠。我不希望我的小孩處於那樣的環境裡。

我把裘德帶回家裡。我希望和他單獨相處，不要有那些干擾、不要有壓力和焦慮。只有我們兩人自在的呼吸。

後來我替他找到一個地方，一所和諧包容的學校——這對他和對我們做家長的人來說，是一個好的開始。我開始慢慢學習瞭解自閉症譜系障礙，特別是針對裘德的自閉症。

我在十幾歲的時候讀過一本關於莫罕達斯・甘地（Mahatma Gandhi）與印度獨立的書。讓我印象深刻的不只是非暴力的概念，還有人可以有意識的對自己的思想和行為做決定的觀念。多年以後，我開始對佛教有興趣，也認識了正念。

我發現做家長有時候真是令人惶恐。以正念注意自己的想法，接受改變與未知，選擇主動而非被動——這些對於我做媽媽的角色和對我自己個人成長來說，都是寶貴的工具。

裘德就跟其他的孩子一樣，改變、學習、成長。就像我其他的孩子一樣，他按著自己的步調成長。當我為他和他的未來憂心，我會深呼吸、抱著他、親吻他，告訴他我愛他。然後他會臉上掛著大大的微笑告訴我，他也愛我。我心中的糾結消失了，我又可以繼續往前邁進！

練習正念心態

以下某些練習注重一般正念；另一些練習則注重優勢正念的養成。最重要的是，不要把這些練習變成是你或孩子的負擔。蘇珊・凱撒・格凌蘭（Susan Kaiser Greenland），一位兒童正念專家，很正確的說出，強迫的正念是自相矛盾[22]。把正念納入優勢本位教養方法的訣竅是，讓正念成為既有趣又好玩。

練習

啟動正念

如果你是正念的新手，開始做這個簡單的練習，來加強自己的神經迴路：

- 專注在自己當下的思緒、情緒及感官知覺。
- 當注意力飄移了，要有所知覺。
- 把注意力抓回來。

要預期並接受自己的心思會跳躍不定，當你心神飄忽，只要輕輕地把注意力帶回當下的思緒、情緒或感官知覺。

練習　在日常生活中建立正念時刻

有很多方法可以在日常的家庭生活中，加入正念。

- 正念感官知覺。試試看留意飲食，給孩子吃他喜歡的食物，請他慢慢咀嚼，留意食物在他舌尖上的質地和形狀。朋友三歲的孩子試過用這個方法吃白巧克力。幾個星期後在一家店裡，朋友正在決定要買牛奶巧克力、黑巧克力或是白巧克力，她問兒子認為媽媽應該買哪一種巧克力。她兒子指著白巧克力回答，「媽咪，我認為你應該選擇那個正念巧克力。因為那種巧克力讓你的嘴巴和心情都很快樂。」孩子也可以留意他們刷牙、綁鞋帶、洗澡和淋浴、和整理書包時所經驗到的感官感覺。
- 正念觀察路人和電視上的節目。我前面說過，幫助幼童注意情緒的一個有趣方法是，把電視調靜音，然後猜測電視上演員的情緒。當你和孩子在外面閒逛的時候，也可以和孩子一起觀察來往的路人，玩相同的遊戲，觀察路人的肢體語言及臉部表情。學習解讀細微的情緒線索可以幫助孩子發展情緒商數。

你可以把優勢辨認加入遊戲中，請孩子猜想他們在電視影集、電影及書本的角色人物身上所看到的優勢。艾蜜莉和我認定勇敢是哈利波特的核心優勢。我們有許多對話是關於哈利波特有多勇敢，到了一所新學校學習魔法，冒著被打的危險去打魁地奇，還有，當然啦，他還要與伏地魔戰鬥。那段時間艾蜜莉在馬戲團課裡，從吊環上掉下來。她的膝蓋流血，我看得出來她很痛，因為她的臉都漲紅了。我預期她會過來找我，但是她深深吸了一口氣，咬緊牙根，重新回到吊環上。下課後我對她說，「我看見你受傷了，但是你還繼續練習，真勇敢。你那個時候感覺還好嗎？」她回答，「我真的很痛，很想不做了，然後我想到，『如果哈利波特打魁地奇的時候從掃帚上摔下來，他會怎麼做呢？』」

看見別人──老師、教練、親戚（包括先人們）、朋友──身上的優勢，會激勵孩子。這會幫助他們看見別人身上的優點，也會學習如何鼓勵和稱讚別人──更別提當他們寫謝卡、聖誕卡、感謝函（請看第五章）時，他們已經比別人領先一步了。

- 正念應用程式（APPs）。使用智慧手機的應用程式，像是「微笑大腦」（Smiling Mind）、「腦部空間」（Headspace）、「巨腦」（Giant Mind）、「樂活」（Happify）、「寧靜」（Calm）等，是幫忙善於使用科技的孩子接觸正念的有效方法。「腦部空間」使用的圖像對大一點（十歲以上）的孩子很有幫助。「寧靜」所使用的雲彩和會伸縮的呼吸圓圈，是幫助青少年想像平靜很棒的點子。

- 正念彩色繪本。這已經成了全世界風靡的活動。商店裡有許多正念的彩色繪畫書，你也可以在網路上找到免費的圖案下載列印。網址 http://www.education.com/worksheets/mandalas.
- 正念星期一。多數的星期一晚上，在孩子上床前，如果他們願意的話，我們會做二十分鐘的正念練習。這些是我們很喜歡做的活動：把一個裡面裝有雪花的玻璃球，拿起來搖一搖，請孩子坐下來，看著那些雪花亮片慢慢墜落、靜止；把房間的燈關掉，把手電筒的光隨意照向房間不同的角落，請孩子保持警覺，好迅速看到光照的角落；給孩子一人一根羽毛，讓他們按照指令把羽毛放在身體的不同部位，留意羽毛放在身上的感覺。有時候我讓他們安靜坐著，然後等到聽到我輕輕搖鈴的時候，舉起一根手指頭來。

正念呼吸、正念行走、正念聆聽

正念呼吸練習

呼吸是放鬆自己進入正念最可靠的途徑之一。我們何不利用這個每天要做超過兩萬次的活動，來讓我們自己和我們的孩子得到片刻舒緩呢？緩慢的呼吸會減慢我們的心率，降低血壓，告訴大腦停止釋放皮質醇（cortisol），壓力荷爾蒙。這些都會為我們的身體帶來放鬆的反應[23]。研究顯示，十二次徐緩的深呼吸後，會啟動身體的放鬆反應。大多數人每分鐘大約呼吸六次，這表示，我們從深呼吸獲得放鬆反應，要花上大約兩分鐘的時間。大部分的人表示，在兩分鐘的正念呼吸後，他們的確感到比較平靜、清朗。

然而經常練習深呼吸技巧的人，在僅僅六次呼吸內，就能啟動身體的放鬆反應。我們隨時都在呼吸，呼吸是免費的，你不需要買任何豪華設備，甚至不需要花太多時間。只要花兩分鐘，隨時隨地，你都可以幫助孩子做個長長的深呼吸——在車子裡，在超級市場，或是當你注意到孩子有點煩躁的時候。這是所謂的「即時正念」。你也可以在家裡教導孩子更有規則的正念呼吸練習，像是呼吸的想像之旅（Traveling Breath）、呼吸循環（Breath Circuit）、腹式呼吸（Abdominal Breathing）、平衡呼吸（Equal Breathing）。你可以做個快速的谷歌搜尋，或在附錄中所列的正念教養書籍中，找到有關這些呼吸法以及其它呼吸技巧的資訊。

正念走路練習

你對自己雙腳和地面美妙且複雜的接觸有多注意呢？就像呼吸，我們把走路視為理所當然，然而只要想想你的孩子花了多久時間，費了多大力氣才學會走路，你就會明白走路是一項多大的成就。當我們把這些現在幾乎連想都不用想的動作放慢下來，我們可以利用這些動作來感受當下的時刻。每當我發現自己橫越大學校園，從一場會議急急忙忙趕到另一場會議時，我會提醒自己留意當下時刻。我把上個會議及下個會議的思緒從腦中淨空，然後把注意力集中在那雙領我走向下個目的地的雙腳的感覺。我喜歡和小學生一起做正念走路練習。下面是一項我從瑜珈老師那裡學來的，稱為「靜默忍者」的練習。

練習

啟動正念

把鞋子脫掉，身體站直。

注意你的雙腳貼緊地面的感覺。看看你是否能夠感覺到雙腳的特定部位和地面接觸的感覺。你在腳跟還是腳掌感受到比較大的重量？

感受一下把身體左右擺動，前後晃動，卻仍然保持平衡的那種感覺。現在注視前方某個焦點，慢慢墊起腳跟往天空伸展，用腳掌平衡身體。暫停一下，注意幫助你的身體保持平衡的所有肌肉。

現在兩腳彎曲，身體前傾，然後右腳往後用力，再用非常緩慢的速度踏出左腳，先讓你的左腳腳跟和地面分開，然後注意你的腳板如何弓起來。

把你的左腳拇指抬高，離開地面。感覺一下你的腳如何劃過空氣。當你的左腳跟碰觸地面時，注意腳跟著地時的那種感覺。繼續感受你的腳和地面重新接觸，從腳跟移動到腳尖的這個過程。

在右腳重複這個過程。

用像這樣的連續步驟，非常緩—慢—的走五步。

當你行走時，注意自己的思緒。觀察你走路時所發生的任何感覺。當你意識到任何思緒或感覺，知道就好，就讓它們溜過去。當新的思緒和直覺出現了，也讓他們過去。

花五分鐘的時間持續這樣的循環。結束後，肅立一分鐘，感受身心通體的感覺。

以下是其他有趣的正念行走方式：

- 用慢動作走路，抬高膝蓋，彷彿你的腳被黏在糖漿裡面。
- 假裝自己是一位即將衝過終點線的奧林匹克馬拉松選手，用慢動作跑步。
- 假裝自己是一位模特兒，用慢動作走在伸展台上。走，看……然後緩—緩—轉—身！
- 像士兵行軍，但是用慢動作。

練習

正念聆聽練習

對喜歡音樂，不喜歡安靜坐著的青少年，這是一個很好的練習。

- 用你最喜歡的三首歌做個音樂播放表。放輕鬆自在，找一個在接下來的十二到十五分鐘，沒有人會打擾你的地方。
- 用一種開放和好奇的心態，全神貫注聽你播放清單的歌曲。
- 當你用這種方式聽音樂，你有沒有注意到任何新鮮的地方？例如，你或許會注意到你從前沒有注意過的有趣節奏、旋律、和音、歌詞。
- 當你的思緒飄走了，僅僅知道思緒跑掉就好了。觀察你的思緒，你的心思跑到哪裡去了——是過去還是未來？你在想什麼？
- 現在把注意力再放回音樂上面——跟上歌詞或節奏。
- 注意你所感受到的情緒。你的情緒有變化嗎？是在一首歌曲播放當中，還是在歌與歌之間？在某些段落，你會感覺快樂或悲傷嗎？
- 在歌曲的不同段落，注意身體的感覺。例如，在音量比較大的地方，你的心跳加快嗎？

你身體的特定部位有覺得比較沉重或比較輕快嗎？有沒有任何身體部位感到緊張？

和朋友相處的正念時刻

一旦孩子比較熟悉應用正念以後，你可以和他們討論，如何使用正念，使自己成為一個更好的朋友——一個別人會喜歡和他相處的人。以下是一些孩子可以用來入門的訣竅：

- 和朋友在一起的時候，要活在當下，接納朋友。
- 例如，如果朋友告訴你他的難題，試著把你的手機放在一旁，把全副注意力放在朋友身上。讓朋友傾吐，不要打斷他的想法，不要插話。在你開口回應之前，至少等個三秒鐘。
- 對朋友保持好奇心，注意他們有趣的地方、你欣賞他們的地方以及你和他們相處時的感受。

正念優勢練習

練習 一個優於「你今天在學校好嗎？」的問題

我們知道孩子不會真正回答這個問題（除非你認為嘟噥一聲也算是一種答案）。當我到學校接尼克和艾蜜莉時，我會打開我的優勢開關，在回家路上，我們分享一天當中我們所使用到的優勢，也會舉例說明那天在別人身上看到的優勢。日積月累，我們會注意到有關自己最常使用的幾種優勢模式——這是核心優勢的線索。我們也會發覺一些可培養的優勢來加以努力。當孩子告訴我他們使用或注意到優勢的情境時，我就知道當天在學校裡發生了什麼事！

我從來不會強迫孩子做這類的交談，當然也有某些時候，孩子很累，或是情緒不佳，不想要談論優勢。有一天，尼克跳進車裡，對某位老師的怒氣高漲。當我問他當天他使用了什麼優勢，他說，「媽媽，我沒有心情談優勢」。這也算合理。過了十秒鐘，他宣布，「但我可以告訴你我的老師今天沒有使用哪些優勢！」然後他列出了大概八項他覺得老師應該使用卻沒有使用的優勢。結果，那天在回家的車上，他比以前更要高談優勢，觀點更透澈。當你的孩子能夠看出優勢付諸闕如的時候，你就知道他們真的瞭解優勢了。

練習

優勢海報

有一個全家可以一起做的練習是，在牆上貼一個優勢海報（這是一張白紙的時髦說法），然後在一周的時間內，當家人看見別人表現優勢時，請他們在海報上寫下來。

這個練習讓優勢正念成為每個人最在意的事情，因為你必須專注在當下那個時刻，才會注意到別人的優勢。這也是一個讓大家更親密的一個活動，讓每個人重視其他家人的優勢。當我們家做這個練習時，我們對彼此都有新的認識。一個禮拜結束後，艾蜜莉有最多勇敢的例子被記錄在海報上。我表揚艾蜜莉是我們當中年紀最小的，也是最勇敢的。馬修、尼克、和我明白，很多我們輕易辦到的事（像是，和成年人講話，數店員找的零錢，狗撲上來的時候，身體保持直立）對艾蜜莉比較困難，因為她最小。透過我們的眼光看她——是一個勇敢的人——讓她對自己更有自信，雖然以前她認為因為自己年紀最小，所以最膽小。

練習 優勢剪影

尼克四歲的時候，我為他做了一個「優勢剪影」。他躺在一張超大尺寸的紙上，我把他身體的輪廓描出來。我們把這張人形剪影貼在他臥室的牆上。接下來的幾個月裡，當我們看見他使用某個優勢，我們，或是他自己，就把它寫在尼克的剪影上；他當時正在學寫字，所以這也是一個很好的寫字練習。隨著時間過去，他明白了什麼時候他的優勢表現、活力和使用是高的（核心優勢的標記）。這個剪影貼在他的牆上好多年。最後，到他十歲的時候，他自己把它取下來。那天對我而言，交雜著甜美與苦澀的滋味。很傷心看到優勢剪影消失了，但很高興尼克已經把這些知識內化，擁有多項優勢。艾蜜莉四歲的時候，我用粉紅色的布料，為她做了一件「自信斗篷」，也遵照和優勢剪影相同的做法。

優勢遊戲

我和兩位應用正向心理學院碩士班以前的學生克萊兒・霍群（Claire Fortune）和萊拉・摩斯曼（Lara Mossman）一起開發了本於 VIA 優勢模型的兩款遊戲，家長可以和孩子一起玩，來培養優勢正念，熟悉優勢語言。

「優勢賓果」（VIAINGO）是模仿賓果，以在一張寫有優勢詞彙的紙上找出各項優勢，來取代在卡片上圈選數字。你可以在冰箱上貼一張優勢語彙的紙，比方說，一個星期的時間內，每次你看見一項優勢，就在優勢表上做記號——這代表某位家庭成員的招牌（核心）優勢。

「優勢梯盤棋」（Strengths and Ladders）是模仿「梯盤棋」（Chutes and Ladders）的桌遊，這是一個比較有規則的遊戲，比較適合在周末或是全家人度假的時候玩。特別適合用來討論過度使用優勢，或是比較罕用的優勢——我們在第九章會探討優勢可能帶來的缺點。

這兩種遊戲的範本，可以免費從這個網站下載：www.the-strengths-exchange.com.au.

練習

優勢思考

寫日記，在一天結束的時候，回想一下你所用到的優勢，以及你如何使用這些優勢。默想你從每一項優勢所得到的感受、想法、感覺、情緒。例如，使用謙虛時的身體感受是怎麼樣？在優勢思考時間的末了，看看我的網站上所列的優勢項目，看看是不是在優勢列表上還有其他你使用過卻忽略了的項目。把這些優勢寫在你的日記上，在下一次的反省時間，思考這些優勢。

第七章 自制力

晚上十一點左右，家裡一片靜默，孩子上床了，家裡和孩子有關的事——晚餐、功課、家人相處時間——都完成了。馬修在看書，或是已經上床了。小貓、小狗、甚至我養的那隻聒噪的雞尾鸚鵡「布林克」，都在打呼了。我換上我最喜歡的淺藍色刷毛連帽睡衣，走到書房，在書桌前坐了下來，鍵盤一按，電腦螢幕亮了起來。

我有晚睡的習慣，所以在辦公室待了一整天，接著又忙著家事和家人的事情，我利用深夜的時間回覆電子郵件、讀論文、準備會議資料、修改學生論文的草稿或是研究經費的申請書——還有，好一陣子以來，我在寫這本書。

我一整天都忙於做各種決策，必須拿到我們正在申請的研究經費的壓力很大，這本書的交稿期限也快到了。這些事都要如期完成。我持續工作了好一會兒，然後突然我的腦子裡閃過了巧克力的影子，而且是吉百利（Cadbury）巧克力。說得更清楚，是吉百利巧克力棒。我腦中出現它深藍色加紫色的包裝紙，想到裡面包著酥脆的餅乾和焦糖，讓我的味蕾蠢蠢欲動。我真的很想吃巧克力。

不行，你不需要巧克力，你需要工作。

巧克力……

工作。

巧—克—力力力！！！

工作！！！！！

我的工作目標和吃巧克力的衝動彼此較勁實在太令人分心了。我走到廚房，走到我「藏」那個誘人巧克力棒的櫃子。我把它藏在櫃子最高層的後方位置。我墊高腳尖，伸手搜尋那個光滑扁平，令我垂涎的物品。

不見了。

怪哉。接著是失望，甚至短暫的孩子氣般的氣憤。

哦！誰拿走了我的巧克力？

然後我想起來了，上個禮拜，也是在深夜工作時，我把它吃掉了。

我們都曾經向自己的衝動豎白旗，雖然你不可抗拒的衝動應該和我有所不同。過去七年的時間裡，當我創建正向心理學中心，並成為首任執行長，我應該對吉百利巧克力公司的營運居功不少。然而認真來說，我注意到，在那些待在家裡工作，沒有平日在辦公室那種需要不斷做決策，一直有麻煩事情的日子，或是當我不用整天在心理學中心工作，回家後還得在晚上擠進一天的工作量時，想吃巧克力的欲望不會讓我受不了。我還是會有衝動和分心的時刻，但是我比較容易繼續工作，告訴自己，「等一下，現在是工作時間。」我的自制力會比較強一點。

所以誘人的衝動贏得勝利與否的差別在哪裡呢？我以前認為我想吃巧克力是因為需要慰藉的結果，然而研究顯示，真正的原因可能是，因為自制力受到我們一整天忙著做決策的損害。

做決策只是我們在本章將要討論的幾種會破壞自制力的原因之一。當我們想要幫助孩子使用優勢，強化優勢，並有效改進弱點時，認識這些因素是很重要的。這對幫助我們謹守做為優勢本位父母的分際，也是同等重要。

優勢本位教養方法的確能夠幫助孩子建立並維持自制力。如果你已經讀過前面幾章，也開始培養孩子的注意力和正念能力，你已經為培養孩子的自制力做好準備了。在本章，我們會更深入探討。

定義自制力

自制力是人類之所以能夠憑一己的能耐，透過生活中的起起落落、艱難險阻，命運的磨難、突如其來的難題、大難當頭，或是任何你想用來稱呼人類世界日常生活中瘋狂刺激的一面，向外界展現自己潛能的一個關鍵元素。當我們面臨抉擇，自制力時時刻刻在每天的生活當中，幫助我們克服內在的衝突❶。

工作還是玩耍？去健身房健身還是小睡片刻？準備一頓健康的晚餐，還是放輕鬆，吃薯片看電影？把注意力放在優勢還是弱點上？自制力幫助我們做出明智的抉擇。

然而，自制力究竟是什麼？它在大腦中從何而生？為什麼這麼堅強的東西，可惜有的時候卻蕩然無存？在我們回答這些問題之前，讓我們現在先花點時間評量一下你的自制力程度：

練習

評量你的自制力

請讀下列表中的每項敘述後，在從 1 到 5 的評量中，選出每項敘述和你吻合的程度。1 是「一點都不像我」，5 是「非常像我」❷。

圖表一：自制力評量表

我很容易打破壞習慣				
1 一點都不像我	2 不太像我	3 有點像我	4 還滿像我	5 非常像我
我不容易分心				
1 一點都不像我	2 不太像我	3 有點像我	4 還滿像我	5 非常像我
我不會說出不得體的話				
1 一點都不像我	2 不太像我	3 有點像我	4 還滿像我	5 非常像我
我拒絕對我有損害的事物，即使這些事很有趣				
1 一點都不像我	2 不太像我	3 有點像我	4 還滿像我	5 非常像我
我擅長拒絕誘惑				
1 一點都不像我	2 不太像我	3 有點像我	4 還滿像我	5 非常像我
別人會說我十分自律				
1 一點都不像我	2 不太像我	3 有點像我	4 還滿像我	5 非常像我
多數時候我會先工作後玩樂				
1 一點都不像我	2 不太像我	3 有點像我	4 還滿像我	5 非常像我
我從來不做當下好玩，但我知道事後會讓我後悔的事				
1 一點都不像我	2 不太像我	3 有點像我	4 還滿像我	5 非常像我
我很少在採取行動之前沒有先把所有可能選項都想清楚				
1 一點都不像我	2 不太像我	3 有點像我	4 還滿像我	5 非常像我

計分：把你每項敘述的得分加起來就是總分。

最高得分四十五分，表示超高程度的自制力。中間分數二十五分，表示適度的自制力，較低得分反映出較低程度的自制力。

如果你的得分偏低，不要擔心。研究顯示，即使自制力是如此重要的特質，我們的自制力通常偏低❸。我們之後會有更多討論。

當我們很快的看過這個自我評量表的各個敘述後，可以明顯看出，自制力在本質上和控制衝動有關，是當我們的衝動和目標之間產生內在衝突時，我們所仰仗的能力。這種能力讓我們能夠為了追求理想，而昇華我們的需要和衝動，運用更高階的大腦功能，控制情緒、思緒、以及行動。用崇高的術語來說，這就是自由意志的操練。

在尋常日子裡，我們經常遇到內在衝突的時刻。也許是拒絕我們想做的事情（莉，不能吃巧克力）。或是接受我們不想做的事（莉，寫完那篇報告）。

自制力與注意力的關聯

自制力與（第五章所討論的）注意力並不相同，雖然兩者互有關連。注意力是我們提高警覺的能力，持續注意某個特定事物。自制力則是堅持自己原定的計畫，不因為衝動而脫離常軌的能力。自制力必須有注意力：要控制某件事物以前你必須先注意到它。然而自制力對於把注意力導向某件事物，而不去注意其他事物是有益的。注意力和自制力息息相關。

澳洲的一些心理學家，在一系列非常有意思的研究中，解釋了這種關聯性。在這些研究中，受試者參加三種課程之一來培養自制力[4]。在第一個研究中，受試者的任務是設定健身目標：參加健身房，訂定瘦身計畫，按照計畫瘦身。在第二個研究中，每位參加者必須規畫並成遵循一項讀書計畫。第三項研究，參加人員設定省錢目標，包括訂定支出預算，並且遵守預算。這些研究表面上的目標是評量參加者是否能夠成功達成指定目標，然而這些研究其實是關於評量自制力的運作。

每兩星期，參加研究的人員到實驗室做注意力測試。在測試中，他們看見電腦螢幕顯示一系列的方塊，其中會有某一指定顏色的方塊。當電腦上的方塊隨意移動成不同排序，參與者必須注意那個指定方塊的移動，然後說出它移動後的位置。

現在，這裡出現一個小變化。在注意力測試期間，研究人員開始在另一個電腦螢幕上放映艾迪・墨菲（Eddie Murphy）的喜劇電影。這是一個自制力的測試。參與者會順著自己的衝動而觀賞艾迪・墨菲的影片，而被逗笑嗎？一旦他們失去自制力，注意力也會隨之轉移，他們就無法追蹤方塊的去向。研究人員發現，經過一段時間，三組研究的參與者變得更健康、遵循讀書計畫、更會省錢，同時，他們也更能夠拒看艾迪・墨菲的影片，而只是專注在方塊上。換言之，他們的自制力進步了，並且注意力也進步了。

這些研究人員讓我們看見，我們可以透過設定目標，堅持目標，來培養自制力和注意力。他們也證實，自制力和注意力能相互增長。當你培養其中一項能力，你也同時培養了另一項能力。反過來說，如果你弱化其一，你也同時弱化另一項能力。

市場行銷人員深知這種關係：當注意力受到干擾的時候，大家更容易做出衝動購物的行為[5]。這就是為什麼許多商店充斥著嘈雜的音樂、刺眼的燈光、不停更換影像的螢幕、色彩繽紛的物件、各式廣播、促銷活動、業務人員提供試用品和特別促銷活動等等。你可能進去買一樣東西，結果出來的時候，除了那項物品外，還加買了一些你本來沒有計畫購買的物品。

自制力的根源及影響

自維多利亞時代以來，自制力被視為一種心理狀態。意志力薄弱說得好聽點是心智失能，而最糟則被視為一種品格缺陷。然而，近來我們已經明白，自制力不只是大腦的問題，它也和身體功能相關。事實上，自制力是一種受制於神經系統的生理機能[6]。

自制力失控並不總是代表你意志薄弱；這有可能表示你的神經系統使用過度。這就是為什麼很多人在焦慮的時候喜歡吃垃圾食物，但在情緒平穩的時候，就能夠拒絕誘惑。雖然有些人天生的自制力比別人好[7]，但我們每個人都經歷過無法自我控制的時候。還好的是，就像其他的各種能力一樣，自制力是可以被加強的。

神經心理學家已經找出大腦負責自我監控的區域[8]，這個區域叫做前帶狀皮質（anterior cingulate cortex）。在我的教養研習會，我就稱呼它是我們的監控系統。基本上它的工作就是偵測我們的意圖（我們所計畫的行為），以及我們即將採取的行動（衝動行事或是按計畫執行）兩者之間的不一致。

假設你想減重五磅，然後你受邀到一家以美味的早午餐聞名的自助餐廳用餐。當你走向自助餐桌時，你心裡還想著，我要直接走到水果區，拿一盤新鮮水果。但是，且慢，那邊有熱呼呼的鬆餅嗎？沒錯，旁邊還有著多種配料。一陣美味撲鼻而來。你的決心動搖了。

這時就是前帶狀皮質偵測到你心有二志：喔，糟了！原先的計畫有危險了！前帶狀皮質發出警告訊號，並打開通往前額葉皮質（prefrontal cortex）——我們大腦中主理自主選擇、理性思考、和未來動向計畫的大型且高度發展的系統——的大門，前額葉皮質即時介入，發出訊息，嘿，我知道你喜歡鬆餅，但是吃下鬆餅，你的體重計就無法顯示你想要的數字。還記得昨天你吃了新鮮水果和優格當早餐後，朝氣蓬勃，充滿活力的感覺嗎？

你現在就可以獲得那種感受。而且當你下個禮拜站在體重計上，少了那些鬆餅的累贅，你會感覺很棒。如果我們的大腦是設計來幫助我們擁有自制力，那為什麼抑制衝動會這麼難呢？

那是因為我們的衝動來自於大腦原始、強而有力的部位，稱為邊緣系統（limbic system）。在我們發展高階能力之前的漫長時光，邊緣系統是保護我們安全與覓食的原始機制，讓我們免於成為野獸的食物，能安然度日。邊緣系統在讓我們處於安全與舒適的核心感官機能中，仍然扮演著一個關鍵角色。邊緣系統不會消失，所以我們的衝動也不會消失。研究顯示，我們一生中有百分之五十的時間處於渴望和衝動之中，一天中要花三到四個小時的時間來抗拒誘惑。這很難辦到，所以我們有百分之六十的機會，會屈服於衝動之下[9]。

這些統計數字或許令人喪氣，然而從演化的觀點來看，我們在相對來說很短的時間內，已經從大部分受制於衝動的生物體，進化到擁有主動幫助我們啟動自我控制的大腦。根據蘇珊娜・西格斯特姆（Suzanne Segerstrom）博士的說法，我們的中樞神經系統已經進化出一套自我控制的機制，稱之為「三思而後行反應」（pause and plan response）[10]。

多數人知道所謂的「應急反應」（fight or flight response），是當我們部分神經系統，稱為交感神經系統，因應接收到的威脅，而進入高度警戒。這是為了加速生理反應，心跳加劇，血液注入肌肉群，以備自我防衛。「三思而後行反應」是互補反應，發生在神經系統的另一個部位，稱為副交感神經系統。和交感神經相異，副交感神經系統引發一系列的協調反應，幫助我們克制高度警戒的衝動。血液輸入前額葉皮質，讓理性的力量參與運作。這都是為了要緩和生理反應。花點時間，退一步，做個深呼吸，暫停一下，讓清晰的思考浮現，以籌劃更理性的反應[11]。

我們甚至在襁褓時期，就開始發展自制力了[12]。在大約十八個月以前，嬰兒受到規範時，會開始變得更合作：

當他們被告知「不能」碰觸某些小東西時，即使他們想，他們也不會去碰（至少在某些時候）。這顯示他們開始能夠控制衝動，有能力規範欲望／誘惑。

到了學步期，你開始看見他們能夠抗拒穿越馬路的衝動，開始分享玩具，比較能夠等到每個人都就坐，才開始吃飯，或是打開生日禮物。這時候孩子的自制力表現仍時好時壞，但是你可以看見他們正在發展自制力[13]。在四歲到六歲之間，大約有三分之一的孩子表現出延遲享樂（delayed gratification）的能力。他們會使用自制力，為了以後能獲得更大的獎賞，而忽略眼前的獎品。多數孩子在七歲到九歲之間，能更可靠的運用自制力。在九到十二歲之間，孩子的自制力會有另一波的小進步[14]。

然後到了青少年時期，我們退步了，因為主司衝動和欲望的邊緣系統快速發展，暫時超越前額葉皮質的成長[15]。這說明了青少年期的衝動與冒險行為。同樣的，這或許也有演化上的好理由：在蠻荒時期，父母的壽命不比青少年子女長多少，我們可能需要那些在今天看來是屬於魯莽的勇氣，來擊退掠食者、獵取猛獸做為食物、到未開發的疆域尋求新的食物來源，或是在部落中競逐最佳伴侶。我們原始的本能唆使我們過著放蕩不羈的生活。或許你明天就會死了。真的，你很可能明天就會死掉。（備註：所以就吃掉那些鬆餅吧。）

還好的是，正如我在第四章所提到的，前額葉皮質在十七歲左右有一波生長突增，前額葉皮質的發展迎頭趕上，兩者間的聯繫增強，所以兩個系統能更有效地彼此「溝通」，大腦皮質能夠適時制止某些衝動[16]。

有著如此複雜的機制深植腦中，我們其實不應該為缺乏自制而苛責自己，知道我們有這一切的內在規範程序，來幫助我們找到為人及為人父母的平衡點，我認為我們反而應該感到安心。當我們慢慢成熟之後，自制力的產生有兩種層次：

1. **即時控制衝動**。舉例：儘管很想看電視，但還是繼續把稅務報表填完，或是，即使孩子比較想玩電腦，但還是去練習鋼琴。

2. **更長期的自我控制**。這牽涉到長時間觀察與設定注意力模式的能力。舉例：注意到你在拖延報稅（觀察到缺乏注意力的模式），然後擬定計畫，在報稅截止前，每天晚上花半個鐘頭做報稅相關工作（設定一種模式），或是注意到孩子因為花太多時間沉迷於電腦遊戲而沒有時間練鋼琴（觀察到某種衝動的模式），然後和孩子一起擬定計畫，孩子練習半個鐘頭的鋼琴（設定一種模式）之後，就可以玩半個鐘頭的電腦遊戲。

隨著孩子大腦的成長，他們學會如何在這兩種層面上運作。這件事情很重要。自制力造就孩子生命中許多重大的成就。對國中生和大學生所做的研究中發現，自制力比智商更能預測孩子的平均學業成績[17]。自制力建立自信心與關懷行為，並且降低憂鬱症與冒險行為[18]。研究顯示，有高度自制力的孩子長大成人後，身心較為健康，接受較高的教育，比較少有濫用藥物的問題，比較少觸犯刑責，有較佳的儲蓄行為，較優的財務保障[19]。基於上述的理由，做為孩子的父母以及孩子日常生活的執行長，我們很重要的責任是，幫助孩子學習注意到自己的衝動，懂得三思而後行，擬定建設性的方法來管理自己的衝動，直到孩子能夠自行內化並執行這些過程。

優勢本位教養方法為孩子實踐自制力預做準備。**孩子每一次克服滿足自己短暫的衝動，轉而把這個精力投注於培養自己的優勢**（例如，早起參加游泳訓練而不睡懶覺），**他就和實現自己的潛能更為接近**。每一次在學校從事團體活動時，即使遇到冷嘲熱諷的同學，也會記得使用自己有耐心、樂於助人的優勢，他就是使用自制力來養成正向人格特質。自制力每次小小勝利的功效會隨時間倍增，讓孩子的優勢從潛能階段變成重大成就的基礎。

自制力的四大破壞因子

羅伊．鮑梅斯特（Roy Baumeister）博士和馬克．穆拉文（Mark Muraven）博士認為自制力和肌肉很類似[20]：就像肌肉，自制力會隨著使用而疲憊。有四種主要的因素會消耗自制力：

- 抵制衝動
- 做決定
- 壓抑情緒
- 壓力

你可以看出，這四種因素可以在一天之內累積。即使我們一開始有著強大的自制力，當我們不斷使用自制力，我們運用自制力的能力就會減弱[21]。在典型的上班、上學日，一天下來，我們可以預期自制能力會變薄弱。難怪到了傍晚一家人終於團聚的時候，我們的脾氣有可能變得很急躁，然而我們還得要準備晚餐，做功課，拒絕各種誘惑——像是看電視、玩電腦遊戲、看電影、聽音樂、和朋友講電話、傳簡訊等等。

當我們在日常生活中過度使用大腦和神經系統以致自制力出問題時，光是意識到這一點，對幫助我們使用同理心來對待自己和孩子就有極大的用處。而還好的是，就像肌肉一樣，自制力能夠透過正確使用來鍛鍊。優勢本位的教養方式能夠為我們和孩子預作這樣的準備。

優勢聚焦如何幫助發展自制力

在第三章，我們看到優勢的三個關鍵特質：高度表現、高活力與高度使用（也稱為努力、練習）。自制力對培養優勢十分重要，因為在這個方程式中，「努力」的部分需要自制力，而努力就是：反覆練習、實驗、一再嘗試、排練、預演、修改、重寫、重新錄製等等。我們做為優勢本位家長的角色，就是要幫助孩子培養自制力，這是他們努力發展優勢時所必備的。

優勢本位教養方法比較不容易導致前面所列的破壞自制力的因素。我的研究發現，優勢本位家長的孩子在做決策時，比較不覺得有壓力[22]。而且雖然發展優勢或許要下一番苦工，但是因為他們熱愛自己所做的事情，所以他們會更為自制，以獲取優良表現與充滿活力的甜美果實。

即使當孩子必須面對自己的弱點，或是面對人生無可避免的挑戰（我們在第九章對這點會有更詳細的檢視），他們可以運用自己發展良好的自制力，以及透過優勢正念所獲得的自我意識，期待自己會有所長進。

讓孩子運用核心優勢，比用（後天）習得行為與弱點來埋頭苦幹，壓力要少太多了。我們當然偶爾還是必須使用（後天）習得行為，然而當孩子不明白習得行為與核心優勢之間的差別，可能會導致他們進入無法從中獲得滿足，且令人精疲力盡的科系與行業，消磨他們的自制力，以致無法改變困境。

培養及維持自制力的五項優勢本位策略

策略一：評量孩子（和你自己）的日程安排

有一項避免孩子耗損自制力的防備措施是，幫助孩子規畫每天的生活。以下是我建議家長可以在家中使用的祕訣：

- **記住，他們還是孩子。**如果你認為在一整天的工作之後，晚上在家還要再做更多的工作很困難的話，那想想看，一個大腦還在發展自制力的孩子，要努力在學校上一整天課，參加課後輔導、補習、體育活動，做家事，還要做學校作業的感受。這當中要做好多決定、有許多壓力、還要控制衝動。他們和你一樣感到筋疲力盡，而且是有過之而無不及。

- **預期孩子放學後自制力會降低**。和孩子討論，怎麼做才能幫助他在放學後，休息一下，恢復自制力。睡午覺？吃點心？運動？或是做孩子最喜歡的「優質放鬆」活動，像是閱讀、美勞、堆積木、散步、跑步、戶外活動、聽音樂、玩樂器、或者和家裡的寵物玩？
- **特別是有小小孩的家長，要瞭解孩子的「發作時間」**。這是尼克和艾蜜莉還小的時候，我和馬修以前對下午四點到六點的稱呼，那段時間，他們好像會變成愛鬧脾氣的小怪物。我以前認為那是因為他們累了——他們的確是累了——但是我現在知道，他們的自制力在一天的盡頭也耗盡了。他們的心智活力減少，神經系統也疲累了。沒有足夠的生理能量讓他們用來制止自己胡鬧。疲倦加上自制力耗盡，那還真是禍不單行。
- **透過優勢本位的日常作息來加強孩子的正向情緒**。確保孩子的作息中要經常有讓他展現優勢的機會。當我們運用自己的優勢，我們會感覺積極樂觀。光是這點就能增進自制力了。在鮑梅斯特博士和他在佛羅里達州立大學（Florida State University）的團隊所做的四個一系列的研究，處於樂觀情緒的人，比起處於沒有情緒波動或悲傷情緒中的人，經歷較少自制力耗損[23]。在第一個研究中，大學生經由從研究人員那裡接受糖果與否，來設定是否經驗正向情緒。在另外三個研究中，學生經由看喜劇片來設定正向情緒，觀看海豚溝通模式的影片來設定中性情緒，觀看垂死的母親與兒子道別的影片來設定悲傷情緒（那真是催人淚下）。然後他們要學生執行需要抑制衝動的任務，像是喝下一杯健康但難以入口的飲料，堅持做一件會令人感到挫折但可以辦到的任務，堅持解開一個無解的謎題，或是不間斷地做手壓健身器材直到放棄為止。在這四個研究中，被設定為正向情緒組的學生堅持最久。他們因為有正向情緒而擁有更多的自制力。

- **和孩子討論他們在學校裡優勢出現的時機。**也許是當他午餐時間和朋友一起玩，找個安靜的角落閱讀，出去拍照、下棋、參加社團、聽音樂、做要花長時間的專題計畫、或是運動的時候。
- **透過對孩子的核心優勢、可培養的優勢、（後天）習得行為及弱點的理解來安排作業。**不同的方法可能適用於不同的日子，所以不要害怕做點變化。你也許可以讓孩子先做會讓他充滿活力的擅長科目，所以他可以把這種正面感受，帶到他覺得比較棘手或累人的科目上。或是先做那些會讓他感到疲憊的功課，後來再做那些讓他有活力的功課會覺得像是一種獎勵。試試看把困難的科目分成幾個段落，並在其間穿插拿手項目，讓孩子或許比較能夠掌握，而不會分心。
- **對大一點的孩子，要和他們充分討論，找到彼此有共識的方法。**讓孩子運用正念，找出他自己的感受，以及他希望如何處理不是自己強項的科目，不失為一個好方法。另一種作法是：和孩子一起坐下來，根據接下來的考試、交作業期限和手邊的作業，有策略的把整個星期的作業作息表排出來。這是幫助孩子成功之道，讓他們養成借重自己的優勢、自制能力以及注意力的習慣，來做為規畫自己每天活的一環。

- **在作息中排入休息時間**。要記得，一個人的注意力平均只能維持大約二十分鐘左右。所以當你看見孩子開始有點坐立不安，或是越來越容易分心，可以建議他們花十分鐘時間充電[24]，做些迎合他們優勢的事情——或許看一些好笑的影片、去投籃、閱讀某本書的幾個段落、放音樂跳舞、和家裡的寵物玩、解解字謎。基本上就是做些可以讓孩子放輕鬆的事情。
- **利用會讓孩子「忘我」的活動所帶來的恢復力量**。這些活動使用核心優勢，它們的指標通常是，孩子從事活動時會快樂的忘記時間。這些活動能夠讓大腦休息、清醒。
- **在重大事件前夕減少忙碌的活動**。如果孩子某天有重要且令人緊張，一定得出席的活動——考試、預演、集訓、重要的運動比賽、演出或是其他需要高度專注的活動——盡量給孩子比較輕鬆的作息，或是保留一些讓孩子「放鬆」的休息時間。確保孩子有足夠的自制力能量，讓他在這些重要的場合能夠盡力學習和表現。

• **通融臭襪症候群（或是說：當孩子有額外的壓力，給他們一點特別通融）**。在一個大學生的自制力研究中發現，在考試期間，因為學生所有的心力都投注在念書上面，他們根本不洗衣服。把這個現象想成是臭襪症候群[25]。所以說，在高壓力期間，像是考試、季後賽、孩子參加的表演在公演期間、學校的大型作業繳交期限前幾天、和朋友發生爭執期間，在一些孩子該做的家事上，給予暫時通融，如果他們忘記帶東西或是掉東西，不要太為難他們。這對青少年特別適用，如同我前面提過的，他們的神經系統增長的方式，會讓他們在維持自制力上有點困難。

• **家長要注意自己自制能力的起伏**。當你剛開實行優勢本位教養方法，而你自己的自制力受到我先前列出的因素耗損時，不要期待立刻能將優勢本位教養方法付諸行動。克服我們本身的負面偏差和投射需要用腦、用心。我建議一開始，在做你喜歡的親子活動時，採用優勢本位教養方法。那時你的自制力較好，因為你的心情很好。在你和孩子一起做有趣的事情時，告訴孩子你注意到他所使用的優勢。

• **其他的小祕訣**。在週末，當你不會因為工作分心或疲累不堪時，練習使用優勢開關。接下來，在週間早晨，當我們感覺清醒並且有較多自制力時，嘗試使用優勢開關。你要預期到，剛開始，在比較無關緊要的情況下——對付一些小事情和小麻煩——會比對付敏感議題要容易切換優勢開關。最後，享受我們在前幾章所討論的那些品味生活、感恩和正念的正向注意力練習。你會覺得比以前更快樂，更有活力，你的自我控制能力會自然而然增強——你自己甚至不會感覺到這一切正在發生！

策略二：保持規律作息，並列出待辦事項

從前一天晚上就把隔天上學的衣服準備好，到總是把鑰匙收在同一個地方，到每天有固定的起床時間，規律作息是保存腦力的妙方。把大腦做決策的資源留給更重大、更值得的事情。這就是為什麼擬定待辦事項，是值得為孩子建立的優良習慣。研究顯示，如果你能把腦中所有必須做的事情，卸載到一個清單上，在腦中用以追蹤這些待辦事項的自制能力，就能夠空出來做其他用途[26]。有許多電腦程式能幫上忙，像是「多做」（Todoist: en.todoist.com）、「安心做」（Any.do: www.any.do/anydo），和「口袋清單」（Pocket Lists, www.pocketlistsapp.com）。

透過讓孩子看見你如何安排生活來為孩子做示範。我不太使用科技：我用百事貼。我每天都會在兩到五張的百事貼上面列出我必須做的事情。我的家人深知這個習慣，如果他們想提醒我某件事情，他們會在我用來泡茶的水壺旁，留給我一張百事貼。我們正在教導尼克，如何使用掛在他書桌前方牆壁上的計畫表，以及他電腦裡的行事曆。

策略三：練習正念

我先前提到過自制力的兩個層次：即時的自制力，與更長期的自制力。在更長期的自制力期間，我們長期堅控自己的思緒、情緒以及行為；注意其正面與負面模式；利用這種認知來運用自己的自制力和注意力，以達到人生目標。我們越有自覺，我們就越能認清自己的模式，控制自己的行為。正念能夠培養並支持自我認識[27]。

我們在第六章探討過正念的技巧。當我們的自制力產生動搖，很難凝神靜聽的時候，正念磨練我們關注的能力，讓我們能注意到從前帶狀皮質區所發出的微弱訊息。正念提供了我們一個暫停、構想的時刻，讓理性思考能夠從中介入，不至衝動行事。

假以時日的練習，呼吸運動的確可以導正神經系統[28]。我們常常超支自己以及孩子自制力的生理能量而毫不自覺。生活很忙碌，有許多事情要做、要處理。日子可以過得充實亢奮，但也會令人疲憊不堪。如果你或孩子經常自制力失能——也許彼此爭吵，常常失控而吃起不健康的食物，或是缺少運動，或者覺得事情太多而焦躁不安——與其自責，還不如把這當成是大腦和神經系統需要一點溫柔關愛的訊號。

只要做幾分鐘深呼吸，或是從事能夠讓大腦進入休息、鬆綁狀態的活動，就能夠啟動副交感神經的穩定作用，讓心跳緩和，血壓降低，指示大腦停止分泌皮質醇（壓力荷爾蒙）。這些生理上的改變會帶來放鬆反應，減低壓力，催生一個能夠重現自制力沉靜力量的情境[29]。

最後，但並非最不重要的是，正念有個完全務實的好處[30]。每一個有意識的思考都需要能量。想像一下，如果我們要不斷注意到所有在腦中穿梭的思緒，我們的自制力會多快就用光了。在正念的狀態下，我們學會了情緒、思緒、和感官知覺能夠來去自如，無需費力去評價或處理[31]。因此，正念讓我們對衝動免疫[32]。教導孩子正念，使他們有能力避免無謂的衝動，從而把他們的心智能量導向自己的優勢與目標。

我敦促家長自己嘗試正念技巧，和孩子一起發現並培養寧靜、自我認識、與更能駕馭心智力量的能量。

策略四：做孩子的情緒教練

壓抑情緒損害自制力。多倫多大學的研究人員充分證實這個論點。他們監控人在觀看動物垂死掙扎的影片時，腦中的電波活動[33]。光是想到這件事就可能會讓你難過（我知道，因為我會難過）。如果你參與這個研究，你也許會被隨機選為其中百分之五十的受試者之一，他們被告知，在觀看這個令人難過的影片時，必須克制情緒。而其他百分之五十的受試者，則被允許表現出自己的感受。

研究人員特別檢視前帶狀皮質的電波活動，前帶狀皮質，如我前面所提，是大腦中的「監測衝突」區塊。它透過提醒我們注意自己的意圖（想拒吃甜點、想做化學作業、想找出優勢）與衝動（想吃核桃派、不想做作業而想和朋友傳簡訊、看見弱點而非優勢）之間的不一致，在控制衝動上，扮演重要的角色。

研究人員發現，壓抑情緒所需要的能量，耗損了自我控制所需要的能量：那些在觀看令人難過的影片時必須壓抑情緒的人，跟他們在觀看影片之前的電波活動程度相比較，他們的前帶狀皮質區顯示較少的電波活動。而和那些不必壓抑情緒的受試者相比較，他們的電波活動也比較少。在實驗的第二個階段，當受試者被要求解開一個需要用到自制力的謎題時，那些被要求壓抑情緒的人表現較差。

有趣的是，當我們壓抑正向的情緒時，自制力也會受到損害。達特茅斯大學（Dartmouth University）一名研究社會神經科學的先驅，陶德・黑勒頓（Todd Heatherton）博士，和他的團隊檢視當人們被要求在看好笑的影片卻不准發笑時，大腦中的變化。不出所料，大腦中協助控制衝動的區域使後反應減弱[34]。

在一個類似的研究中，凱瑟琳・沃斯（Kathleen Vohs）博士和羅伊・鮑梅斯特博士合作，讓受試者觀看一段九分鐘長的羅賓・威廉斯（Robin Williams）表演脫口秀的影片[35]。一半的受試者被指示壓抑自己的情緒，全程保持無動於衷。為了確保他們遵守這個指示，這些受試者在九分鐘內被全程錄影。（我現在就可以告訴你，如果是我，我根本辦不到）。另外一半的受試者則允許在觀看影片時，任意反應自己的情緒。在後來的研究中，那些必須克制自己情緒的受試者，後來表現出較低的自制力。他們測量自制力的方式很有趣。他們是以向陌生人揭露多少個人訊息，來做為測量自制力的方法。那些壓抑笑聲的人後來對個人訊息，比較容易「鬆口」，然而那些可以表達自我情緒的人，則不會「過度分享」個人資訊。

我們和孩子都需要知道如何感受與表達全方位的情緒。對優勢本位的家長而言，這可能意味著說出對孩子行為的挫折和失望：「我很失望，過去半個鐘頭裡，你一直和朋友傳簡訊，沒有把化學作業做完。」然而使用自制力切換優勢開關，讓孩子知道他們當時可以使用的優勢，會帶來更好的效果：「我知道化學不是你最喜歡的科目，但是你有很好的組織能力，並且懂得堅持。要不然我們排出一個計畫表來協助你做功課，也排進休息時間，讓你和朋友傳簡訊？」做為優勢本位家長不是要你表現虛偽的快樂，忽略自己的感受，或是讓孩子的不良行為不了了之；優勢本位是在於使用自制力，用有建設性的方式，處理情緒和不良行為。

如果你在實踐優勢本位教養方法和優勢本位生活方式時，使用了第六章所說的正念技巧，培養孩子的情緒複雜度，以及認識你自己的情緒，那你已經在情緒指導上取得先機。探討並表達情緒能夠讓我們有更大的空間，善加運用自制力。

策略五：嘗試改變習慣

只要花兩個星期時間來改變一項習慣，真的可以增強我們的自制力[36]。

有一項經由研究人員證實有效的技巧是，花兩星期的時間提醒自己保持正確姿勢。每次你有衝動想彎腰駝背時，克服這種衝動，然後坐直或者站好。你每次成功做到，自制力就會增強。這個習慣本身似乎有點微不足道，我知道，但這裡的重點其實是在於加強自制力，而增強自制力即使是透過這種相對簡單的改變也可以產生[37]。研究人員還發現，這些參與實驗的人做過這種保持姿勢的練習後，能夠把手伸進一個冰桶裡，靠自制力讓手在冰桶裡放久一點。

我喜歡這類的巧合！看你的孩子想不想嘗試做個改變習慣的實驗（不需要用到冰桶！）做些很簡單的事情，像是改善儀態、停止咬指甲、打破喜歡說「嗯」的習慣、還是其他小而常見的習慣。更妙的是，家裡每個人找出一項習慣，彼此加油，來改變那個習慣。有個有趣的挑戰，也許會博君一笑，就是試著使用你們的非慣用手來操作例行事宜。從這個地方開始，你和孩子可以「升級」去挑戰改變各種習慣，來培養自制力。然後孩子可以把自己增強的自制力，用在任何他想要達成的重要目標上。

記得我前面所提到的澳洲研究人員的實驗嗎？在實驗中，他們透過在一旁播放艾迪・墨菲喜劇電影來測量受試者對注意一項電腦任務的自制力。嗯，那些科學家無意間發現了一些非常值得注意的事情。你也許記得那些參加實驗的人被分成幾組，每一組有各自被指定的特定目標：減重、讀書小組、控制收支。研究人員發現，每一組的參與者不但在他們各自的特定項目表現有進步，他們在非指定項目的表現也有進步。沒錯──減重小組在控制預算和用功讀書也有進步，另外兩組也是如此。

這足以證明自制力的效力無窮。監測並啟動思緒情緒和行動以達成目標的能力是可以傳遞的。而且，這種這種能力顯然可以在即使自己都渾然不覺的情況下啟動。只要加以適當的重視與管理，自我控制的力量可以影響一切任務。你和孩子都會是贏家。

第八章 溝通

當你對孩子的優勢有了更深刻的認識以後，你和孩子之間的對話自然會開始改變，因為你們更能從優勢本位的觀點來溝通。當然，你要把自己對孩子優勢的洞見，盡可能清楚地告訴他，所以孩子能增進對自身優勢的認識，並培養這些優勢，知道何時使用這些優勢。而最有效的溝通方式，就是透過讚美。

我和來自世界各地，美國、加拿大、歐洲、澳洲、紐西蘭以及亞洲各種不同背景的家長和老師共事，聽到對讚美的許多不同意見，多數意見落入兩個不同的派別。有人擔心：「讚美讓孩子自滿，孩子會停止努力。」其他人則持相反意見：「讚美讓孩子有自信，所以他會繼續努力。」

的確，研究顯示，有些讚美或許會讓孩子停止鞭策自己——然而並不是因為讚美令他們感覺自滿；也有些讚美似乎能夠激勵孩子不斷努力——重要的是，還是要幫助孩子覺得，維持自己的本色也可以。

我認為，在每天忙碌的生活中，以及處理各種問題的壓力下，太常發生的狀況是，讚美要

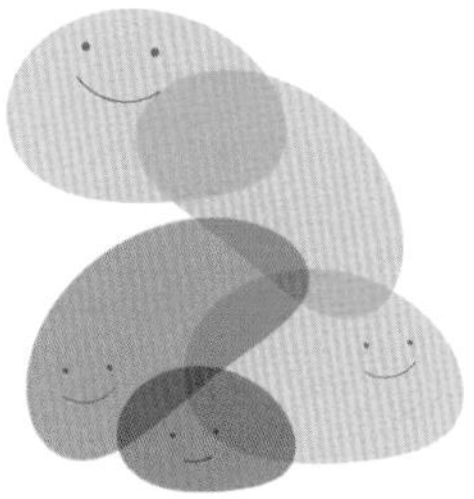

不被忽略了，要不就是被淡化成立意良好的空洞話語，卻沒有真正告訴孩子任何有意義的訊息——甚而還可能是有害處的。

幸運的是，優勢本位教養方法很自然地為有益且令人滿足的讚美，提供了完美的元素。只要在你現有的溝通方式上，做些改變和調整，你的話語可以變成培養孩子優勢的工具。而且根據研究資料顯示，我們亟需這種改變。

嚴厲苛刻的昂貴代價

如果你正在閱讀本書，那是因為你愛你的孩子，希望自己能成為最好的父母——所以你也許已經常常和孩子溝通，常常讚美孩子。然而研究顯示，我們和孩子的溝通並不如自以為的多。舉例來說，當青少年和家長討論像是做家事、零用錢、回家功課等議題，然後親子分別接受心理學家循問，猜測另一方的想法。百分之九十三的親子組合都猜錯了❶。當我們問到家裡的溝通型態，也可以看到親子間的差距。當青少年、媽媽、和爸爸分別被問到對兩種溝通型態：開放性溝通（比如「我的爸／媽善於聆聽」）和錯誤溝通（比如「我的爸／媽老是說些我不想聽的話」）的觀點，和父母相比，青少年回答較少的開放性溝通，和較多的錯誤溝通❷。

親子間顯著的差別影響孩子的優勢發展與心理健康。在一個長期研究中，研究人員測驗即將進入青少年期的小學高年級學童和父母的溝通與其大腦發展的關係，高度正向溝通（其定義為，家長的溝通模式是讚許、認可、真情流露、幽默、快樂、愉快、和關懷）與有利的大腦變化相關。這些大腦的改變能夠提高學習、決策、社交技巧與情緒表達的能力。相反的，那些父母表現低度正向溝通的孩子，則有較大的風險，在進入青少年期時，大腦的變化容易受到憂鬱症傷害。

我們通常以為，如果我們沒有對孩子做出負面行為，那我們就是做得還好——但下列研究顯示，即使是低度的正向溝通也會對孩子的大腦有不利的影響❸。沒有做出錯誤的事情並不表示你就做對事情了。所以也許你沒有對孩子惡行惡狀，但欠缺愛心、認可、關心的溝通，會傷害孩子的大腦，就像剝奪幼苗生長所需的陽光。

在對小學五年級學生的研究中，心理學家評估父母對孩子面對困難時（例如，寵物死亡、孩子沒有贏得比賽）所表現的情緒，有何反應❹。父母的反應被歸類為溫暖或冷漠。當家長透過垂詢、重述或認可孩子的感受，接受並鼓勵孩子表達他們的情緒，這些反應被記錄為溫暖反應。當家長不認可孩子的感受（例如，告訴孩子他的感受是錯的，或是孩子沒理由生氣），或是說些傷人的話（例如，嘲笑或批評孩子太軟弱了），主動阻撓孩子表達情感，就記錄為冷漠反應。幾乎半數的媽媽（百分之四十四）和過半數的爸爸（百分之六十四）反應冷漠。

我們可以把這些差別部分歸咎於天生的負面偏差。光是理解這一點，就十分重要，但這是一道需要帶有正念的日常溝通習慣來加強的課題，讓自己的眼光回歸於看見孩子身上的優點，特別是當這個世界習於在意缺點；當我們更在意孩子所犯的錯，而不是他們所做對的事情。如同我在第二章提到：注意力在哪裡，活力也如影隨形。正念能夠透過我們如何看待孩子、對孩子說話的態度，讓我們不加批評，轉而支持優勢，如同以下這位媽媽動人的描述：

我的兒子現在十三歲，多年來，他一直有課業上的問題。我不斷被叫到學校，和那些針對如何「修復」他的心理師、老師、語言治療師、職業治療師會談。那真是一段可怕的時光，我覺得自己是一個失敗的家長。現在反省起來，我相信我當時所犯的錯誤就是，過度在意他的問題，卻不夠注意他的許多成就。我還記得我開始留意起這個現象的時刻。那時候我和一位 朋友在一起，我細數所見過的專家群，以及他們對我兒子弱點的看法。當我終於停下來喘口氣，我注意到一顆淚珠從朋友臉上流下來。這究竟所為何來？她提醒我，我兒子是一個如此體貼、溫柔、慷慨、仁慈又有趣的孩子。朋友告訴我她有多麼傷心，因為從她到了以後，我一次都沒有提到兒子的優點。

那是我的轉捩點，促使我開始更以直覺傾聽我知道為真的課題——重視兒子充沛的優勢是邁向成長之路。我的兒子不會贏得學業獎狀，但是我轉換成優勢焦點，而且，把兒子轉到一所同樣注重優勢而非在意缺點的學校，也有助於他的進步。我也很感謝學校欣賞他的人道精神，因為有一次學校郊遊時，他自願（未經要求）讓座給一位老先生。我也樂見他現在的課業成績也有正常的水準。

要記得，孩子和我們有著同樣的負面偏差。所以除非我們非常明確地告訴他們，他們具有優勢，否則負面偏差會放大批評——更糟糕的是，嚴厲苛刻的話——後果，會讓孩子認為自己一無是處，正如下面這位學校行政人員所說的：

布萊德十六歲了，生活在一個不穩定的家庭環境中，他還有嚴重的心理問題。他在被三所學校開除後，來到我們學校。他對自己的未來完全不看好。老師讓他做了例行的課業檢定，然後還做了VIA青少年問卷。在做問卷以前，老師問他，「你有什麼優勢？」他回答，「我沒有任何優點，所以我才來這所學校。我的老師和我以前的家庭都不優，除了玩電動玩具以外，大多數的事情我都做不好。」當他的老師和他一起做完VIA問卷，幽默勝出，是他最大的優勢。

老師很吃驚，因為他的情緒和舉止從頭到尾都很平淡乏味。老師問，「你想再重做一次這份問卷嗎？或許你會看到還有其他優勢出現。」（老師後來告訴我，她以為自己操作問卷的方式有誤，因為看起來幽默絕不可能是這個孩子的最大優勢。）這名學生回答，「不要。你知道為什麼嗎？這個測驗是對的。沒有人知道我很風趣，但是我很有趣。我用有趣味的方式看這個世界，我只是不跟別人說。我喜歡幽默是我最大的優勢。從來沒有人告訴我，我有什麼長處，但是這個測驗說出我的優勢。也許在這所學校，我會開始和其他人分享我有趣的想法。」

就像這些故事所顯示的，當孩子的優勢受到注意，並獲得肯定，他們就有更好的機會展現自己。

練習

創傷話語的記憶

我們都經歷過被話語刺傷的痛楚。在我的家長研習會裡，我請家長回想他們父母如何與他們的溝通。幾十年過去了，許多人仍然感受到父母嚴厲苛刻的話語所帶給他們的痛苦，好像那是昨天才發生的事。有些人甚至感受到和他們多年前相同的身心反應。有一位女士在回憶自己和母親爭吵時，左邊的臉頰瞬間出現紅疹，因為她當年男友的關係，在爭執中，媽媽告訴她以她為恥，要和她脫離母女關係。

花幾分鐘安靜一下，回想你的童年。一般而言，父母用什麼態度對你說話呢？交談中批評和讚美的比例為何？使用什麼樣的言語和措辭？這些話如何影響你對自己的看法？這些話到現在仍然影響你嗎？你希望在自己的成長過程中，父母曾經告訴過你，你擁有哪些優勢呢？

讚美拼圖

讚美能夠增強孩子的優勢三元素：表現、活力、和使用。科學顯示，從學步期到成年期，讚美和任務成就（表現）、任務享受（活力）、以及動機（使用）[5]，彼此相關。讚美讓孩子開心，影響孩子對失敗的反應，影響孩子如何從挫折中恢復，所以讚美是灌輸孩子樂觀與韌性不可或缺的一面[6]。

然而並非所有讚美都具有同等效力。我想討論其中三種類型的讚美，每一種都對孩子的心態有重要的影響。事實上，孩子聽見讚美後所能產生的最大效果，就是讚美所孕育的心態[7]。正如我在第四章所解釋的，心態就是對於自己的特質，像是智商、性格、與優勢，是定型的或是可改變的一種核心信念。卡蘿・杜維克（Carol Dweck）博士和她的同事已經證實，讚美在塑造兒童心態上扮演關鍵角色。瞭解這點以後，讓我們檢視三種不同類型的讚美。

一般讚美（generic praise）

我們最常聽到的讚美（也是最常說的讚美）採用一種普遍、完全正向敘述的形式，像是「做得很棒！」、「做得很好！」、「太棒了！」、「做得漂亮！」、「做得好！」、「成功！」

當你對孩子說這些話，基本上你的意思是，「我愛你、我喜歡你、我肯定你！」——這樣很好！然而，雖然這些話或許有益於肯定孩子，但是這些話並無法培養孩子的優勢，因為這些話無法幫助孩子認定，是哪些優勢導致成功[8]。「做得好！」並沒有告訴孩子他在哪方面做得好，所以孩子不能設法複製自己的成功，繼續獲得讚美[9]。因此，一般讚美會讓孩子處在不確定的狀態中（甚且，在某些情況下，會感到焦慮）[10]。所以，雖然一般讚美能夠肯定父母對孩子的愛，但對於培養優勢卻不是一個有效的工具。

讚美成就（歷程讚美——process-praise）

讚美成就，也稱為歷程讚美。

這個讚美是針對孩子所做的事。焦點放在孩子的努力、進步、技巧或是策略。假如孩子從學校帶回一幅畫。一般讚美是：「這幅畫好漂亮！」而歷程讚美則是：

- 「這幅畫看起來很棒。你一定非常專注，才能畫出這麼細緻的一副畫。」（讚美孩子的努力）
- 「這幅畫很有意思耶！你好像用了不同粗細的畫筆，才能畫出許多細節。」（讚美孩子的技巧）或者如果孩子考試成績比他上次在同科目考的成績還要好。一般讚美是：「很棒！我知道你可以辦到。」歷程讚美是：

- 「你上星期每天晚上多花時間複習考試材料。這個方法果然奏效！」（讚美孩子的策略）
- 「你的成績整整上升了一級！你覺得你做了哪些事情幫助自己進步？」（讚美孩子的進步）

根據杜維克的研究，歷程讚美是增進成長心態最有效的方式[11]。透過重視孩子成功所採取的過程，你為孩子打了一劑強心針，同時也幫助他看見自己為成功所付出的努力，所以成就是屬於自己的，並且，想必也能複製成功的經驗。想當然爾，一個瞭解自己成功過程的人，將會對未來的成就更為樂觀，也更能面對挑戰與挫折（換言之，更有韌性）。

但這裡有一個有趣的論點。有時候，歷程讚美會帶來反效果。假如孩子必須不斷努力以克服挑戰，那你的歷程讚美事實上是在告訴孩子，「繼續努力，繼續努力，」那麼孩子可能會得出一個結論，那就是：如果他必須付出這麼多努力，花這麼多時間，那一定是因為他幾乎沒有天份，甚至是毫無天份。

去年在香港的一場教養研討會後，一位母親向我提出的，正是這個問題。「如果歷程讚美讓孩子失去動力，那是怎麼回事呢？」她問道。她向我解釋，她最近讀到關於歷程讚美的重要性，並且使用歷程讚美幫她青少年的兒子做功課，卻完全適得其反。他的兒子反而越來越不做功課。其實那星期，兒子還對他大叫；「不要再說那種話了，媽媽，我知道妳認為我很笨。」

很自然地，這位母親感到困惑。我也一樣困惑。為什麼這位媽媽對兒子努力過程的好意讚美，最後讓兒子視為對他能力的負面評價呢？我向她保證，我會盡力找到她問題的答案。

在返回澳洲九個鐘頭的飛行中，我不斷思考，回家後就到大學圖書館報到。經過幾個鐘頭的蒐尋，我找到一個提供解答的研究。奇妙的是，這個研究正是在香港大學（University of Hong Kong）做的，離我開研討會、遇到這位憂心母親的學校，只有三十分鐘的車程。

香港大學的研究人員發現[12]，兒童對努力和能力的看法，是歷程讚美能使孩子積極或消極的關鍵決定因素。有些孩子相信努力和能力的關係是負面的，或說相反的。在這種信念中，一個有高度才能的人，不需要付出努力，而沒才能的人則需要付出許多努力。因此，高度努力意味著能力低落。有這種信念的孩子把努力視為才能低劣的表示，因此對付出努力感到沒面子，因為這讓大家看見他們沒有能力。

香港的那位青少年也許就有這種信念，認為努力和能力是負面相關，因而把媽媽的歷程讚美，解讀為對自己無能的評價。他從媽媽那裡聽到的訊息是，「你需要付出額外的努力，因為你不夠聰明。」他減少自己的努力程度，因為他希望向自己證明，只要藉著自己的聰明，無需努力，他也可以得到好成績。

讚美品格（個人讚美—Person-Praise）

對照於注重行為的歷程讚美，讚美品格則單看個人與生俱來的特質，並表揚這種天生的特質——所以稱為「個人讚美」。採用上述孩子帶畫回家，或是考試成績進步的例子，對孩子的表現的個人讚美聽起來大概像這樣：

- 「哇，這幅畫看起來好棒。你一定具有藝術天分，才能畫出這麼漂亮的圖畫。」
- 「繼續保持好成績！你很有能力，可以獲得好成績。」

有資料顯示，個人讚美能夠培養兒童的道德感——例如，在八歲左右，當孩子的自我認同感可能正處在關鍵發展期時，告訴孩子他是「樂於助人的人」，而不是稱讚他助人的行為，能激勵孩子更為慷慨[13]。當你不是只看孩子的行為和過程，而是稱讚孩子有道德優勢，並且幫助他明白，這些優勢是他內在的資產和特質，他比較可能內化這些優勢，並持續使用這些優勢[14]。

然而當談到在校成績，杜維克的研究發現，個人讚美在學校容易導致定型化思維，可能妨礙課業表現[15]。為什麼會這樣呢？因為如果一個孩子認定自己有某特定的特質，比如，智商，然後在那個領域遭遇困難和挫折，他不會把這些事情客觀地視為「嗯，事情進行得不順利，」反而比較可能把這件事當成一種「我沒有那麼聰明了」的個人訊息。最後，這些問題可能變成認同危機，導致這些孩子習慣打安全牌，猶豫新的嘗試，不願意接受新的挑戰。

杜維克發現，雖然個人稱讚或許會讓孩子在成功的當下感覺良好，但是以後遇到課業挫折時，這會弱化他們的韌性[16]。事實上，當面臨困難的任務，相較於接受歷程讚美的孩子，接受個人讚美的孩子，會低估自己的工作品質和工作能力，同時，他們的任務享受和任務動機較低，負面情緒較高。

如你所見，這裡似乎有兩種互相矛盾的模式。個人讚美似乎鼓勵兒童的道德特質，特別是在特定的年紀範圍內，然而卻可能妨礙課業表現。而歷程讚美可能鼓勵成就，但對道德發展的影響較小，而且如果孩子相信努力意味著能力低下，也可能會適得其反。那父母又該如何是好呢？

推薦優勢本位讚美

我認為優勢本位讚美可以結合兩種讚美的精華，既不會讓孩子有必須維持形象的壓力而不知所措，以致他們不敢大膽嘗試（個人讚美可能的缺點），也不會讓孩子因為有自己本身不夠好的想法而削弱自信（歷程讚美的可能缺點）。

此外，在每天忙碌的生活中，家長需要一個他們可以輕鬆運用，清晰可行的策略。難道你真的會在每個時刻都退一步想：這是一個成就的時刻，所以我要使用歷程讚美。或者：這是一個發展道德感的時刻，所以我要使用個人讚美。這不太可能。

從我為家長及老師舉辦的研討會中，我對讚美有許多深刻的理解。首先，是那位香港媽媽，他兒子欠缺動力顯示，歷程讚美可能會適得其反。再者，是一個我稱為「尚未」的故事。

幾年前我應邀主持一場使用正向心理學課程學校的專家研討會。一名列席的老師報告，他們學校強調使用歷程讚美，他們大力推動使用「尚未」一詞，來表示學習永遠可以再進步，也以此來鼓勵學生的成長思維。例如，當一位學生在美術課和體育課裡說：我做不到。」老師會回應，「尚未」。當學生說，「我不擅長做這件事。」老師回應，「尚未」。許多列席的老師附和說，歷程讚美在他們學校也獲得成功。

然後台下有一位老師舉手發問：「我有點疑惑，」她說，「學生不擅長某些事情不可以嗎？難道學生永遠必須堅持那些他們做不好的事情嗎？如果你一直要求學生在每件事情上求進步，這不是代表，其實你並沒有訴諸他們的優勢嗎？我想，歷程讚美是否可能減低學生對自己優勢的認識，而優勢其實和他們個人的本質攸關。」

她的論點的確有道理。我認為讚美的真正缺點源自二元思維——我們在第二章討論過，是一種會沒必要地限縮我們觀點的思維習慣——就讚美這件事而言就是，讚美孩子只有一種最佳方式的想法。一般讚美、歷程讚美（包括這個「尚未」的模式）以及個人讚美，各有其優缺點，然而當我們使用其中一種讚美來排除其他讚美方式時，缺點也容易顯露。我贊成一種合理結合這幾種讚美方式的「均衡組合」讚美——而且我建議把優勢本位讚美也加入其中。

優勢本位讚美結合兩者的優點，透過讓孩子認識自己的優勢（個人讚美），然後讚美孩子使用優勢的方式（歷程讚美），讓他知道自己是個好人，或是他把事情做得很好。優勢本位讚美告訴孩子兩件事情：

1. **它確認行動：**「你做了這些事情。」確認行動幫助孩子瞭解有效果的行動，所以他們可以在未來重複這些行動，複製成功經驗。這是歷程讚美的部分。

2. **它確認優勢：**「是你所擁有的優勢幫助了你。」確認了能力、才能、技巧與正向人格特質，點出孩子在那個處境中所運用的個人天賦資質。這是在讚美組合中個人讚美的部分。更好的是，因為你告訴孩子他的優勢如何運作，而不止於指出有哪些優勢，你是告訴孩子，優勢是互動的，是可以培養的。這意味著孩子不會發展出定型化的思維，讓自己的自我價值受優勢束縛，以致因為害怕失敗而侷限自己。

用這種方式來使用優勢本位讚美，優勢讚美可以透過聯結孩子與那種經由優勢與行動相結合所散發的正向能量，提昇成就與良好品格。

所以優勢本位讚美在現實生活中看起來如何呢？

對把一幅畫或是好成績帶回家的孩子，優勢本位讚美聽起來大概像這樣：

- 「你真的使用創造力【優勢】加入許多不同的色彩【行動】。」
- 「這幅畫裡面有好多小細節【行動】，我可以看出你如何使用你的能力去觀察【優勢】、創作出一幅栩栩如生的圖畫。」
- 「你上星期每天晚上靠毅力【優勢】堅持複習功課【行動】，即使你很累，很想玩電腦遊戲。」
- 「我真的很欣賞你善用做計畫的技能【優勢】請老師課後輔導【行動】——你辛苦的報酬就是獲得更好的成績。」

有趣的是，當杜維克博士把自己的研究搬到受試者的家中[17]，分析家長在晚餐時間對幼兒使用個人讚美和歷程讚美的次數，然後在五年後，測試這些孩子的思維方式。她發現，個人讚美在這些孩子身上並沒有導致定型化思維。我相信這是因為在較自然的家庭環境中，當孩子經歷形成自我認同與技能發展的不同成長階段時，家長很容易在長達數年的時間裡，混合使用各類讚美，所以是在互動與真實情況下，經年累月所發生的各式讚美，打造了孩子的成長思維。

以下是一位孩子將媽媽多年來的優勢本位讚美內化，到了一個程度，這些讚美很正向地塑造了他的自我認同，以及他在學校為同學服務的決定：

湯姆是一個非常有條理的孩子。他小時候會幫姐姐整理書包，每天早上上學前，把書包放在前門。我問他為什麼要這樣做，他說因為這對他是舉手之勞——而且這樣可以幫他保證沒有人（特別是他自己！）上學會遲到。我一直強調有條理對他和對別人都是很受用的一件事，說些類似這樣的讚美：「我發現有條理讓你的生活感覺更輕鬆、更愉快。」「當我們需要整理東西的時候，你就是最佳幫手。」現在湯姆很以自己記事的本領為傲，會說類似這樣的話：「媽媽，把我們該做的事情交代我；你知道我不會忘記。」

幾個星期前我在洗湯姆學校制服的帽子時，看見他在帽子裡面寫了：「把帽子丟進去」和「有條理」。我問他這是怎麼一回事，他告訴我，他們在學校舉辦一項活動，每個孩子必須把自己的帽子丟進他們圍坐成圓圈的中心，然後分享一個自己想讓別人知道的優勢，還要在這個學年，用那個優勢來服務同學。湯姆說他的優勢是「有條理。」

他告訴我，他利用這項優勢幫忙提醒同學交作業的期限與隔天所安排的活動。知道自己有這項能力，讓湯姆能為同學提供有用且獨到的服務——這是出於他的真心，讓他做起事來感到自豪與樂意。

優勢本位讚美也可以在那些孩子懷疑自己一無是處的日子裡——我們每個人都有這種時候

——提醒自己，自己是個有能力的人：

有一天早上培迪（十歲）爬上床來，和我緊偎在一起。過了一會兒，他長嘆一聲，說，「我的才能沒有一個是有用的。」還好那時候我正認真聽他說話，可以和他好好聊聊。他告訴我他認為自己的才能是跑步和彈吉他，但是他看不出這兩件事情有什麼用處，也對他在學校的表現無益。我們花了一點時間聊到，這些才能其實已經對他有些好處：他能贏得學校的田徑賽，而且因為他必須練習吉他，所以對某些差事有豁免權。我問他認為自己的才藝對世界能有什麼貢獻。他花了一點時間才回答，但是他有答案，包括：看奧林匹克那些跑得很快的選手很有趣，所以也許別人看他跑得很快，可以讓別人快樂。

然後我告訴他一些湯瑪斯．愛迪生（Thomas Edison）和他發明燈泡的故事。我要培迪猜猜看，愛迪生在成功以前失敗了多少次。然後我告訴培迪，他八個月大的時候，甚至還不會走路以前，就已經懂得從自己的床裡爬出來，因為他下定決心要找媽媽。他和愛迪生「有共同的堅持特質」我說，提到他們兩人都很擅長解決別人看不見的問題。他的身體在我身旁伸展開來，我覺得我的小男孩長大了，就那麼一丁點，然後看著他從床上跳起來。結束談話。整段對話大概不到十分鐘，但完全改變了他那天對自己的看法。提醒湯姆他有能力，是我和我這個小兒子之間的「魔法時光」，也是我能給他的一份正向思考的禮物。

優勢本位讚美也可以提醒孩子，他們獨特的能力組合，會幫助他們活出一個只有他們自己可以訴說的人生故事：

我們有兩個很棒的兒子。安東尼現年二十二歲，在一所著名的科技大學讀優等課程。詹姆士十九歲，在完成第一年的商學系課程後，現在暫停一年。安東尼就讀高中的時候，學業成績優異，考試成績名列前矛。等到詹姆士高三的時候，他感受到哥哥優異成績的莫大壓力。我記得我和他在車裡的一次對話，他說出面對未來一年的困擾：「我無法做到如安東尼的豐功偉業！」我明白他感到焦慮，於是回答，我瞭解他的憂慮，然後我說，「為安東尼高興，但要知道，那是屬於他的故事。而你正在寫的是你自己的故事，一個『詹姆士』的故事。」

我鼓勵他使用自己具希望與觀點的優勢，加上向別人顯現仁慈與社交智商的優勢，展望未來一年的旅程。很高興的是，他在由念書、好朋友、與籃球所充實的生活中，完成了豐收的一年。畢業成績讓他錄取進入自己第一志願的大學。

練習　優勢本位讚美的改造

把你讚美小孩時通常會說的話寫下來。你如何把這些讚美改造成讚美孩子的行為和／或能力的優勢本位讚美呢？以下是一些我編列的讚美，幫你起個頭：

「原來的」讚美：「你全力以赴，獲得高分。做得好！」

優勢本位讚美：「你是一個天生好奇【優勢】努力不懈的人【優勢】，你為準備考試投入相當的時間【行動】。讓我們為你的努力有了好的報償，好好慶祝一下！」

「原來的」讚美：「你很會交朋友。你到新學校不會有問題的。」

優勢本位讚美：「你知道如何和別人建立融洽的關係，因為你仁慈【優勢】又有趣【優勢】，而且你會關心別人【優勢】。還記得你剛到以前的學校，誰都不認識嗎？可是現在你有很多朋友。讓我們談談你以前為了認識同學所做的一些事情【行動】。」

「原來的」讚美：「你的頭腦清楚。你能解決這個問題，讓我引以為榮。」

優勢本位讚美：「我看到你運用良好的判斷【優勢】和清晰的思考【優勢】，又一次做出可以感到自豪的決定。你問問題，發掘事實，比較優劣。這些都是做出健全抉擇的極佳策略【行動】。」

「原來的」讚美：「你撐過了適應住宿夏令營最難熬的時期。你真棒！」

優勢本位讚美：「當事情不順利的時候，你很有韌性，而且恢復得很快【優勢】，而且你很可靠【優勢】因為你把搭小隊的營火，當成自己的責任【行動】。我相信你的小隊一定很珍惜你的貢獻。」

「原來的」讚美：「哇，你重新佈置房間。新的擺設很棒。」

優勢本位讚美：「你把房間布置得足以自豪【優勢】反映出你是一位改善者【優勢】的優勢。你總是在尋找把事情做得更好的方法，而且你所設計的新擺設【行動】讓你的房間完全改觀，書桌的照明比以前好，而且早上一起床就能看見你最喜歡的海報。」

「原來的」讚美：「謝謝你等我平靜下來。」

優勢本位讚美：「謝謝你在繼續這個討論之前，使用你的社交智商【優勢】和同理心【優勢】讓我平靜下來【行動】。你一直等到看見我不生氣了【行動】，這表示你真的考慮到我在這種情況下的感受【優勢】。謝謝你這樣做。」

現在根據你對孩子優勢的理解，試著加入你自己的例子。

練習

給孩子寫封優勢信

有種讚美孩子的方式，是給孩子寫封優勢信。在一星期內，每天記錄你在孩子身上看見的優勢。也回想一些他人生中的重要大事或是重要時刻。把這些全部寫在一封優勢信裡，送給孩子。你也可以對配偶、朋友、生意夥伴或同事做一樣的事情。在我的大學課程裡，我要我的學生，他們全都是資深的專業人士，寫優勢信給和他們一起工作的團隊。他們說，這樣一封簡單的信，讓團隊成員之間的互動關係完全改觀。要記得使用不同類型的讚美組合。下面是一位家長如何寫優勢信，送給她即將就讀高中最後一年的兒子：

我為約書亞寫下我看見他所成就的事，寫下他的成長。我提到他毅力的優勢，因為他勇於任事，對體育訓練和念書，毫無怨言，全力以赴。因此，他獲選為學校幹部及長跑隊隊長，最後一年還獲得當年的最佳運動員獎。

在這些領袖的角色中，以及在平常日子裡，約書亞使用他同理心的優勢，支持隊友，儘管他是學校前三名的賽跑健將，他常常和落後的跑者並肩跑步，為隊友鼓勵、打氣，他也每天為從寄養家庭搬來和我們同住的弟弟，示範並應用這項優勢。我也寫了他勇氣的優勢，因為他刻意尋找機會來對付自己的懼高症，像是在上次學校的夏令營選擇參加繩降。

我也鼓勵約書亞培養好奇心和社交能力的優勢。放眼外界，包容他人，用開放的胸襟聽取旁人的意見。約書亞後來告訴我，這封信對他意義重大，他把信放在床頭櫃裡。我希望他能用一顆溫暖的心來思考這封信。

一年後，我為二兒子寫了優勢信，我計畫在兩個更小的孩子長大後也這樣做。我發現重視孩子的優勢是，慶祝孩子的優良表現，以及溫和地讓孩子注意到成長機會，很棒的方法。

我喜歡把優勢本位讚美想成是親子關係的營造師，幫助親子超越一般家庭常會陷入的批評循環。

在孩子身上發覺優勢就要捕捉孩子做好事的時機。優勢對話真的是讓我們向上提升的對話，有別於逮住孩子做不當的事情或行為失誤的那類對話。

我用了一整章的篇幅來討論讚美，因為讚美是親子關係中如此重要的一環，然而在忙碌的日常生活中，讚美卻常常被擱置一旁。讓我們彼此協定，更留意讚美的機會，不止是對我們的孩子，也對我們生命中所有重要的人。這位家長捕捉了這種精神：

我喜歡優勢讓我們有「重新建構」的空間。我的伴侶蓋瑞十分謹慎，而我的核心優勢則是仁慈。明白這點幫助我重新建構我們的對話，理解彼此的觀點。當我們一起蓋房子的時候，我能夠理解他需要檢查每一項事物是來自他謹慎的優勢，謹慎是必要的，而且有助於把事情做好，否則我或許會因「好心」而不在乎。感謝這種新的眼光，讓我們之間的關係有很大的改善。我們的孩子也在學習一種能力，能看見每個人各有不同優勢。看出每個人的本質都是可貴的，幫助我們的家庭成為一個團隊。

如果你已經開始練習品味生活和感謝（見第五章），你可能已經更明白你對別人的賞識之處。如果你也練習正念（第六章），你會活在當下，所以當優勢付諸行動時，你會得知。我希望你像我一樣能很快發現，優勢本位讚美能夠迅速改善你的人際關係。還有什麼比知道你的話語能夠為別人帶來開心的笑容感覺更好呢？

當然，我們和孩子的對話不僅止於讚美。我對家長的工作有很大一部分是在於：幫助他們重新建構在處理問題時該如何與孩子互動，這些問題從行為問題到手足相爭等等。這是下一章我們所要討論的問題。

第九章 優勢本位生活的現實面

如同我在第七章所說，為了幫助孩子學習自制，對孩子說不，並訂定界線，是做為優勢本位家長的一部分責任。當孩子行為不端，或是需要克服某個弱點，我提醒自己，「這是我們可以一起訓練注意力的時刻。」我越培養孩子集中注意力和克服衝動的能力，他們就越有能耐處理眼前的困難與其它問題。

優勢本位家長仍然需要管教孩子，差別是，他們會從一個具建設性、成長導向的觀點來看待行為問題，這個觀點讓孩子清楚知道，自己有哪些優勢能夠用來改善行為。

優勢本位管教的前提是，人類具有激發自我發展的本能[1]。負面模式或負面行為代表優勢本位成長的動力受到阻礙。優勢本位的管教是和孩子一起努力發現阻礙他進步的因素，然後幫助孩子回到正軌。這是本章，並配合你在前面幾章所學到的技巧，要幫助你實現的目標。優勢本位管教可以打破那種很快就流於毫無建設性可言的嘮叨／批評／對抗的循環。一旦你和孩子熟悉了優勢本位管教，你會發現，孩子在理解與改善上有所長進，出人意料：

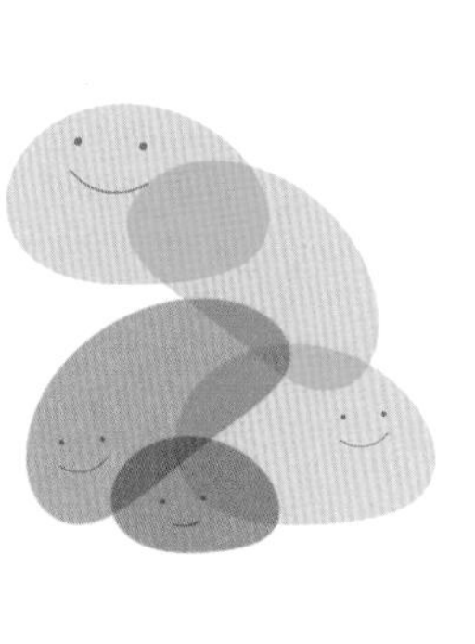

有一天在全校的集會裡，我注意到五名六年級的男孩在後排咯咯笑。我不太高興，因為那時候有一年級的學生正在發表看法，而高年級學生示範良好的聆聽行為是很重要的。集會後，我請這些男孩子隔天和我碰面，而且把他們在學校優勢計畫中做好的VIA問卷帶來。他們看起來有點擔心——但我很高興我給他們時間，反省自己的行為。

六個男孩中，有五個人的最大優勢是幽默。當我們碰面時，我問他們認為這其中可能的意義。有一個男孩馬上回答，他們被自己幽默的優勢控制了。我問他們準備怎麼辦，以確保將來幽默不會在不恰當的時機控制他們。他們有各種想法，然後一致同意，以另一個優勢來節制幽默應該會有所幫助。

一個男孩選擇仁慈；另外幾個選擇團隊合作；另一位男孩選擇自我規範；最後一個男孩說他的優勢是謙虛。其他男孩請他下次，當他們的幽默感又失控的時候，提醒他們要顧及旁人。他們的自我認知和目標設定是如此成熟，所以我請他們把所學到的事情和其他學生分享。他們成為下次全校集會時的主講人。

練習

你的管教風格

不管你會怎麼想（也不管孩子自己會怎麼說），大部分兒童其實理解，規則是必要的。如果有討論的空間，即使青少年也會認同。兒童和青少年通常會說，如果規則合理、前後一致、且公平，那他們會遵守規則❷。

通常會產生衝突的地方在於如何執行規則——換言之，是在於父母如何管教孩子。

許多人把管教等同於處罰：讓你因自己的行為而受苦。但管教的拉丁文字源是「提供指導與知識。」我們可以利用管教來教導孩子社會的價值與態度、對與錯、如何在生活中自處、以及如何與別人相處❸。懲罰擊垮孩子；管教能夠幫助建造孩子。

你通常如何管教孩子？檢視下列圖表二的選項，選出你可能或不可能使用的管教方法❹。

表二：管教風格

項目	可能	不太可能
一.指出孩子的行為給別人的感受。		
二.告訴孩子你很驚訝他做出某種行為：那很不像他。		
三.處罰孩子所做的行為。		
四.給孩子臉色看。		
五.請孩子思考如果別人也做出和他一樣的行為，他的感受如何。		
六.對孩子的行為表示失望，提醒他，他可以做得更好。		
七.取消孩子某項特權或禁足。		
八.告訴孩子 你以他為恥。		
九.告訴孩子設身處地為別人著想。		
十.提醒孩子他以前的好行為。		
十一.對孩子吼叫。		
十二.故意不理孩子。		

以上選項代表了心理學家在一九六〇年代後期所確認的四種不同管教類型，這些類型直到今日仍繼續被探究中[5]。雖然你可能會使用數種管教類型，但研究顯示，我們每個人大概會有一種慣用的風格。檢視以下的敘述，看看你通常慣用哪一種管教風格：

- **他人導向誘導**（選項一、五、九）包含和孩子討論行為的後果，教導孩子，和孩子一起思考，幫助孩子思考自己的行為對別人的影響。
- **表達期望落空的失望**（選項二、六、十）包含表達對孩子的行為（而不是孩子本身）失望，因為你知道他可以做得更好。這教導孩子你對良好行為的期待，也隱含了你知道他能夠做出好的選擇，然而在這件事情上，他沒有做到。
- **訴諸外力的反應**（選項三、七、十一）包含透過體型／力氣，以及對物質資源的控制，來控制孩子。這包括威嚇、體罰（例如，打屁股）、辱罵、取消特權、禁足、或者透過像是分配額外家事的行動來處罰孩子。
- **收回關愛**（選項四、八、十二）包含透過停止情緒性支持；忽視孩子、孤立孩子、不理睬孩子、拒絕和孩子說話；明確表達對孩子的不悅，或是告訴孩子你以他為恥，來處罰孩子。這些行動故意讓孩子非常難過，所以他以後不會再做這些令你反感的事情。

訴諸外力的反應和收回關愛是處罰的方式。他們的目的是要讓孩子痛苦。他們送給孩子的訊息是反對和排斥：「我有能力把你排除在這個團體之外。」

他人導向誘導以及表達期望落空的失望是管教的方式，其目的在於幫助孩子學習。所傳達的訊息是責任與可能性：

「這是我們共同的課題，我要幫助你學習正確舉止。」

管教的後果取決於所使用的管教方式。有些管教方式引發羞恥感，會破壞孩子的自我認識。有些管教方式產生不舒服卻具建設性的自責感，這種自責感能鼓勵利他行為。羞恥感和自責感常被混為一談，但兩者截然不同。讓我們仔細檢視兩者。

管教，羞恥感與自責感的對照

基本上，管教兒童有兩大陣營：引發羞恥感或引發自責感。

羞恥感讓一個人輕視自己的為人。這是極度排斥，因為它認定這個人的本質不好，而加以排斥。引發羞恥的陳述聽起來可能類似這樣：

- 「你怎麼會這麼笨？」
- 「你很粗魯。」

- 「你很自私。」

相反的，自責感讓一個人譴責自己的行為。自責否定一個人的行動，卻不否定這個人[6]。引發自責感的陳述聽起來可能像這樣：

- 「這是這星期內你第三次把數學作業忘在家裡。你沒有做好安排。」
- 「你剛剛對姐姐說的話不友善。」
- 「插隊對其他人不公平。」

還記得我們在第二章檢視過投射作用的心理過程嗎？我相信大部分使用羞辱做為懲罰方法的家長之所以會這麼做，是因為投射作用。他們在孩子身上看見某種自己所有、並引以為恥的特質或行為。然而，他們沒有面對自己的羞辱感，反而為了避免不舒服，而把它投射在孩子身上。然而如果你這樣做的話，你最好三思，因為羞恥感會導致自我懷疑、焦慮與憂鬱[7]。甚且，引發羞恥感甚至不是一個有效的處罰方式。當孩子感到羞恥，他會從人群退縮。羞恥感極其痛苦，孩子唯一的選擇就是逃避（也就是，忽視）任何會引起羞恥的事情；因此，毫無學習的空間。

羞恥感具破壞力，但是自責感雖然會引發不快，卻是有意義的[8]。自責是我們演化機制重要的一環。自責導致後悔與同情。當孩子感到自責，他會進行彌補與修復。後悔與同情會促使他在未來採取不同行動。自責，簡言之，是利他的：自責促進團體內緊密的人際關係，會幫助我們知道自己冒犯了別人，讓我們對此感到抱歉，所以會進而彌補，並避免日後再犯。因為這樣，自責送出一種進步的訊息，增進更高階能力的進步或發展。這些高階能力：自制力、良好的判斷、與仁慈，是做為人類這個大家庭（和我們自己的家族）的一員，所需具備的合宜舉止。

自責非但不是告訴孩子他不好，自責可以是一種有效的溝通方式，告訴孩子他比所表現出來的不良行為要更好：「我很失望聽到你嘲笑班上的新同學，我沒想到你會有這種行為。我知道你可以做得更好。」

但是孩子要如何弄清楚什麼叫做「更好」呢？這就是優勢本位教養可以把管教提升到另一個層次的地方。

從優勢觀點看問題行為

我認為當孩子做出不當選擇，因而陷入麻煩的時刻，提供大好機會來和他們討論，他們在什麼地方忘了使用優勢，或是他們必須記得使用哪些優勢。這可以是個培養社交智商的好機會。

我無法說得比這位家長更好。自責為教養的基礎，告訴孩子哪些事情不要做，而優勢本位教養則更進一步，讓孩子知道他們能做的事——提醒他們本身所擁有的優勢，來解決問題。讓他們知道該如何反求諸己，找出能改變困境的資源，從挫折中恢復，把注意力集中在修補問題，然後往更正面的方向前進。

如果這聽起來像是我們正在幫助孩子留意自己的行為，培養他們的能力來啟動神經系統三思而後行模式，這個模式能夠在下次孩子遇到問題時，介入孩子與自己的衝動或欠缺判斷之間，那你完全正確。這正是我們孩子真正需要的那種管教。

診斷優勢故障的五個問題

基於上述理由，我經常和家長提及重新建構孩子的問題行為，把問題行為視為優勢失常或優勢故障。不要想成這個孩子有問題，而要把事情想成，例如，**這個問題行為之所以發生，是因為孩子忘記使用自己公平和仁慈的優勢**。不要懲罰孩子，這是教導孩子如何善用、調整自己優勢的時候。用這樣的方式重塑我們的觀點，讓我們避免羞辱孩子，讓自己和孩子都覺得這是一件孩子有能力修正的事情。

以下有五個你可以問自己的問題，以判讀孩子的優勢故障：

問題一：是否過度使用優勢？

幽默跟風趣是我先生馬修的重要優勢。當我在大學和馬修相遇，他有辦法用他的機智、開懷大笑以及看見生活輕鬆面的能力，讓我沉重的心情輕鬆起來。直到今天，他還是經常讓我開心，讓我開懷大笑。我不是唯一欣賞他的幽默和風趣的人。他經常受邀當朋友家的活動主持人，尼克也很自豪，學校的朋友都認為他有一個最有趣的爸爸。

每個人都喜歡馬修的幽默。

嗯，幾乎是每個人。馬修告訴我，幽默經常讓他和學校老師起衝突。在課堂外合宜的幽默表現，在教室內卻不見得恰當。在某個情境中，馬修的風趣受到欣賞；但在另一個情境下卻被視為不敬。瞭解人際環境對決定何時能展現出多少幽默是很重要的。很多優點都是這樣。好奇心有時候會被視為過度雞婆；堅持可能被視為固執；有計畫和先見之明可能變成不知變通；仁慈也可能變成屈服。

我們都曾犯過誤用優勢而闖禍的錯誤。當我們這樣看待行為，就能積極地改變我們因應的方式。

一位優勢本位家長處理孩子過度賣弄幽默的問題時可以這樣說，「你有很好的幽默感，但是當你過度使用它，你會失控，那就不再是優勢。這會帶來不好的結果。你可以怎麼做來修正這種狀況，確保下一次你的幽默不會失控呢？」

從這個觀點來看待錯誤行為，教導孩子優勢具有彈性：如何根據周遭的情況，以及所面對的人來調整優勢。我們經常會養成習慣，過度依賴核心優勢。這聽起來沒什麼大問題，卻可能導致不好的後果。就像下面這位媽媽所解釋的，即使是像寬恕這樣的美德，也可能被過分強調，因而導致負面的結果：

我跟我媽媽的關係很緊張，她會說出一些話、做出一些事情，讓我極為受傷。我們的關係一直都是這樣，我爸爸總是請我原諒媽媽，好讓我們能夠言歸於好。我有寬恕的天性，所以我總是那個修好的人。當我女兒出生時，我媽媽仍然繼續做出令人難過的事，但現在是針對我女兒而來。我的丈夫指出，我善於寬恕的缺點就是我沒有訂定清楚的界線，所以才會讓我媽媽一直做出傷人之舉。寬恕只有在對方準備改變他們不良的行為時才管用。所以我決定要在公平和勇氣上多下功夫，讓我能勇敢對抗我媽媽，讓她知道，傷害我女兒是不對的。我們的關係永遠會是緊張的，但我的新辦法已幫助我們改善這個狀況了。

過度使用優勢為你的孩子帶來問題嗎⑨？下面這位家長注意到，他兒子因為過度堅持導致挫折感：

班一直很喜歡堆樂高積木——他很有自己的一套方法，總是在動手前先研究盒子上的圖案，閱讀說明書，然後，如同他說的，「預備他的建築基地」。他十歲的時候，我問他，為什麼他認為自己是樂高好手。他說那是因為他堅持做一件事情，直到做完為止。

他以前總是盡量一口氣就把樂高拼完，在他完成以前，中間不休息，也不暫停。每次在快要完成之前，他常常會很累，然後如果出現個小差錯，就會感到挫折。我認為這是他過分堅持的結果。我開始告訴他，他知道自己有毅力，一定會完成任務——但是中間需要休息，讓自己重新恢復精力。

這似乎演變成有效率的讀書習慣：他總是會把功課做完，也會衡量自己的狀況，中間有短暫的休息時間。

在另一種情況下，過度使用優勢影響了孩子的考試成績：

若伊最大的優勢是欣賞美麗與卓越的事物。她在規定的時間內寫完數學考卷有困難，直到我們發現，她交出的數學考卷是寫得最工整、最漂亮，卻不是最快的。她太重視寫出一份「漂亮」的考卷，以致無法符合時間的要求。這個洞見可以幫助她改進（雖然她還是很討厭趕著寫考卷！）。

下面這位家長以優勢本位觀點重新建構問題，幫他協助青少年兒子修復和生他氣的老師之間的問題。

我兒子亞歷克斯的數學老師打電話給我的時候，我正準備出門上班。老師聽起來不太高興。我問老師有什麼事情。

「亞歷克斯需要懂點禮貌，不要在上課時和我頂嘴。」老師怒道。

我感到自己想替兒子辯護的憤慨油然而生，但是我沒反駁，我說我正要出門上班，建議在我和亞歷克斯談過以後，再找個更恰當的時間討論這個問題。

那天晚上當我詢問亞歷克斯事情的原由時，老師的話還在我耳邊響著。當亞歷克斯重述當時的情況，我牢記他的最大優勢是公平。

聽過亞歷克斯的說法，並且透過他重視公平與正義的眼光，我很能理解所發生的事。我告訴他的優勢，我告訴他，我瞭解他為什麼會覺得自己受到不公平的指責。這讓我們雙方對這件事情有了共同的觀點。然後我利用他公平的特質，幫助他從老師的觀點看這件事。畢竟故事的兩面都要兼顧，才是真正的公平。使用公平作為我們談話的重心，我們討論出一個更有建設性的方法，和老師溝通他的想法。隔天他得以和老師化解問題，沒有積怨。

這是一場我可以自豪的親子對話。在過去，我可能就只從老師的指責開場，再穿插自己的失望。從優勢觀點開始這場困難的對話，結果大不相同。

問題二：沒有使用足夠的優勢嗎？

相較於只看孩子做錯的事，詢問孩子是否沒有充分利用優勢或低估某項優勢，是幫助孩子反省自己的行為，更為正面的方式。考慮親子對話的兩種對照：

羞恥本位：「我聽到你在學校嘲弄新同學，這件事現在人人皆知，讓我很丟臉。你就是這麼差勁刻薄，你什麼時候才會改變？」

優勢本位：「我很失望你在學校嘲弄新同學。我常在你身上看見仁慈和慷慨。上個星期你在看電視的時候，起身扶奶奶上樓，還替她提東西進來。我那時候看見你注意到奶奶需要幫忙，就挺身而出，好感動，以你為榮。仁慈是你如此美好的特質，有什麼原因讓你不使用仁慈對待新同學嗎？」

或是：

自責本位：「你為什麼比賽輸了就退出球隊呢？這很不像你呀。你知道這樣缺乏運動家精神。」

優勢本位：「我很好奇有什麼原因讓你決定在輸掉比賽後退出球隊。這不太像你。如果你那時候拿出你在有觀點、團隊合作、或是公平的優勢，你想會有所不同嗎？」

幫助孩子看見他們可能在某些地方沒有充分利用自己優勢培養他們留意自己的行為。這也是培養孩子的實力：讓孩子瞭解，這無關乎他們「不好」，而是他們在某個特定情況中，沒有呈現自己最好的一面：不是因為我是壞蛋才做錯事，我只是忘了拿出某些優勢。我知道我本身具有那些優勢，下次如果我使用那些優勢，這個情況就不會再發生。

當你越來越成為一位優勢本位家長，沒有充分利用優勢的問題，正如過度使用的問題，就會越容易處理。當孩子開始明白自己擁有許多優勢可運用，你們兩人會發現各種不同的搭配方式，讓孩子能夠使用優勢避免捲入紛爭，在各種處境中都可以積極向前。

問題三：是因為優勢的反面（陰暗面）嗎？

有時候我們以為的問題，其實是優勢的反面，或是心理學家所謂的「陰暗面」（shadow side）。在那種情況下，我們需要幫助孩子學習新的方法來規範或表現自己的優勢：

> 米亞問起問題來沒完沒了，很累人。雖然我希望她學習，增長智慧，永遠好奇，但有時候我只希望有片刻安寧！我一直都跟米亞說我好喜歡她的好奇心，還有她對許多事都感興趣。我建議她，用不同的方式——不要透過語言——表達好奇也是很好的。她對人及周遭事物感到好奇。我們一起研究如何把好奇心用在瞭解別人的肢體語言上，換言之，我們

怎麼知道別人看起來心不在焉，或是，說白了，別人被很多問題搞得很煩。

米亞現在瞭解了她對人及人的肢體語言的好奇心，可以幫助她知道，什麼時候是問題的好時機，什麼時候最好保持沈默。當時機不恰當的時候，她選擇用別的方式，用其他的感官，來滿足自己的好奇心。這讓她更有自覺，知道什麼時候該要安靜。

如果我們能夠翻轉我們的看法，用優勢眼光來看事情，有時候即使是可能被視為高難度的問題行為，也可以處理得更好，正如這位老師所發現的：

我以為我很瞭解我十一年級的學生──我從小看著他們在學校長大，曾經在不同階段教過其中一些學生。然而，和他們討論他們的優勢問卷，讓我能夠用不同的眼光來看待他們。例如，學校老師經常認為有一個女孩很難管教。她會想方設法逃避自己不想做的事情，而她的媽媽會為她撐腰，真是令人感到挫折。她質疑每件事情，挑戰校規，質問為什麼她必須做某些事情等等。她並不討厭，只是愛找碴，需要特別小心處理，否則她會爭論不休，甚或時而表現無禮。

然而檢視她的優勢，和她一起討論優勢，讓我能理解她的立場，能和她談到以前損及我們師生關係的一些事情。她最大的優勢是好奇心，遠遠勝過她的其他優勢；第二個優勢是公平；第三是誠實。她並非想挑戰別人；她只是好奇。她不是破壞者；她只是誠實。如果她認為她，或其他同學，沒有受到公平對待，她一定會讓對方知道！

那就好像過去蒙蔽我雙眼的鱗片掉落了。在我們的談話中，我也可以表達我對她利用家裡的背書來逃避學校事務的挫折感，我覺得那不公平。她聽進去了，而且老實說，這種情形沒有再發生過。

有時候，正是那些執拗於優勢陰暗面的孩子需要我們的幫助，用更正向的態度來看待自己：

安娜莉絲對自己最大的優勢是欣賞美麗和卓越事物有點尷尬。她覺得這聽起來有點「華而不實」。但是在九年級，這個情形有了轉變，那時候，學生被要求做一個實驗（包括建立新的數據），並根據自己的發現製作一項「產品」。

安娜莉絲對音樂和情緒之間的關聯很感興趣。她開發了一項產品叫做「正向音樂播放表」，在這個播放表上，安娜莉絲挑選了十首對情緒有正面影響的歌。她先調查同學的意見，找出同學常聽的歌曲類型，然後花很多時間找出在音樂類型、節奏、歌詞、和流暢度都達到她的標準的曲目。她照了美麗的黃雛菊照片作為封面，並使用它做為所有相關資訊的品牌形象，還寫了一篇出色的報告。她的努力獲得甲等的成績！

我和安娜莉絲談到這次的想法，以及她對建立歌曲播放表的正確形象和感覺，與周邊材料的審慎處理中顯露無疑。很多同學和老師都對她的創意以及對細節的重視讚不絕口。她對自己的作品非常自豪。

這次非常正面的經驗帶來一些精采的後續學習：今年她修了一門美學史的課，她非常喜歡！她在班上名列前矛，還因為一篇優異的作文而獨受青睞，課業上的自信也延伸到其他科目。好處太多了——而一切都是從尊重自己的優勢開始的。

問題四：可能是優勢受到阻礙嗎？

受到阻礙的優勢可能引發強烈的情緒反應。當我們無法以忠於自己的方式生活時，會感覺不對勁、易怒。我們中間有多少人，當自己在工作上覺得不受重視、不被重用時，在家裡也會變得很難跟旁人相處呢？

記得我在第三章所說的，關於我的作家朋友，因為不諳閱讀所以愛鬧脾氣的故事嗎？不是每個人都會感受到舞文弄墨的深度、豐富、魔力和喜悅，但是當年的那個小孩努力培養一項與生俱來的優勢，然而她的優勢受到阻礙，因為在她成長的年代，上小學一年級以前，不教小孩閱讀。如果孩子鬧脾氣，不妨問問自己，是不是孩子的優勢受到某種形式的挫折或阻礙。

問題五：是否被迫過度使用弱點和習得行為？

這幾乎是企業界的老生常談：有才能的成功人士被拔擢到，與他原來獲得成功，並從中獲得極大滿足的本行工作相去甚遠的管理階層。即使他是一位優良經理人，他也會很不快樂，因為他的新工作迫使他不斷使用習得行為，而不是出自他源源不絕的優勢。甚且，如果管理技能是他的弱點，讓我們這樣說吧，他將不會是職場上唯一受苦的人。被強迫使用弱點或習得行為會導致不良行為。

處在必須不斷使用弱點的環境中，令人疲乏、備感壓力，而且需要持續耗費精神來操作我們懂得運作——甚至表現良好，頗受好評——的習得技能，但這不會讓我們獲得活力，也無法藉由施展優勢的機會來取得平衡。如果這對大人都很難應付，那試想，缺乏成年人應對技巧的小孩，在這種處境中做何感受，如何反應。如果孩子的行為經常讓父母傷腦筋，檢視孩子的日常生活。或許不良行為是他必須過分依賴弱點與習得行為所導致的後果。

實踐優勢本位管教

花幾分鐘時間，仔細思考上述問題，對孩子的優勢在特定情況下得以施展（與否）有概念。你一旦瞭解可能的狀況，以下有四種方法可以嘗試：

對策一：使用暫停來重新建立優勢連結

我們在前面幾章讀過這些資訊。這樣做真的可以透過穩定神經系統，把思考從情緒驅動的邊緣系統，轉向理性的前額葉（前額葉是自制力的驅動中心），幫助自己和孩子重新增添自制力。你還是可以讓孩子知道他的行為是不可接受的，但如果在處理問題以前，使用這些對策來緩和情緒，你和孩子的討論會更有效：

- 休息時間，你可以說，「在我們討論之前，我需要一點時間思考。」然後去做一個優質的放鬆活動，安定自己的情緒。你或許可以建議孩子也這樣做。
- 做兩分鐘呼吸運動。即使在很棘手的情況下，總還是會有時間做幾個深呼吸。這也會穩定你的神經系統。
- 花一點時間感謝。不好的事情會發生，但這不表示生活裡完全沒有值得享受和感謝的事情。找出值得你感謝的事情。你至少可以感謝自己甚至還有一個可以與之爭辯的孩子。視孩子的情緒而定，你們兩人或許可以一起做這些事。也許一起摸摸狗、休息一下來吃點心、或是在社區散步。這樣可以安定大腦邊緣系統的興奮狀態，幫助你和孩子比較能控制情緒。

對策二：建議調整優勢強度

我引進調整優勢強度大小的概念給和我一起研習的老師與家長。這個方法在課堂上以及一對一的場合都有效。

基本上就是，你建議孩子他需要調節優勢的「音量」（強度）大小，來處理他所面對的特定問題。透過問你自己前述的問題一和問題二，有關優勢過度使用和未充分利用的問題，你會發現哪些優勢需要被調大或調小。和孩子做這種練習，能幫助他們學習規範自己，並瞭解不同的場合需要不同的舉止；

露西和我談到，勇敢是一個很好的優勢，然而如果過度操作，可能會讓她對姐姐太霸道，引起紛爭。我們談到，如果她發現這個優勢並沒有帶來太多好處，她如何能把這個優勢調低。我們也談到，有些時候她能做些姐姐辦不到的事，因為她很「勇敢」。我們提到，她是個會堅持到底的人——這有時是好處，但有時如果強度調得太高，則會變成固執己見。

你甚至會發現，孩子有一天會以其人之道還治其人之身！

亨利是一個喜歡交朋友，精力充沛，對人生有無限熱情的五歲孩子。在不同的場合，我們會請他把他的優勢調高或調低——例如，當他傷害別人，就調高仁慈；當別人傷害他，調高寬恕；當他需要等待做他想做的事，調高耐心——我們幾乎天天這樣做！有一天當他注意到我很不耐煩地切換車子收音機的頻道，他告知我，我需要使用多一點耐心優勢。

對策三：鼓勵優勢對比負面行為

即使嚴重的偏差行為，這個對策也能創造出建設性的對話，如同這位駐校心理師所說的：

我們學校有位十年級的男生常常闖禍，與不當人士交往，而且才剛剛被抓到在商店順手牽羊。他已經被停課好幾次，我們不認為他能順利讀完十年級。他和我一起做了VIA品格優勢問卷，界定出領導力是他的招牌優勢之一。這個發現加上討論他優勢的對話極為重要。首先，我想這是他第一次從別人那裡知道，自己身上有這麼多良好的特質。聽到這些優勢讓他感動得哭了。其次，我們想辦法把焦點放在用有益的方式增進他的領導優勢。我們聽說他在校外是一位很優秀的橄欖球員，是他所屬球隊的隊長。我們就想辦法培養他在校內的領導優勢，最後他順利讀完這一年。

這個家庭把慶祝成就當成一種例行公事，不會喋喋不休計較家人的短處：

我們用家庭聚餐獎勵優異的學業努力和成績。我們請兒子享用他最喜歡的餐點，外加一個特別訂製的蛋糕。用餐時，我們表揚兒子的努力和成就。這個傳統是一種激勵。

對策四：用優勢來替代或交換

我的一位朋友是理療按摩師，在按摩發炎和受傷的部位之前，她總是先從健康的肌肉組織著手。如果她直接從受傷的肌肉組織開始按摩，患者會變得很僵硬，那就沒辦法有效復原。相同的道理，如果我們直接從孩子的弱點下手，孩子會本能上變得有防衛心。一開始先從孩子的「健康肌肉」——孩子的優勢——著手，你可以更有效地幫助孩子改進弱點。當尼克和艾蜜莉有問題來找我時，我訓練自己以優勢來替換，問他們：「在你的優勢中，有哪項優勢可以幫助你解決這個問題呢？」

我以前不總是能夠如此迅速採取這項對策。艾蜜莉自己一定會承認，沒有耐心是她的弱點。當她讀一年級的時候，她的老師告訴我，艾蜜莉上課時太愛講話了。原來，艾蜜莉比她的同學更快完成手邊的作業，然而她不耐久候，所以當同學努力完成作業時，她就跟朋友說起話來。我和艾蜜莉談過好幾次，請她耐心等待。她並沒有真的把我的忠告放在心上。當她有一次被送到校長室時，我亟需新的對策。

我發覺自己那時正以艾蜜莉的弱點——她缺乏耐心的事實——來建構這個問題。與其試圖減少她的弱點，我決定要極大化她的優點。所以我打開優勢開關，想到上學期的家長會中，我從她老師那裡得到的一個正向回饋。老師稱讚艾蜜莉合作的天性、熱愛學習以及仁慈。艾蜜莉從小就很友善，她會分享玩具，找別人一起玩，特地想辦法讓別人開心。仁慈是她的核心優勢之一。

我和艾蜜莉談到，她可以藉著讓同學完成作業，來展現她對朋友的善意，因為這樣會讓她的朋友因為有成就感而開心，正如艾蜜莉對自己熱愛學習感到開心一樣。我也建議她，也可以透過不打擾上課，表現對老師的體貼和合作。

我一啟動我的優勢開關，透過艾蜜莉仁慈和合作的優勢，重新建構情況，而不再嘮叨她沒有耐心的弱點，艾蜜莉立刻瞭解自己該怎麼辦，然後她的課堂行為改善了。

對付弱點的三項要領

當然有時候你必須正面迎擊弱點。或許孩子在某一門學科上有困難，但是為了實現自己的升學目標，需要拿到特定的成績。我不擅長數學，為了進入研究所讀心理學，我的數學成績必須夠好，要熬過統計學，拿到博士學位，所以我開始接受課外輔導。也許你的孩子就像艾蜜莉一樣沒有耐心，需要學習更好地管理那些情緒。畢竟人人都有弱點。馬修和我認為，耐心是如此重要的人格特質，我們要和艾蜜莉一起直接對付這個問題。

對付弱點的要點是，要確定你的焦點不至變成太過「缺陷導向」。還記得我們在第一章所做的黏土塑形練習嗎？使用感謝、正念和自制力，來確保你的注意力不會過度受到黏土模型的空洞吸引。做好對付弱點該做的事，讓弱點不會妨礙孩子的目標、良好行為、或成績／表現，但是不要期待孩子會把弱點做一百八十度的翻轉而成為優勢。

從我自己家裡以及從與其他父母工作的經驗，我找到一個三管齊下的方法，我稱為三個P——事前準備（Priming）、事件發生之際（Present Moment）、事後檢驗（Postmortem）——對付弱點很有效。

事前準備

什麼是事前準備：事前準備就是，你事先告知孩子，他將進入一種處境，其間他需要對付某個特定的弱點。

成功祕訣：保持冷靜，就事論事。人生就是這樣，我們每個人都有必須面對自己不喜歡或不擅長的事情的時候。問孩子他可以使用哪些優勢來控制自己的情緒。建議一些孩子可用來暫停討論的方法，在感覺壓力太大時使用。盡可能在雙方都情緒平穩，有充分休息，所以孩子和你的自制力都比較強的時候，在輕鬆、沒有壓力的情況，進行第一次事前準備的程序。

舉例

- **艾蜜莉缺乏耐心：**「這段車程很長，至少要花上一個鐘頭。現在車子很多，但是沒有別的辦法。我知道這很討厭，我也覺得很煩。但這種情況下，你不耐煩也不會讓我們更早到達，只會讓你覺得不安、很煩、焦躁。所以你要留意這些即將發生的狀況。有哪些事情可以幫忙你在坐車時覺得不會那麼不耐煩呢？」（對這種情形，艾蜜莉通常會建議帶本書、一些美勞材料、或是帶手指玩偶在車裡玩。）
- **增進運動技能：**「如果你能夠學會在罰球區外投籃，你就更難被打敗。你的籃下投籃很棒，但大家認為你在罰球區外會失準，所以那裡沒人防守你。如果你能夠培養這項技巧，你會有很大的空檔射籃。這星期讓我們來練習使你在罰球區外的暫停和投籃更為流暢。我知道這不是你最喜歡射籃方式，但是這樣真的會擴大你的攻擊力，多加練習，你會進步的。」
- **改善念書技巧：**「你熟悉這些材料，但是並沒有反映在你的考試成績上。我想這是因為你考試前的準備工作做得不好，所以才會考不好，而且我也在想，你是不是在考試的時候會緊張，以致不能清楚思考。這個月，在進入忙亂的期末考期間以前，我們要做好考試的準備，擬定從睡覺、讀書、時間分配、和在考試中有效穩定情緒的策略。

事件發生之際

什麼是事件發生之際：這裡有兩個層次可以加以選擇。第一個層次是單純正念——在事件發生之際，替孩子標示出問題，來幫助孩子準備。第二個層次是在事件發生之際，主動對付弱點。孩子越常練習在事件發生之際對付弱點，弱點的影響力就會越來越少。

成功祕訣：理想狀況是，在你和孩子有充分休息，能夠練習正念，不太會發脾氣的時候，練習第二個層次。

舉例

- **艾蜜莉缺乏耐心，單純正念：**「我看到你的耐心要接受考驗的時刻來了。」
- **艾蜜莉缺乏耐心，在事件發生之際對付弱點：**「現在是做幾個深呼吸，想想不同應變方式的時候了。讓我們從另一個角度來看問題。不耐煩會讓車子開得快一點嗎？會讓法律規定改變速限嗎？因為我們有位不耐煩的九歲兒童坐在車子後座，其他車子就會讓路嗎？不會的，不耐煩不會改變事情。」
- **增進運動技能：**「在籃球比賽進行中用喊話方式，或在暫停時間以口頭方式，提醒或糾正孩子的射籃時機。」
- **改善念書技巧：**「顯然你不能夠在考試時間出現，所以你不能在事件發生之際幫助孩子。但是你可以在孩子在家裡做模擬測驗時輔導他。這樣你就可以在事件發生之際在場，輔導孩子做幾個深呼吸、注意時間、把每道問題的要點標出來、必要時要發問。這樣子，當考試來臨時，孩子會有所準備，以克服過去妨礙他的不良應試技巧。」

事後檢討

什麼是事後檢討：就是你和孩子在事情過後的討論，以界定所發生的事情，檢討事情的過程，檢視需要改進的地方，決定下一步驟，以達成目標。事後檢討可能發生在事情過後幾分鐘、幾小時、或幾天以後（當大家冷靜下來）：「好，讓我們檢討剛才發生的事／早上的考試／昨天晚上的球賽／前幾天發生的事。」

成功祕訣：這裡的目標是要幫助孩子留意事情的進展、自己的感受、自己對事情的行動／反應以及下次有什麼不同的做法；「在那個情況下，是什麼事情讓你有這種感受／讓你有那種做法和說法？你認為哪些優勢能幫助你有更好的做法？是否有某項優勢需要調整使用的多寡？你覺得我們還可以嘗試哪些做法，好讓事情下次更順利？」

舉例

艾蜜莉缺乏耐心：除了用艾蜜莉的仁慈來處理她上課講話的問題，我也跟她談到缺乏耐心的問題，請她告訴我，當她寫完作業，看見周圍的同學還在寫作業，她當時有什麼想法和感受。我建議她利用那段時間檢查自己的作業，確定沒有錯誤，讓作業看起來更好／更漂亮。最後這個建議對具有創意和藝術天分的她頗為受用，而且她學到了，自己可以有辦法不受不耐煩想法的干擾。

增進運動技能：技能方面的問題，事後檢討通常要決定該如何透過更多的資源和訓練，以求進步。首先是檢查過去表現的優劣：「你在這個區域和這個區域的射籃很準，但是在這個區域和這個區域射籃不進」、「這一球不進是因為你在出手時身體還沒有完全到位。」然後和孩子一起計畫加強技巧的辦法。記得要討論可能妨礙孩子進步的心態問題。

改善念書技巧：這個地方也是一樣，就最近發生的事件，和孩子在所需的資源和練習上取得共識：

「讓我們討論上星期的考試。考試的內容你都熟讀了，所以你認為你的成績和你所知相符嗎？」

「你怎麼讓自己鎮定下來呢？你有做幾個深呼吸嗎？你的考試時間分配得怎麼樣？有沒有花太多時間在某些地方呢？你在掌握時間上能夠再怎麼加強呢？」「如果你對某些考題的說明不確定，你有請老師解釋嗎？」你們也可以討論安排課後輔導，排出念書和準備考試的課表，做計時的模擬測驗，或是其他辦法，用有系統、可行的步驟來解決特定的問題。也要和孩子談談他的想法和感受，來瞭解這些做法是否在某些方面對孩子造成妨礙。

轉換軌道：優勢本位教養方法是扭轉大局的禮物

我這輩子只滑過一次雪，但是那次經驗讓我發現一個有趣的事實。我記得自己站在山頂上，四週盡是閃閃發光的白雪。在我眼前有兩條下山的雪道。山的一側平坦光滑，這會是一條較慢，充滿景緻，而且就我這個新手的意見看來，比較愉悅的雪道。山的另一側則陡峭多了，它提供了一條快速，多有高低起伏，比較危險的行程。而在我眼前兩條雪道的起點彼此間的距離呢？大概十公分。我只消將滑雪板朝向不同的方向，我對這座山的體驗就會大不相同。

優勢本位教養方法就是雪道的起點，把你滑雪板的角度做小幅調整。當你實踐優勢本位教養，不是說不當行為就會消失，你和孩子就不會遭遇生活中大大小小的挑戰。你仍然必須想辦法下山，但是你會經由非常不同的途徑來通過那些挑戰——一條我認為更平穩，並為親子雙方打開美麗景致的路徑。不但如此，你還可以經由每天遇到的教養時刻來接觸這些有力的體驗。

想像一個孩子，憑著勇氣，連續幾度更改自己的行動，最終擁有一個新的朋友圈——這是在設定界限，瞭解自我價值，並停止他人無禮對待，人生重要的一課：

夏娃最大的優勢是勇敢。她八歲的時候碰到交友問題，那些朋友很霸道、不輪流、排擠她。一開始，我請夏娃反省是不是自己做了什麼可能讓別人覺得有點不公平的事。然後我告訴她，她可以有所選擇：她可以把自己快樂的權力交給那一群朋友來控制，或是她可以控制自己快樂的權利，交些新朋友。

起先夏娃決定用自己的勇敢，告訴她的朋友，當她們對她不公平的時候，她的感受。但是事情並沒有真的改善，夏娃常常在放學後哭泣。然後有一天，她跌倒受傷了，有一位朋友去求救，但是另兩位朋友卻站在一旁，討論她們等一下要玩什麼遊戲，沒有幫助她。

事情過後，夏娃決定靠自己的勇氣結交新朋友。她想交的那些新朋友喜歡玩哈利波特遊戲，夏娃就讀哈利波特的書，熟悉書中人物，也學會新的遊戲和規則，然後鼓起勇氣，加入這群新朋友。

她從沒有後悔，現在變成我所認識的最快樂十歲小朋友中的一員。她現在有很強的自主意識，明白自己最大的優勢，也因為這個優勢而擁有更多朋友。

想像一位和善敏感的小孩，他也知道如何略為改變自己滑板的方向，讓自己在擁有深刻感受的同時，仍然能夠控管自己的情緒；

班尼七歲，是你會碰見的貼心小男孩。他有時候也會過度敏感，為一些同年紀男孩子不在乎的事情生氣。我希望他保有善良的靈魂，所以我一定表示理解他仁慈的優勢。當他情緒失控的時候，我幫助他學會做深呼吸，學會如果必要的話，要離開事件現場。我們也學習如何使用這段暫時離開的時間來釐清自己為什麼生氣，以及如何讓別人瞭解他的狀況。我不希望他只是變得堅強，而是要能夠智慧的使用他仁慈、有愛心與社交能力的優勢，同時感覺堅強而有自信。

再來是更懂得體貼、感謝父母的孩子：

當我的兩個兒子在一次家庭旅遊期間抱怨兩人必須同住一房時，我對他們說明，「爸爸非常努力工作才能讓我們有這趟旅行，我們可以用感謝的心，感謝我們有這麼好的機會出來旅行。」後來他們真的改變態度。

想想那些在人生過度時期，能夠擔負起新的角色和責任的孩子：

丹尼的小弟弟出生的時候，每當他幫忙剛出生的弟弟，例如，從地上撿起奶嘴、抱著弟弟餵奶或是當弟弟哭的時候，他把自己睡覺時用的撫慰玩具拿給弟弟，我們會指出這些事情來，讓丹尼知道自己有多麼仁慈、有愛心。當他表現出耐心、自制力、團隊精神時，我們也會用四歲孩子聽得懂的話來讚美他，把這些事情指出來。我們覺得這個方法幫助丹尼和剛出生的弟弟發展親密關係，幫他擔負起做哥哥的角色，或許這也減輕了他對自己不再是父母注意力焦點的不滿感覺。

慢慢學習領導力的孩子：

莎拉總是全心投入每件事情。她追求成功，她的核心優勢是愛、領導力、公平、判斷力、和仁慈。莎拉在高一和高二的時候，遇到一些人際問題，因為學校的授獎、學生領袖職位和好強的天性，導致她和同學之間產生一些嫉妒和衝突。

我們討論了領導力的議題——有些人不喜歡被領導；有些困難的決定會讓某些人傷心；友誼和領導力有時難以並存：「莎拉，如果你想成為領袖，也許你需要接受，有時候你和別人之間會有衝突；你如何能善加處理那些衝突呢？」

莎拉慢慢明白，角逐領導者的角色也表示某些時候可能會犧牲友誼。所以她努力用愛與仁慈發展和那些不會與她競逐的朋友之間的友誼，也以仁慈對待和她競爭者。

莎拉很享受擔任學生會主席的那一年，她現在大二了，學業成績優良，每周有兩天到一個旨在解決全球貧窮問題的組織做義工。她希望有一天自己也可以在類似的組織裡負責管理工作。她繼續和高中同學保持聯絡。

做為家長，我發現用優勢幫忙聰明又上進的青少年，以自己的方式，度過過某些困難時光，很有幫助。

懂得說「對不起」的孩子：

我們在我哥哥家參加家庭聚會，山姆（十三歲）拉開他哥哥伊森（十六歲）的座椅，害伊森跌坐在地。雖然伊森沒有受傷，但所有的舅舅看見這一幕都笑了，讓伊森有點尷尬。雖然平常伊森和山姆最要好了，事後，伊森拒絕和山姆說話。我連續三天不斷要山姆向伊森道歉，但是山姆不讓步，房子裡氣氛冰冷。

我退一步想想，理解了山姆是個討厭自己犯做錯的孩子，如果他闖禍了，會有很強的羞恥感，所以要他認錯或許很難。我想到山姆的優勢。毫無疑問的，大家都知道山姆仁慈：小孩子都喜歡他；他溫柔有耐心；仁慈待人。我又去找山姆，和他談到要修復和哥哥的關係，因為這是一件仁慈的事。令人難以置信的是，在我們談話後不到三十分鐘，他和哥哥言歸於好了。

以和別人分享自己的體悟，來面對不幸處境的孩子。

我們學校一位八年級學生被診斷出患有慢性疲勞症候群，她把疲倦的感覺描述成錨和雲的組合。我們和她談到如何利用她的優勢來幫助她調適這種疲累的感覺。她最大的優勢是創造力和仁慈，所以她決定創作一本談論她自己經歷的兒童書籍，希望能幫助別人。

在分分秒秒中，優勢本位教養方法創造了小而可行的轉變，對孩子的生命軌跡帶來正向改變。在我發展與教導優勢本位教養方法的年歲裡，我看到了許多家庭轉型的成果。我對你及你的孩子所抱持的希望是一個滿載優勢能量，充滿成長、探險和喜樂，振奮人心歷程的未來。

第十章 優勢個人，優質家庭，優良社會，優勢天下

成為家長徹底改造了你，一切都改變了——你的優先順序、人際關係、日常作息，以及最重要的，你自己。你以前所認識的世界，完全改觀了。

然而，如果能以你現在對優勢的認識來改變世界呢？

本書第一章的標題是：「在為缺點抓狂的世界，主張優勢」。我希望當你讀到這裡的時候，已經擁有執行這項任務的裝備。

如果這個世界充滿了認識優勢、發揮優勢，並且也幫助別人實踐優勢的人，那我們會擁有什麼樣的世界呢？

我想那會是一個更正向、更有力量、更有效率、更美麗也更有趣的世界。

好消息是，這個變化已經開始發生了。

在上一章，我們看見每個微小、短暫的優勢意識應用，可以正向地改變孩子的生命軌跡。

然而優勢意識也可以支撐我們度過嚴峻的人生大事與逆境——甚至不僅於此。下面是姬瑟莉・瑪若・瑟古拉（Giselle Marzo Segura）和麗莎・洪尼格・別克斯鮑姆（Lisa Honig Buksbaum）兩

位媽媽，在巨大困境中，應用她們本身和兒女的優勢，進而把優勢意識傳遞到她們的社區裡：

我的女兒從三年級開始，就讀附近一所為有失語症（dyslexia）或相關語音學習障礙兒童所辦的特殊學校。我們多年來所做的心理測驗結果，竟然是要把女兒轉到特殊學校，讓我覺得自己好像被迫指認我所珍愛的人身上的所有「錯誤」。

我們不希望我們所愛之人將來必須受苦，所以我們通常會把焦點放在修補那些看似有問題的地方。這個陷阱影響了全家人的關係。在如此緊張的狀況下，要以欣賞的眼光看待每一個人，真的很難。有一段時間，我的婚姻籠罩在巨大壓力下；我們都精疲力竭。

她升上六年級三個月後，課業跟不上進度，我被告知：「我們恐怕對妳女兒愛莫能助了。我們建議你在家裡自己教她。」

我從來沒有想過讓她在家自學，但是我們必須要試試這個新方式。剛開始的幾個月，極端困難。那是學年中，所以我必須把自己市場營銷和設計的工作擱置一旁，來教導我的女兒。

我一向知道，創意是我最大優勢之一，特別是藉由設計來解決問題。我意識到自己正有個獨特的機會，可以藉著重新設計女兒的教育，來扭轉劣勢。

我努力在那些符合她的優勢和興趣，能自然激勵她的科目，與那些她有困難的科目之間找到平衡。她具優勢的科目——音樂和藝術——我們上團體課，以提供一些人際互動；困難的科目，我們進行一對一教學。為了滿足基本學科要求，我們參加像是本地的家庭自學團體，每週一次的海洋生物課程，來學習科學，透過大自然來瞭解海洋生物。我將VIA優勢語言融入女兒的家庭自學。因為成效良好，本著我的設計優勢，我揣想：視覺模型能否幫助我們使用這種讚美的語言來聯結全家人呢？

這就是我開發「優勢集群」（Strengths ClustersTM）的原因，這是一個以VIA品格優勢分類為特色的完整視覺地圖與工具，我用它來幫助家庭、學校與職場瞭解他們的優勢。我的女兒現在十四歲了，我倆甚至一起搭檔，教導多元團體和企業界，如何通過優勢眼光，彼此瞭解，互相欣賞，建立關係！

=====

就在我的行銷傳銷公司即將在全球最大的電信貿易展，推出全球最大的電信通訊公司前幾分鐘，我在拉斯維加斯貿易展的展場，用手機接了一通電話，那時我還不知道我的世界即將改變。

「麗莎，這是有關強納森的事。」我先生雅各的話立刻引起我全副注意力。「他病得很重，你必須馬上回家。」

在紐約的家裡，我們十歲的兒子得了咽喉炎，服用十天的抗生素，但後來症狀演變成風濕熱，導致心臟和神經性損傷。

四個月來，他服用了大量藥物來預防癲癇發作，連上廁所都必須有人抱著。他經常昏睡，覺得非常害怕；我們全家人都很害怕。

小兒神經內科的主任說：「我認為你們應該帶他到海邊去。」所以我們在康尼島附近租了一個海灘小木屋，在那裡住了四個月。我每天晚上都睡在強納森的床上，因為他會因腿部抽筋而醒來，痛苦地喊叫。我會按摩他的四肢，安慰他，幫助他重新入睡。每個人都疲憊不堪，心力交瘁，尤其是做媽媽的我（強納森的弟弟約希當時四歲）。

每天早上五點半，在家人起床前，我會在破曉時分，到海灘散步、祈禱、唱歌、流淚。這個寶貴的時刻幫助我聯結自己的優勢，找到自己的重心。

在一次散步中，我的腦中浮現「飛翔之語」（Soaringwords）一詞。我止步，讓它烙印在腦中，眼淚順著我的臉龐流下。我回到小木屋，心中有一股強烈的使命感。我在床頭櫃的備忘錄上，隨手寫下了「飛翔之語」，然後沐浴更衣，又開始另一天漫長的看顧工作。

每兩週，我們三個人會回診，去見強納森的神經內科醫師和心臟科醫師。我們畏懼這些回診：候診室擠滿了憂心的父母；孩子閉著眼睛倚在父母身上。在那靜肅的候診室裡，我聽到「飛翔之語」的召喚，一次比一次強烈。

當我得知美國有五分之一的兒童——兩千兩百萬——患有嚴重疾病、重大傷病或慢性疾病，如哮喘、糖尿病、癌症時，我知道我必須做點事情，讓這些兒童及其家人找到他們自己內在的優勢、韌性與希望。

我總是能夠找到有創意的方式，幫助病中的強納森看到正向的一面。我每天都會用不同球隊或流行用語的正向口號，做成標誌，掛在他的床邊。強納森有很棒的幽默感，所以我會在我們的活動中加入趣味的影片和故事。

當強納森開始能夠長時間起身坐著、行走時，我們大肆慶祝他的進步。他很期待能夠騎腳踏車，所以我們把這件事當成他努力的目標。他喜歡打籃球、踢足球，所以我們會談論當他能再和朋友一起打球，會有多麼快樂。終於，醫生宣布強納森完全康復了。強納森健康步入四年級，此後一直保持健康。

一年後，在二〇〇一年，我結束了經營十一年，十分成功的行銷傳播公司，開始制定「飛翔之語」的營運計畫。我想和其他家長分享我用來幫助我的兒子強納森發掘其優勢的正向鼓勵與活動。十五年來，「飛翔之語」已經幫助超過二十五萬名病童及其家人，抱持「永不放棄」的信念。「飛翔之語」透過親自探訪（通過超過一百九十六家醫院）與網路連線，提供根據正向心理學概念所開發的有趣、富創意與具教育意義的單元，為病童及其家人在重大傷病中增進福祉。

「飛翔之語」也鼓勵病童把愛傳出去，為別人行善。當他們創作生動的美術作品來支持其他病童時，他們就是採取正向行動，培養利他主義與互惠、韌性、同情心以及希望。這也是讓他們發揮自己的創造力、幽默和喜樂的好方法。

強納森現在已經二十六歲了。他有一百八十五公分高，高中和大學時代都打籃球，現在在商業房產界工作，並且是「飛翔之語」青年領袖董事會的共同主席。我相信生病的經歷使他成為一個更富同情心的朋友、兒子和孫子，並使他對健康、活力與生命本身，有更大的感謝。雖然沒有人希望生病，但經由病痛，我們經歷了許多祝福，讓我們成為更具優勢的個人、更顯優質的家庭。

這兩位媽媽都發現了優勢在幫助孩子克服嚴峻的人生挑戰所具有的力量，並且在發現這個方法的同時，致力於把優勢帶給別人。我自己的故事也是一個使用優勢療癒自己，然後致力於把優勢帶給廣大社會的故事。

我們開始看到優勢在社會上逐漸受到重視的證據。已經有超過一千三百萬人接受像是蓋洛普優勢辨識器，R2 優勢圖譜（Realise2），以及 VIA 問卷的測驗，這些問卷已經被翻譯成二十多種不同語言，在一百多個國家使用。VIA 青少年問卷已被全球近五十萬名兒童採用，目前擁有二十種不同語言的版本。

著名的美國電影製作人蒂芬妮・許萊恩（Tiffany Shlain）透過和索耶・斯提勒（Sawyer Steele）及麥肯希・達林（Makenzie Darling）共同創辦的非營利組織「傳遞：雲端電影改變全球」（Let it Ripple: Mobile Films for Global Change），發現了一種嶄新的方式，來傳遞 VIA 優勢品格的知識。他們的雲端電影《品格科學》（*The Science of Character*），《進化心靈》（*Adaptable Mind*）和《打造公義》（*The Making of a Mensch*），已成為「世界品格日」（*World Character Day*）的重要支柱。（「世界品格日」是一年一度的全球倡議，世界各地的學校、家庭、和組織團體觀賞電影首映，並在當日透過網路視頻，展開討論品格優勢的同步對話。）「世界品格日」在美國國務院的支持下，在華盛頓特區以及美國在世界各地的大使館放映，其中包括埃及和越南。在二〇一六年，來自一百二十三個國家，超過九萬個學校、家庭和組織團體參與了「世界品格日」的活動。這就是傳遞的連鎖反應。

優勢本位走入教育界

在校園裡，優勢運動正蓬勃發展。當我剛轉到墨爾本教育研究學院時，我與公立教育體系合作開發的領導力課程，已經訓練了一百名公立學校的領導者和老師使用優勢本位的方法。這些領導者與老師帶著這種學習回到八千名老師與三萬名學生當中。當這些領導者和老師轉換到其他公立學校時，這種連鎖反應也會隨之延續下去，將那些學校轉型為優勢本位學校。

以下是來自一些學生的回應：

知道我可以訓練自己成為一個更樂觀的人令人為之振奮；知道我可以透過自己的優勢來努力，讓我覺得並非遙不可及。我發現最有趣的是，優勢其實不是你單純或有或無的這麼一回事。優勢是可學習的、有彈性、而且會隨我們的改變而變化。上完這學期的課程，我現在更有能力對未來保持樂觀。當我必須做一些我並不特別喜歡的事情時，我會使用優勢。我現在可以抱著一種「想像任務完成時，你會有多開心」的態度來做這些事情。

＝＝＝

我以前會讓負面障礙，像是壓力和焦慮，一直堆積，到最後，腦子裡都是負面思想。現在這種情形不再發生了！現在我接受它們是生活的一部分，並且學會找出問題的原因，尋找解決問題的方法。

＝＝＝

在發現事情的缺點之前，我會先找出正向觀點。「好事連連」的練習鼓勵我這樣做。

我和家人每天晚上分享三件「好事連連」。我媽媽甚至也在職場上使用這個方法！

瞭解我自己的優勢讓我受益，這讓我更加察覺到優勢的存在。它讓我以不同的觀點來處理事情，也讓我真正注意到自己的情緒，以及如何改善情緒，以成為更好的人。

我現在常在平凡無奇的情況中思想自己的優勢。即使只是看見小草的葉片，也會讓我想到自己欣賞美麗與卓越事物的優勢。我更懂得感恩，更能意識到自己的思緒與特質。

現在，把這些感受乘以三萬倍，再加上連鎖反應。

今年，我和應用正向心理學碩士班（縮寫為：MAPP）的校友蕾拉・麥克格雷（Lela McGregor）合作，根據我的 TEDx 演講，為學校開發了優點偵探單元（Positive Detective Program）。在我的演講中，我談到為什麼我們應該不要看夜間新聞，取而代之的，我們應該花時間在別人的身上尋找優點，而且在社交媒體上分享這個正向消息。實際的數據也支持這種行動的效果。你知道嗎，在社交媒體上發布正向事物能讓你網絡中百分之六十四的朋友感到快樂[1]，不只如此，這種快樂還能透過社交網路三度傳播[2]。你的好消息對朋友產生正向影響，也連帶正向的影響了他們的朋友。藉著一個正向貼文，你可以讓和你素昧平生的人的日子快樂起來。

蕾拉和我把這個發覺優點、分享好消息的想法轉換成一個為學校，也為家庭設計的網路計畫，幫助兒童和青少年看見自己與他人身上的優勢。我們的優點偵探計畫正經由美國、加拿大、英國、墨西哥、芬蘭、加納、新加坡、中國、香港、印尼、新加坡、澳大利亞、和紐西蘭的許多學校與家庭產生連鎖反應。

在美國也有「知識即力量計畫」（KIPP– Knowledge Is Power Program）。這是一個創始於一九九四年的特許學校（charter schools）團體，「目的在於幫助兒童培養知識、技能、品格及習慣，以供他們大學教育所需，為他們的社區建立更美好的未來。」[3]該計畫著重在教育資源不足的社區孩子。這個計畫看重優勢，所以學生的成績單裡，除了學業成績，還評估學生的七項關鍵優勢：熱情、恆毅力、樂觀、自制力、感激、社交智商和好奇心。就在我寫這段文字時，該計畫已經推廣到美國二十個州與哥倫比亞特區，涵蓋一百八十三所學校，影響遠及近七萬名學生。

優勢本位教育也走入印度。最近我和「心石」（CorStone）的執行董事史蒂夫・萊文索（Steve Leventhal）聯繫，「心石」是一家非營利組織，為美國和全球邊緣青年及年輕父母開發並提供有實證基礎的逆境重建計畫。「心石」採取優勢本位方法，來增進發展中國家少女的福祉，將她們視為社區裡重要改革的使者。

「心石」在印度的市區貧民窟、偏遠農村、與部落聚落的「少女優先」（Girls First）和「青少年優先」（Youth First）計畫令我特別感動。這些計畫中的少女多來自「低」種姓、少數民族或部落聚落；是家中第一代就學者；面臨性剝削和人口販運的高風險；並且很可能幾乎沒有任何優於勞務或家務的良好就業前景。在十四到十六歲間，她們多數會有早婚和懷孕的危機。很少有人會告訴她們，她們本身也有優勢。

「心石」的優勢本位逆境重建訓練已有詳加記載。從二〇一三到二〇一四年，一項大型的「少女優先計畫」隨機對照實驗，參與者包括印度比哈爾邦（Bihar）七十六所學校，與三千四百名生活在貧窮農村少女，其結果發現，這些少女在情緒韌性、健康知識、性別態度和清潔用水的行為上有了顯著的進步，同時，早婚現象減少了，學校參與度也提升了。

在比哈爾邦，一項包含三百三十所學校，五萬多名高中生的實驗計畫正在進行中。這些學生參加每週一個小時的訓練單元，學習自己的 VIA 品格優勢，以及其他生理與心理衛生技能。這個實驗的期望是，這項計畫未來能被百萬清貧青少年所就讀的公立學校廣泛採用。

「心石」也在印度其他地區推展該計畫。在有五百多個貧民窟的蘇拉特市（Surat），「心石」訓練了一百多名當地婦女，來幫助一個為大約兩千名低種姓少女所提供的優勢本位逆境重建計畫。你可以到 http://corstone.org/girls-first-surat-india 觀看影片，來瞭解更多有關這個鼓舞人心的計畫。（警告：這個影片讓我落淚。）

史蒂夫告訴我，在現行計畫所在社區正在發生的「連鎖反應」。「當你投資一名少女的健康和教育時，你所改善的不僅是她個人的福祉，還有她的家人與她未來子女的幸福。」他說，「當這些女孩生平第一次瞭解到，自己具有特定的品格優勢，並且可以成功運用這些優勢，來促進自己的健康與教育、延後婚配時間的權利、和自給自足的權利，我們正見證著她們踏出令人振奮的第一步，不僅讓她們自己，而且假以時日，也會讓整個家庭和社區，從僅求溫飽變為真正茁壯成長。」

在我寫下這段文字時，新成立的「國際正向教育聯盟」（International Positive Education Network）即將主辦一個有一千多位代表與會的全球性會議，他們代表來自北美、中美洲、南美、英國、歐洲、中東、非洲、亞洲、澳洲、和紐西蘭各地的三千七百名會員。我很榮幸能在會中介紹我在……你猜對了：優勢本位教養方面的工作。

我所在的地球這端呢，正向教育學校協會（Positive Education Schools Association）幫助整個澳亞地區的學校分享優勢教學的最佳實例。有些學校與墨爾本大學的正向心理學中心合作，在過去五年中，我們已經測量了超過兩萬名學生的優勢和幸福感。

優勢本位走入企業界

二〇一三年，我重新涉足企業界。一位朋友請我替她的公司，一家大型銀行，提供諮詢。她說：「莉，你知道，如果你和我們公司的領導幹部合作，你就是和很多家長一起工作。他們會把這套方法帶回家裡。」我回想起那個節日派對，那間投顧公司好幾個高階主管的妻子告訴我，自從這些主管在工作上採取優勢焦點之後，他們成為更好的父親和伴侶，所以我想我的朋友說得有道理。因此，我和我在商業與經濟學院的同事亞當・巴爾斯基（Adam Barsky）搭檔，他和我一樣擁有組織心理學的博士學位，我們籌畫了一個為期兩天的優勢本位正向領導力高階經理人教育課程。

從那時起，我們為企業、零售業、製造業、體育界、醫療保健業、保育界、非營利組織、人道救援工作以及食品業的高階和中級經理人介紹認識優勢。這些高階主管分享了許多如何在職場和家中使用這個新方法的故事。我最常聽到的兩個詞是：更新與改造。對他們和對我而言，的確如此：優勢幫助我們發現自己的新面貌——當我們聯結上真正的最佳自我，我們改造了自己的生命，也改變了別人的人生。

經歷了在墨爾本對高階管理階層親授教學的成功，同時看到學校線上優點偵探課程跨五大洲、十二國的廣泛影響，讓我思考：我能不能為企業團體創辦一套具有同樣廣泛影響力的網路優勢本位課程呢？我打電話給我的工作夥伴蕾拉・麥克格雷，然後去年我們花了一年的時間，為企業組織設計了優勢開關課程。讓這個課程上線，可以讓全世界的公司企業都接觸到這個課程，也負擔得起這個課程。這是我們竭盡所能，讓優勢廣傳的方法。為企業組織所設計的課程大受歡迎，所以我們也為家長和全家人開發了另一個網路優勢開關課程（你可以在 www.strengthswitch.com 查看這兩個課程）。

我們並不是唯一使用網際通路輔導公司企業有關優勢的人。蓋洛普研究所（Gallup Institute），價值實踐研究所（VIA Institute）和應用正向心理學中心的客戶名單涵括臉書（Facebook）、哈雷摩托車公司（Harley-Davidson）、英國廣播委員會（British Broadcasting Commission）、匯豐銀行（HSBC Bank）、聯實集團（Lendlease）、和英傑華集團保險（Aviva Insurance）等。

繼面對面促進模式（face-to-face facilitation model）之後，凱斯西儲大學（Case Western Reserve University）的大衛・古柏萊德（David Cooperrider）博士發展了一套廣為人知的優勢本位方法來改變公司團體裡的管理，稱為感恩探索（Appreciative Inquiry）。這個方法從界定系統中的優勢開始，例如良好的溝通、高昂的團隊精神、優質設備、忠誠的客戶等等，然後利用這些優勢來產生變革。大衛曾經與美國總統及諾貝爾獎得主合作。感恩探索也為各式企業廣為採用，包括蘋果公司（Apple）、威訊通訊（Verizon）、嬌生公司（Johnson & Johnson）、沃爾瑪百貨（Walmart）、美國紅十字會（American Red Cross）、克利夫蘭診所（Cleveland Clinic）以及聯合勸募協會（United Way）。

我很榮幸成為密西根大學（University of Michigan）羅斯商學院（Ross School of Business）正向組織中心（Center for Positive Organizations）的特約研究員[4]。密西根大學的羅斯商學院在英國「金融時報」（Financial Times）二〇一六年的高階經理人教育機構評比中名列前三十名，我相信部分原因在於正向組織中心在優勢課題上所完成的創新工作，將優勢（例如，同理心、誠實、寬恕、尊重、創造力）、正向領導力實踐以及正念帶入職場。每年數百名思想領袖、高階經理人、和學者齊聚密西根大學的羅斯商學院，舉行正向商業年會（Positive Business Conference），然後他們將優勢本位方法帶回自己全國性和跨國公司的職場中，這些企業業遍跨醫療保健到製造等各行業。

這些僅只是職場以令人興奮的方式實施優勢的幾個例子。你的公司會是下一個實踐優勢的企業嗎？也許你該和你的上司聊一聊了。

邁向優勢本位社會

在第四章中，我們探討了鷹架支援的觀念：鷹架支援的技巧為兒童提供資源與支持，以培養他們的優勢，直到他們能夠為自己提供成長的助力。我相信我們可以群策群力來構建一個鷹架支援，以社會的集體力量來發展群體優勢。這是艱鉅任務嗎？未必然。

我們每個人都有很多優勢本位方法來檢視自己與家人、朋友、在社區與職場、在學校體系、在宗教團體間甚至是在面對當地及全球性政治議題的處境。正如我在TEDx演講中所說的，你甚至可以透過社交媒體，在虛擬世界中採取優勢本位方法。關鍵在於養成替換問題的習慣，把「哪些問題該解決？」換成「這個情況需要用哪些優勢來處理？」換句話說，關鍵在於打開你的優勢開關。

當你思考這個問題時，為最重大問題尋求優勢本位的解決方案不就像常識一般嗎？畢竟，優勢會隨著我們而進化，因　優勢的確奏效。

我們今天可能還無法達到這種境界，但我們可以從我們日常的互動，以及我們對自己、對孩子、對其他人的期望開始，打造可以幫助我們實現理想的「鷹架支援」與「成長思維」。

就像我們一點一滴慢慢培養孩子的優勢一樣，因此，我們也可以在日常的人際互動中，培育出現在我們生活圈裡的人們的優勢。事實上，連鎖反應一定會發生：優勢的自覺會影響你的婚姻、友誼、同事關係以及其他人際關係。會注意到別人做對的事；稱讚別人的嘉言善行。

長期來看，優勢本位兒童會成長為優勢本位青年，他們會激勵同伴、同事、患者、客戶和其他在生活中相識者的優勢發展。他們將優勢本位系統注入社群團體與學校。他們用優勢本位方式教養孩子——扭轉青少年焦慮和憂鬱的上升趨勢——而等他們的孩子長大了，也會這樣做。遲早，我們的社會會到達一個臨界點，屆時我們可以擷取眾人的集體優勢深井。我真心期待那一天的到來。

就從你自己做起

此刻稍縱即逝。從今天開始，讓優勢意識維繫你和孩子的親子關係，使你們關係更加甜蜜：

> 我喜歡看威爾有條不紊地解決問題時，那種安靜的信心。這是我們親子關係中的小默契。在我們眼神交接的那一刻，他用幾乎令人察覺不到的點頭向我示意，表示，「我知道該怎麼完成這個任務，」我點頭回應，表示「我明白，你沒問題的；享受這個過程吧。」

我的丈夫布萊德理解、並尊重威爾優勢的方式則是，給威爾自行解決問題的空間。布萊德默默的支持與鼓勵顯現了布萊德有毅力的優勢——鼓勵威爾完成工作。

孩子一旦內化了發覺優勢的能力，他們就可以轉而發覺別人身上的優勢。這是傳遞優勢本位生活方式的好方法，你會明白自己已經幫助孩子使這個世界變成一個更優勢、更互助的地方：

> 我們為全家人做了優勢檔案，貼在冰箱上，這樣我們就可以看到全家人的優勢樣貌。
>
> 我喜歡為孩子製造機會在家裡使用自己的優勢。我請奧莉薇亞和傑克森以他們的熱情迎接賓客，介紹他們熟悉家裡的環境，而以利亞的判斷力則被用來提醒、掌控風險。孩子們已經知道並理解如何在家中發揮彼此的優勢。

> 麥可有發現別人優勢的能力。當他看見哥哥在新的棒球隊打球，必須努力跟進時，他的評論是，「哇，媽媽，提姆現在真的用心在打球了。」我喜歡他擁有優勢語言和洞察力來指認優點，並且理解優勢的重要性。

去年，我們請學生指出老師的優勢，並且把這些優勢在全校聚會前顯示在螢幕上，並展示在教職員辦公室裡。這是讓學生辨別「優勢實踐」很好的做法，看見被展示出來的學生見解，也讓老師及職員們很愉快，因為這種表揚在平日的校園生活中並不常見。以下是一些例子：

- **毅力**：「蘇絲老師告訴我，她的使命就是讓我喜歡數學、理解數學。她常常問我懂不懂，需不需要協助。我開始非常喜歡數學了。」
- **善良**：「每當我見到歐尼爾老師時，她的臉上都會露出大大的笑容，而且都會跟我打招呼。她每次遇見我都會問我好嗎。」
- **寬恕**：「費迪南老師不會記仇。她會原諒別人，讓事情過去。」
- **好奇心**：「班內特老師總是思考得比表象深入，她的討論總是引人入勝。」
- **熱愛學習**：「羅斯特老師上課總是準備充分，每堂課都會讓班上的每位同學參與。他對學習的態度很有渲染力。」

最後，但並非最不重要的是，優勢意識幫助我們接納自己。我無法想像，如果當年我沒有學會應用優勢意識，我的人生，以至於尼克和艾蜜莉的人生，今日光景會如何。如果有人在我更年輕的時候就讓我認識自己的優勢，我或許會有一個不同的、更正向的心理與生理健康軌跡。也許只有當我們擁有這種特殊意識——先是對自己的認識，然後是對別人的認識——我們才能真正開始改變人生軌道，追求人類優勢：

重視優勢幫助我放棄了那些我不是十分在行的事情，就是承認事實，然後尋找解決問題的權宜之計，或求助其他具有那方面優勢的人——即使只是一些小事情，像是請我兒子記住我們在停車場停放車子的位置！他記得住那種細節；而我不行。

用一個孩子美好的優勢來做總結似乎十分恰當。以下是和我合作的一所高中裡，一位學生的作文摘錄，寫的是堅持正向所帶來的力量。對我而言，這段話道盡了優勢如何能夠幫助未來世代在人生道路上找到自己方向的重要性——並且在這個過程中，讓我們與自己的最終目標，更接近一點：

在史蒂芬．史匹柏（Steven Spielberg）的電影《林肯》（*Lincoln*）中有一段話：「指南針總是指向正北，但它並沒有告訴你，在抵達目的地之前，此間有無深淵、沼澤、或其他的自然景觀……但正北方不可或缺。」

這讓我思考：

或許正向就是正北方——不可或缺。但你總要努力堅持正向，正如指南針總是指向北方一樣。有時候你必須準備妥協，保持耐性。只要堅持不懈，穿越深淵、沼澤、和其他景觀，你終會找到自己的方式，你會獲得莫大獎賞，而且只要你倚靠指南針，你絕不至迷失方向。

ENDNOTES

Chapter 1: Standing for Strength in a World Obsessed with Weakness

1 **positive psychology has grown rapidly:** R. Rusk and L. Waters. "Tracing the size, reach,impact and breadth of positive psychology," *Journal of Positive Psychology* 8, no 3 (2013): 207–221.

2 **Optimism:** C. S. Carver, M. F. Scheier, and S. C. Segerstrom. "Optimism," *Clinical Psy- chology Review* 30, no 7 (2010): 879–889.

3 **Resilience:** A. Masten. *Ordinary Magic: Resilience in Development.* New York: Guilford Press, 2014.

4 **things that delight you most as a parent:** T. D. Hodges and J. K. Harter. "A review of the theory and research underlying the StrengthQuest program for students," *Educational Horizons* 83, no 3 (2005): 190–201.

5 **"strength-based parenting" (SBP):** L. Waters. "Strengths-based parenting and life satisfaction in teenagers," *Advances in Social Sciences Research Journal* 2, no 11 (2015): 158– 173; L. Waters. "The relationship between strengths-based parenting with children's stress levels and strengths-based coping approaches," Psychology 6, no 6 (2015): 689–699.

6 **strength-based science:** Strengths-based science seeks to create change by utilizing strengths and resources that are already present in a person, group, or community. The origins of strengths development go back more than fifty years to the early work of Donald Clifton (1924–2003) during his tenure as professor of educational psychology at the University of Nebraska. He based his research and practice on the question: "What would happen if we studied what is right with people?" The American Psychological Association named Clifton the "father of strengths-based psychology and grandfather of positive psychology." See J. McKay and M. Greengrass. "People," *Monitor on Psychology* 34, no 3 (2003): 87.

Strengths-based science gained momentum in the 1980s and is incorporated inapproaches such as asset-based community development, appreciative inquiry, positive youth development, restorative justice, solution-focused therapy, and sustainable livelihoods. It has been studied in a broad range of fields including family therapy, social work, public health, epidemiology, juvenile justice, business, sports coaching education and psychology.

7 **positive psychology:** Positive psychology was launched as a field in 1998 by Professor Martin Seligman, then president of the American Psychological Association. See M. E. P. Seligman. "American Psychological Association 1998 annual report," *American Psychologist* 54, no 8 (1999): 559–562. Positive psychology has a strong, but not exclusive, focus on strengths. See L. G. Aspinwall and U. M. Staudinger, eds. *A Psychology of Human Strengths: Fundamental Questions and Future Directions for a Positive Psychology*. Washington, DC: American Psychological Association, 2003.

8 **neurospsychology:** S. Trojan and J. Porkorny. "Theoretical aspects of neuroplasticity," *Physiological Research* 48, no 2 (1999): 87–97; N. Doidge. *The Brain's Way of Healing: Remarkable Discoveries and Recoveries from the Frontiers of Neuroplasticity.* New York: Penguin, 2015.

9 **examining the question scientifically:** M. Csikszentmihalyi and M. E. P. Seligman. "Positive psychology: An introduction," *American Psychologist* 55, no 1 (2000): 5–14.

10 **drawing on our most abundant inner resources:** P. A. Linley and S. Harrington. "Playing to your strengths," *The Psychologist* 19, no 2 (2006): 86–89.

11 **negative bias:** See the Ohio State University study in T. A. Ito et al. "Negative information weighs more heavily on the brain: The negativity bias in evaluative categorizations," *Journal of Personality and Social Psychology* 75, no 4 (1998): 887–900.

12 **greater levels of happiness and engagement at school:** M. E. P. Seligman. "Positive education: Positive psychology and classroom interventions," *Oxford Review of Education* 35, no 3 (2009): 293–311; A. Shoshani, S. Steinmetz, and Y. Kanat-Maymon. "Effects of the Maytiv positive psychology school program on early adolescents' well-being, engagement, and achievement," *Journal of School Psychology* 57 (2016): 73–92.

13 **smoother transitions:** A. Shoshani and I. Aviv. "The pillars of strength for first-grade adjustment—Parental and children's character strengths and the transition to elementary school," *The Journal of Positive Psychology* 7, no 4 (2012): 315–326; A. Shoshani and M. Slone. "Middle school transition from the strengths perspective: Young adolescents' character strengths, subjective well-being, and school adjustment," *Journal of Happiness Studies* 14, no 4 (2013): 1163–1181.

14 **higher levels of academic achievement:** In a landmark study conducted in Nebraska's school system, six thousand tenth-grade students were put into three different groups to try new methods for speed-reading. The study found no differences in reading speed across the three different methods. However, researchers did find that improve- ment in speed-reading was influenced by the students' innate reading ability. This finding makes intuitive sense, but what is surprising was the disproportionate im- provement that the above-average-ability group made in comparison to the average group. Those students who had average reading ability went from 90 words per minute to 150. Those students who were already strong in speed-reading went from 300 words per minute to 2,900 words per minute. See J. W. Glock. "The relative value of three months of improving reading—Tachistoscope, films, and determined effort," unpublished PhD thesis, Lincoln: University of Nebraska, 1955. See also A. Duckworth and M.E. P. Seligman. "Self-discipline outdoes IQ in predicting academic performance of adolescents," *Psychological Science* 16, no 16 (2005): 939–944; N. Park and C. Peterson. "Positive psychology and character strengths: Application to strengths-based school counseling," *Professional School Counseling* 12, no 2 (2008): 85–92.

15 **happiness at work:** C. Harzer and W. Ruch. "The application of signature strengths and positive experiences at work," *Journal of Happiness Studies* 14, no 3 (2013): 965–983.

16 **staying at work:** L. Eskreis-Winkler et al. "The grit effect: Predicting retention in the military, the workplace, school and marriage," F*rontiers in Personality Science and Individual Differences* 5, no 36 (2014): 1–12.

17 **better work performance:** C. Harzer and W. Ruch. "The role of character strengths for task performance, job dedication, interpersonal facilitation, and organizational support," *Human Performance* 27, no 3 (2014): 183–205; M. P. Dubreuil, J. Forest, and F. Courcy. "From strengths use to work performance: The role of harmonious passion,subjective vitality, and concentration," The Journal of Positive Psychology 9, no 4 (2014): 335–349.

18 **being happy in your marriage:** L. Eskreis-Winkler et al. "The grit effect: Predicting retention in the military, the workplace, school and marriage"; L. G. Cameron, R. A.M. Arnette, and R. E. Smith. "Have you thanked your spouse today?: Felt and expressed gratitude among married couples," *Personality and Individual Differences* 50, no 3 (2011): 339–343.

19 **higher levels of physical fitness:** M. Ford-Gilboe. "Family strengths, motivation, and resources as predictors of health promotion behavior in single-parent and two-parent families," Research in Nursing & Health 20, no 3 (1997): 205–217; S. K. Leddy. Health Promotion: Mobilizing Strengths to Enhance Health, Wellness, and Well-being. Philadel- phia: Davis, 2006; R. T. Proyer et al. "What good are character strengths beyond subjective well-being? The contribution of the good character on self-reported health- oriented behavior, physical fitness, and the subjective health status," *The Journal of Positive Psychology* 8 no 3 (2013): 222–232.

20 **better recovery after illness:** C. Peterson, N. Park, and M. E. P. Seligman. "Greater strengths of character and recovery from illness," *The Journal of Positive Psychology* 1, no 1 (2006): 17–26.

21 **increased levels of life satisfaction and self-esteem:** G. Minhas. "Developing realized and unrealized strengths: Implications for engagement, self-esteem, life satisfaction and well-being," *Assessment and Development Matters* 2, no 1 (2010): 12–16; A. M. Wood et al. "Using personal and psychological strengths leads to increases in well-being over time: A longitudinal study and the development of the strengths use questionnaire," *Personality and Individual Differences* 50, no 1 (2011): 15–19.

22 **reduced risk of depression:** M. E. P. Seligman et al. "Positive psychology progress: Empirical validation of interventions," *American Psychologist* 60, no 5 (2005): 410–421; F. Gander et al. "Strengths-based positive interventions: Further evidence for their potential in enhancing well-being and alleviating depression," *Journal of Happiness Studies* 14, no 4 (2013): 1241–1259.

23 **enhanced ability to cope with stress and adversity:** A. Shoshani and M. Slone. "The resilience function of character strengths in the face of war and protracted conflict," *Frontiers in Psychology* 6 (2016), doi: 10.3389/fpsyg.2015.02006.

24 **we all have specific talents:** See, for example, B. S. Bloom, ed. Developing Talent in Young People. New York: Ballantine Books, 1985; P. A. Linley and S. Harrington. "Playing to your strengths," *The Psychologist* 19, no 2 (2006): 86–89; S. B. Kaufman and J. C. Kaufman. "Ten years to expertise, many more to greatness: An investigation of modern writers," *Journal of Creative Behavior* 41, no 2 (2007): 114–124. The Gallup Institute sees talent as a building block of a strength, together with knowledge and skills. It defines strengths as the ability to provide consistent, near-perfect performance in a given activity. See M. Buckingham and D. O. Clifton. *Now, Discover Your Strengths*. New York: The Free Press, 2001. Other researchers consider talent to be a strength. See R. Govindji and A. Linley. "Strengths use, self-concordance and well-being: Implications for strengths coaching and coaching psychologists," *International Coaching Psychology Review* 2, no 2 (2007): 143–153.

25 **positive personality traits:** Dr. Ryan Niemiec defines strengths as "positive characteristics of our personality" and "*positive personality characteristics*." See R. Niemiec. Mindfulness and Character Strengths. Boston: Hofgreve Publishing, 2014.

26 **big-headed narcissism:** L. J. Otway and V. L. Vignoles. "Narcissism and childhood recollections: A quantitative test of psychoanalytic predictions," *Personality and Social Psychology Bulletin* 32, no 1 (2006): 104–116; J. Twenge and K. Campbell. The Narcissism Epidemic. New York: Atria Books, 2009.

27 **Diana Baumrind, PhD:** Dr. Baumrind's work was influenced by R. R. Sears, E. E. Maccoby, and H. Levin. *Patterns of Child Rearing*. Evanston, IL: Row Peterson, 1957.

28 **two parenting dimensions:** On profiling the body of work of Dr. Baumrind, Greenspan concluded that "Diana Baumrind's typology of parenting is based on a two-factor model of 'control' and 'warmth' (i.e., nurturance)" (p. 5). See S. Greenspan. "Rethinking 'harmonious parenting' using a three-factor discipline model," *Child Care in Practice* 12, no 1 (2006): 5–12. Bastaits et al. also assert that Baumrind's model consists of two dimensions: support (i.e., nurturance) and control. See K. Bastaits et al. "Adult non- response bias from a child perspective. Using child reports to estimate father's non- response," *Social Science Research* 49 (2014): 31–41.

29 **punitive, permissive, and authoritative:** In Dr. Baumrind's original papers she identified three parenting styles: authoritarian, authoritative, and permissive. I've found in my workshops that the terms authoritarian and authoritative are confusing and so I use the term punitive parenting instead of authoritarian. In her later work, Dr. Baumrind identified a fourth parenting style: rejecting-neglecting parents (low control, low nurturance). These parents are low in warmth and control. They are disengaged in their role and provide no structure or support and no warmth. They may also be outright rejecting of the child. See D. Baumrind. J. Brooks-Gunn, R. Lerner, and A. C. Petersen, eds. "Parenting styles and adolescent development," in *The Encyclopedia on Adolescence*, New York: Garland, 1991, 746–758. In another study she identified seven types of parenting styles. See D. Baumrind. "The influence of parenting style on adolescent competence and substance use," *Journal of Early Adolescence* 11, no 1 (1991): 56–95. Despite these newer styles, the three styles most commonly used in research and practice since the 1960s have been: authoritarian (punitive), permissive, and authoritative. All of her work stayed with the two dimensions of control and nurturance.

30 **authoritative parenting:** S. D. Lamborn et al. "Patterns of competence and adjustment among adolescents from authoritative, authoritarian, indulgent, and neglectful families," *Child Development* 62, no 5 (1991): 1049–1065; L. Steinberg et al. "Impact of parenting practices on adolescent achievement: Authoritative parenting, school involvement, and encouragement to succeed," *Child Development* 63, no 5 (1992): 1266–1281.

31 **a strength-based approach boosts student well-being:** L. Waters. "A review of school- based positive psychology interventions," *The Australian Educational and Developmental Psychologist* 28, no 2 (2011): 75–90; L. Waters. "Using positive psychology to foster character strengths and wellbeing in students," paper at the Forward Thinking: Emerging Answers to Education's Big Questions Conference, Australian College of Educators (2013), 28–36; M. White and L. Waters. "The good school: A case study of the use of Christopher Peterson's work to adopt a strengths-based approach in the classroom, chapel and sporting fields," *Journal of Positive Psychology* 10, no 1 (2014): 69–76; L. Waters. "Balancing the curriculum: Teaching gratitude, hope and resilience," in *A Love of Ideas*, H. Sykes, ed. London: Future Leaders Press (2014), 117–124;T. Brunzell, H. Stokes, and L. Waters. "Trauma-informed positive education: Usingpositive psychology to strengthen vulnerable students," *Contemporary School Psychology* 20, no 1 (2015): 63–83; T. Patston and L. Waters. "Positive instruction in music studios: Introducing a new model for teaching studio music in schools based upon positive psychology," Psychology of Well-being 5, no 1 (2015): 1–10; T. Brunzell, L. Waters, and H. Stokes. "Teaching with strengths in trauma-affected students: A new approach to healing and growth in the classroom," *American Journal of Orthopsychiatry* 85, no 1 (2015): 3–9; M. A. White and L. E. Waters. "Strengths-based approaches in the class- room and staffroom," in *Evidence-based Approaches in Positive Education: Implementing a Strategic Framework for Well-being in Schools*, M. White and A. S. Murray, eds. Berlin: Springer (2015), 111–133.

32 **lower levels of day-to-day stress:** L. Waters. "Strengths-based parenting and life satisfaction in teenagers," *Advances in Social Sciences Research Journal* 2, no 11 (2015): 158–173; L. Waters. "The relationship between strengths-based parenting with children's stress levels and strengths-based coping approaches," Psychology 6, no 6 (2015): 689–699.

33 **tested them with thousands of other children:** L. Waters. "Parent strengths knowledge and use: Relationship to family satisfaction in parents and children," paper at the Fourth World Congress of Positive Psychology, Orlando; L. Waters. "The power of strengths- based parenting," Early Learning Review. Accessed February 1, 2015, http://www.ear lylearningreview.com.au/?s=lea+waters; T. Brunzell, L. Waters, and H. Stokes. "Teaching with strengths in trauma-affected students"; L. Waters. "Strengths-based parenting: Modernizing what we know about parenting," paper at the 2nd Annual Positive Education Schools Conference, Mornington, Melbourne, 2016; L. Waters. "Strengths-based parenting," paper at the 3rd Canadian Conference on Positive Psychology, Niagara on the Lake, Ontario, 2016; L. Waters. "Strengths-based parenting: A key piece in positive education," paper at the Festival of Positive Education, Dallas, 2016.

34 **positive emotions about their children:** Waters, L. and Sun, J. "Can a brief strength-based parenting intervention boost self-efficacy and positive emotions in parents?" *International Journal of Applied Positive Psychology* (2017).

Chapter 2: The Strength Switch

1 **didn't even notice the gorilla:** C. Chabris and D. Simons. *The Invisible Gorilla: And OtherWays Our Intuitions Deceive Us*. New York: Broadway Books, 2009.

2 **"inattentional blindness":** T. Drew, M. L.-H. Võ, and J. M. Wolfe. "The invisible gorilla strikes again: Sustained inattentional blindness in expert observers," *Psychological Science* 24, no 9 (2013): 1848–1853.

3 **programmed to see what's wrong:** R. F. Baumeister et al. "Bad is stronger than good,"*Review of General Psychology* 5, no 4 (2001): 323–370.

4 **negativity bias happens before we're even aware of it:** See the Ohio State University study in T. A. Ito et al. "Negative information weighs more heavily on the brain: The negativity bias in evaluative categorizations," *Journal of Personality and Social Psychology* 75, no 4 (1998): 887–900.

5 **"positive-negative asymmetry":** G. Peeters and J. Czapin ski. "Positive-negative asymmetry in evaluations: The distinction between affective and informational negativity effects," in *European Review of Social Psychology*, Vol. 1, W. Stroebe, and M. Hewstone, eds. New York: Wiley, 1990, 33–60.

6 **this bias happens:** T. A. Ito, J. T. Cacioppo, and P. J. Lang. "Eliciting affect using the International Affective Picture System: Trajectories through evaluative space," *Personality and Social Psychology Bulletin* 24, no 8 (1998): 855–879.

7 **good evolutionary reasons:** R. F. Baumeister et al. "Bad is stronger than good," *Review of General Psychology* 5, no 4 (2001): 323–370.

8 **"defense mechanisms":** P. Cramer "Defensiveness and defense mechanisms," *Journal of Personality* 66, no 6 (2002): 879–894.

9 **Projection, also known as blame shifting:** S. Freud. *Case Histories* II, Vol. 9. London: Penguin Freud Library, 1991, 13.

10 **Projection is common in everyday life:** L. A. Sroufe. "From infant attachment to promotion of adolescent autonomy: Prospective, longitudinal data on the role of parents in development," in *Parenting and the Child's World: Influences on Academic, Intellectual, and Social-emotional Development*, J. G. Borkowski, S. L. Ramey, and M. Bristol-Power, eds. Abingdon, UK: Psychology Press, 2001.

11 **It leads you to think that weakness and strength are polar opposites:** The philosopher Simon Blackburn defines polar concepts as "concepts that gain their identity in part through their contrast with one another." See S. Blackburn. *The Oxford Dictionary of Philosophy*, 2nd edition. Oxford, UK: Oxford University Press, 2008.

12 **strength and weakness are not polar opposites:** P. B. Warr, J. Barter, and G. Brownbridge. "On the independence of positive and negative affect," *Journal of Personality and Social Psychology* 44, no 3 (1983): 644–651.

13 **Strengths sit along a continuum from high to low:** C. Peterson and M. E. P. Seligman. *Character Strengths and Virtues: A Handbook and Classification.* New York: Oxford Unversity Press, 2004.

Chapter 3: Understanding Strengths

1 **Trait strengths are the positive aspects of our personality:** C. Peterson and M. E. P. Selig-man. *Character Strengths and Virtues.*

2 **a key group of positive traits:** K. Dahlsgaard, C. Peterson, and M. E. P. Seligman. "Shared virtue: The convergence of valued human strengths across culture and history," Review of General Psychology 9, no 3 (2005): 203–213; N. Park, C. Peterson, and M. E. P. Selig- man. "Character strengths in fifty-four nations and the fifty US states," *Journal of Positive Psychology* 1, no 3 (2006): 118–129.

3 **six broad groupings for these positive traits:** C. Peterson and M. E. P. Seligman. Character Strengths and Virtues; R. Biswas-Diener. "From the Equator to the North Pole: A study of character strengths," *Journal of Happiness Studies* 7, no 3 (2006): 293–310.

4 **close bonds among families and friends:** R. F. Baumeister and M. R. Leary. "The need to belong: Desire for interpersonal attachments as a fundamental human motivation," *Psychological Bulleti*n 117, no 3 (1995): 497–529.

5 **positive traits like empathy are hardwired into our brains:** J. L. Goetz, D. Keltner, and E. Simon-Thomas. "Compassion: An evolutionary analysis and empirical review," *Psychological Bulletin* 136, no 3 (2010): 351–374.

6 **survival of the kindest:** D. Keltner. *Born to Be Good: The Science of a Meaningful Life*. New York: W. W. Norton, 2009.

7 **performance energy high use:** A. Linley, J. Willars, and R. Biswas-Diener. T*he Strengths Book: Be Confident, Be Successful, and Enjoy Better Relationships by Realizing the Best of You.* Coventry, UK: CAPP Press, 2010.Other researchers have found strengths can be classified along similar dimensions. For example, Buckingham and Clifton. (2001) identified three elements of a strength:1)yearnings (can be mapped onto use) such as the desire to learn a new language or the aspiration to create great art; 2) rapid learning (can be mapped onto performance) of a skill or ability such as with a musical instrument or a computer program; and 3) satisfaction (which can be mapped onto energy) derived from using the strength such as delivering an important speech or organizing a major campus event. See M. Bucking- ham and D. O. Clifton. *Now, Discover Your Strengths.* New York: Free Press, 2001.Similarly, Subotnik, Olszewski-Kubilius, and Worrell (2011), in the context of developing talents in gifted children, argue that talents are based on 1) ability (can be mapped onto performance); 2) interest (can be mapped onto energy); and 3) persistence (can be mapped onto use). See R. F. Subotnik, P. Olszewski-Kubilius, and F. C. Wor- rell. "Rethinking giftedness and gifted education: A proposed direction forward based on psychological science," *Psychological Science in the Public Interest* 12, no 1 (2011): 3–54.

8 **Do I see high use?:** A. Linley. *Average to A+: Realizing Strengths in Yourself and Others.Coventry*, UK: CAPP Press, 2008.

9 **high use—also known as effort or practice—improves performance levels:** Professor Robert Vallerand and colleagues found that passion predicts the amount of practice a person will undertake and, as such, passion predicts expert performance in a range of arenassuch as basketball, synchronized swimming, water polo, and classical music. See R. J. Vallerand et al. "On the role of passion in performance," *Journal of Personality* 75, no 3 (2007): 505–533; R. J. Vallerand et al. "Passion and performance attainment in sport," *Psychology of Sport and Exercise* 9, no 3 (2008): 373–392; also see S. Silverman. "Relationship of engagement and practice trials to student achievement," *Journal of Teaching in Physical Education* 5, no 1 (1986): 13–21.

10 **assessing whether a particular trait or talent develops:** R. F. Subotnik, P. Olszewski- Kubilius, and F. C. Worrell. "Rethinking giftedness and gifted education."

11 **"flow":** M. Csikszentmihalyi. *Flow: The Psychology of Optimal Experience,* 1st Harper Perennial Modern Classics edition, New York: HarperCollins, 2008.

12 **socially or morally valuable:** For example, Peterson and Seligman (2004) specify that strengths are (among other criteria) intrinsically considered a moral quality and are qualities that, when used, enhance other people rather than harm them. See C. Peter- son and M. E. P. Seligman. *Character Strengths and Virtues.*

13 **realized strengths, unrealized strengths, learned behavior, and weakness:** A. Linley. A*verage to A+: Realizing Strengths in Yourself and Others; G.* Minhas.

"Developing realized and unrealized strengths: Implications for engagement, self-esteem, life satisfaction and well-being."

14 **overusing learned behaviors:** A. Linley, J. Willars, and R. Biswas-Diener. The Strengths Book.

15 **making the most of our strengths:** A. Linley. *Average to A+: Realizing Strengths in Yourself and Others.* Coventry, UK: CAPP Press, 2008: 5 [original emphasis]. Also see R. E. Kaplan. Internalizing Strengths: An Overlooked Way of Overcoming Weaknesses in Managers. Greensboro, NC: Center for Creative Leadership, 1999.

16 **connect strengths with strengths:** Peter Drucker wrote in his 1967 classic: "To make strength productive is the unique purpose of organization. One cannot build on weakness. To achieve results, one has to use all the available strengths . . . These strengths are the true opportunities." See P. Drucker. *The Effective Executive.* London: Heinemann, 1967: 60.

17 **Studies on twins and children who have been adopted:** S.-A. Rhea et al. "The Colorado Adoption Project," *Twin Research Human Genetics* 16, 1 (2013): 358–365.

18 **altruism, empathy, and nurturance:** J. Rushton et al. "Altruism and aggression: The heritability of individual differences," *Journal of Personality and Social Psychology* 50 no 6 (1986): 1192–1198.

19 **the genetic contributions to "character strengths":** M. Steger et al. "Genetic and environmental influences on the positive traits of the Values in Action classification, and biometric covariance with normal personality," *Journal of Research in Personality* 41 no 3 (2007): 524–539.

20 **the development of strengths:** J. Barkow, L. Cosmides, and J. Tooby, eds. *The Adapted Mind: Evolutionary Psychology and the Generation of Culture.* New York: Oxford Univer- sity Press, 1992.

21 **Mental strengths like curiosity:** S. Mithen. *The Prehistory of the Mind: The Cognitive Origins of Art, Religion, and Science.* London: Thames and Hudson, 1996.

22 **humans are naturally motivated to develop strengths:** A. Maslow. "A theory of human motivation," *Psychological Review* 50, no 4 (1943): 370–396; K. Horney. *Neurosis and Human Growth: The Struggle Towards Self-realization.* London: Routledge and Kegan Paul (1951); C. Rogers. On Becoming a Person: A Therapist's View of Psychotherapy. Boston: Houghton Mifflin, 1961.

23 **known as "neurogenesis":** G. Kemermann. "Adult neurogenesis: An evolutionary per- spective," *Cold Spring Harbor Perspectives in Biology.* New York: Cold Spring Harbor Press, 2015.

24 **after a single activity your brain changes:** S. Trojan and J. Porkorny. "Theoretical aspects of neuroplasticity," *Physiological Research* 48, 2 (1999): 87–97.

25 **Strength-based experiences shape strength-based networks:** X. Chen et al. "Structural basis for synaptic adhesion mediated by neuroligin–neurexin interactions," *Nature Structural & Molecular Biology* 15, 1 (2008): 50–56.

26 **"synaptic elimination":** Also known as neural pruning. See J. Iglesias et al. "Dynamics of pruning in simulated large-scale spiking neural networks," *BioSystems* 79, 9 (2005): 11–20.

27 **"unfriend" each other:** You can see a video of two neurons breaking free of each other at Dr. Jo Dispenza's website. Accessed February 2, 2016, http://www.drjoedispenza.com/index.php?page_id=Live_Neurons_Connecting_Pruning.

28 **"use it or lose it":** N. Doidge. *The Brain that Changes Itself: Stories of Personal Triumph from the Frontiers of Brain Science.* New York: Penguin, 2007; N. Doidge. The Brain's Way of Healing: Remarkable Discoveries and Recoveries from the Frontiers of Neuroplasticity. New York: Penguin, 2015.

29 **activity in the neural systems associated with compassion:** H. Y. Weng et al. "Compassion training alters altruism and neural responses to suffering," *Psychological Science* 24, 7 (2013): 1171–1180.

30 **Scott Kaufman, PhD, and Angela Duckworth, PhD:** S. B. Kaufman and A. L. Duckworth. "World-class expertise: A developmental model," *Wiley Interdisciplinary Reviews: Cognitive Science.* Accessed November 26, 2015, http://scottbarrykaufman.com/wp-content/ uploads/2015/09/10.1002_wcs.1365.pdf.

31 **a list of 118 strengths:** The list (see the strength switch website) is collated from the work of three major institutes that focus on strengths development: 1) Values in Action Institute (VIA) (www.viacharacter.org); see C. Peterson and M. E. P. Seligman. *Character Strengths and Virtues.* 2) Gallup Institute (www.gallupstrengthscenter.com); see M. Buckingham and D. O. Clifton. *Now, Discover Your Strengths.* New York: The Free Press, 2001. 3) Centre of Applied Positive Psychology (CAPP) (www.cappeu.com); see A. Linley, J. Willars, and R. Biswas-Diener. *The Strengths Book.*

Chapter 4: The Ages and Stages of Strength Growth

1 **nothing beats the first three years:** S. Dehaene, G. Dehaene-Lambertz, and L. Cohen."Abstract representations of numbers in the animal and human brain," *Trends in Neuroscience* 21, no 8 (1998): 355–361.

2 **more neural connections than an adult:** R. K. Lenroot and J. N. Giedd. "Brain development in children and adolescents: Insights from anatomical magnetic resonance imaging," *Neuroscience & Biobehavioral Reviews* 30, no 6 (2006): 718–729.

3 **build their brain fast:** T. Paus et al. "Maturation of white matter in the human brain: A review of magnetic resonance studies," *Brain Research Bulletin* 54, no 3 (2001): 255–266.

4 **Strengths unfold according to a pattern:** B. S. Bloom, ed. Developing Talent in Young People. New York: Ballantine Books, 1985; J. S. Renzulli. "What makes giftedness? Reexamining a definition," *Phi Delta Kappan* 60, no 3 (1978): 180–184.

5 **only 5 percent smaller than an adult brain:** J. N. Giedd. "The teen brain: Insights from neuroimaging," *Journal of Adolescent Health* 42, no 4 (2008): 335–343.

6 **the volume and density of the brain grow swiftly:** E. R. Sowell et al. "Longitudinal mapping of cortical thickness and brain growth in normal children," *The Journal of Neuro- science* 24, no 38 (2004): 8223–8231.

7 **"overproduction" phase:** J. Giedd (n.d.). "Interview: Inside the teenage brain," Frontline. Accessed November 25, 2015, http://www.pbs.org/wgbh/pages/frontline/shows/teen brain/interviews/giedd.html.

8 **changes that begin in the brain in early to mid-adolescence:** J. N. Giedd. "The teen brain: Insights from neuroimaging."

9 **the brain's gray matter peaks at age twelve and then begins a long decline:** This pattern has been shown for gray matter volume, electrical activity, and density of neurotransmit- ter receptor sites.

10 **correcting the overproduction phase of late childhood:** E. R. Sowell et al. "Mapping continued brain growth and gray matter density reduction in dorsal frontal cortex: Inverse relationships during postadolescent brain maturation," *Journal of Neuroscience* 21, no 22 (2001): 8819–8829.

11 **long and deep period of neural change:** Ibid.

12 **more interconnected, and more efficient:** T. Paus. "Mapping brain maturation and cognitive development during adolescence," *Trends in Cognitive Sciences* 9, no 2 (2005): 60–68.

13 **determined partly by genes:** Genetic factors are the dominant force in explaining variance in many measures of brain structure throughout the life cycle, but interesting brain region differences have been found. For example, the size and shape of the corpus callosum is remarkably similar among twins. The corpus callosum connects the two halves of the brain and is involved in creativity and higher type of thinking. In contrast, the cerebellums of identical twins are no more alike than nonidentical twins. This part of the brain is influenced by the environment and it's a part of the brain that changes most during the teen years. The cerebellum is involved in the coordination of your muscles, allowing you to be graceful (or not) and is similarly involved in the coordina- tion of your cognitive processes and your social skills. See J. N. Giedd et al. "Structural brain magnetic resonance imaging of pediatric twins," *Human Brain Mapping* 28, no 6 (2007): 474–481.

14 **higher-level functioning:** T. Paus et al. "Maturation of white matter in the human brain: A review of magnetic resonance studies."

15 **"back to front" brain development:** E. R. Sowell et al. "Mapping continued brain growth and gray matter density reduction in dorsal frontal cortex: Inverse relationships during postadolescent brain maturation."

16 **emotion-driven limbic system overrides the logic-driven frontal lobe:** R. Cardinal et al. "Emotion and motivation: The role of the amygdala, ventral striatum and prefontal cortex," *Neuroscience and Biobehavioral Reviews* 26, no 3 (2002): 321–352; A. Etkin,T. Egner, and R. Kalisch. "Emotional processing in anterior cingulate and medial prefrontal cortex," *Trends in Cognitive Sciences* 15, no 2 (2011): 85–93.

17 **emotional behavior, impulsivity, risk taking, and sensation-seeking behaviors:** T. A. Wills et al. "Novelty seeking, risk taking, and related constructs as predictors of adolescent substance use: An application of Cloninger's theory," *Journal of Substance Abuse* 6, no 1 (1994): 1–20; J. J. Arnett. "Sensation seeking, aggressiveness, and adolescent reckless behavior," *Personality and Individual Differences* 20, no 6 (1996): 693–702.

18 **high rates of mental illness in the teenage years:** R. C. Kessler et al. "Age of onset of men- tal disorders: A review of recent literature," *Current Opinion in Psychiatry* 20, no 4 (2007): 359–364; S. L. Andersen and M. H. Teicher. "Stress, sensitive periods and maturational events in adolescent depression," *Trends in Neurosciences* 31, no 4 (2008): 183–191.

19 **sophisticated, smoother, faster communication:** T. Paus. "Mapping brain maturation and cognitive development during adolescence."

20 **In this phase, the child achieves high performance:** The trajectory of strengths evolution across these three phases differs across domains and is influenced by factors like physical and intellectual maturation, time needed for a strength to fully develop, and the systems we've set in place to recognize and/or build particular strengths. For example, in music talent, the phases will start earlier for boy soprano than adult vocal artist because these strengths are affected by different physical maturation of the vocal cord. In physical strengths, phases will start earlier for gymnastics because this is when the body is most limber as compared to football, which requires advanced size and speed. For mental talents, signs of precocity in mathematics can be seen in preschool years, whereas strengths for psychology don't occur until late adolescence/early adulthood because the serious study of social science is not taught until later high school and university. See R. F. Subotnik, P. Olszewski-Kubilius, and F. C. Worrell. "Rethinking giftedness and gifted education."

21 **Musical ability is detectable from six months of age:** S. E. Trehub. "Musical predispositions in infancy," *Annals of the New York Academy of Sciences* 930, no 1 (2001): 1–16.

22 **Empathy starts in infancy:** M. L. Hoffman. Empathy and Moral Development: Impli- cations for Caring and Justice, Cambridge, UK: Cambridge University Press, 2000;M. Davidov et al. "Concern for others in the first year of life: Theory, evidence, and avenues for research," *Child Development Perspectives* 7, no 2 (2013): 126–131.

23 **respond to the distress of others:** J. Decety. "The neural pathways, development and functions of empathy," *Current Opinion in Behavioral Sciences* 3, no 1 (2015): 1–6.

24 **early signs of sporting ability:** R. S. Masters. "Theoretical aspects of implicit learning in sport," *International Journal of Sport Psychology* 31, no 4 (2000): 530–541; J. Côté and J. Fraser-Thomas. "Play, practice, and athlete development," in *Developing Elite Sport Performance: Lessons from Theory and Practice,* D. Farrow, J. Baker, and C. MacMahon, eds. New York: Routledge, 2008, 17–28.

25 **a glimpse into your child's personality:** J. Block. "Ego-resilience through time," paper presented at the Biennial Meeting of the Society for Research in Child Development, New Orleans, 1993.

26 **more consistent signs of a child's personality:** A. Caspi and P. A. Silva. "Temperamental qualities at age three predict personality traits in young adulthood: Longitudinal evidence from a birth cohort," *Child Development* 66, no 2 (1995): 486–498.

27 **emotion and the appropriate facial expression:** C. Izard et al. "Emotion knowledge as a predictor of social behavior and academic competence in children at risk," *Psychological Science* 12, no 4 (2001): 18–23.

28 **advanced reasoning ability and perspective taking:** J. Piaget. *Judgment and Reasoning in the Child.* London: Kegan Paul, 1926. (Original work published in 1924.)

29 **harmony and tonality:** E. Costa-Giomi. "Young children's harmonic perception," Annals of the New York Academy of Sciences 999, no 1 (2003): 477–484.

30 **cognitive capacity expands:** M. H. Bornstein. "Stability in early mental development: From attention and information processing in infancy to language and cognition in childhood," in Stability and Continuity in Mental Development: Behavioral and Biological Perspectives, M. H. Bornstein and N. A. Krasnegor, eds. Hillsdale, NJ: Erlbaum (1989), 147–170; P. B. Baltes, U. M. Staudinger, and U. Lindenberger. "Lifespan psychology: Theory and application to intellectual functioning," *Annual Review of Psychology* 50 (1999): 471–507.

31 **Little creativity and daily ingenuity:** J. C. Kaufman and R. A. Beghett. "Beyond big and little: The four C model of creativity," *Review of General Psychology* 13, no 1 (2009): 1–12; S. W. Kleibeuker, C. K. Dreu, and E. A. Crone. "Creativity development in adolescence: Insight from behavior, brain, and training studies," Perspectives on Creativity Development. *New Directions for Child and Adolescent Development* 151 (2016): 73–84.

32 **a "slow burn" strength:** J. D. Webster. "Wisdom and positive psychosocial values in young adulthood," *Journal of Adult Development* 17, no 2 (2010): 70–80.

33 **Girls tend to develop wisdom faster than boys:** M. Ferragut, M. J. Blanca, and M. Ortiz- Tallo. "Psychological virtues during adolescence: A longitudinal study of gender differences," *European Journal of Developmental Psychology* 11, no 5 (2014): 521–531.

34 **a set of beliefs:** G. D. Heyman and C. S. Dweck. "Children's thinking about traits: Implications for judgments of the self and others," *Child Development* 69, no 2 (1998): 391–403.

35 **two types of mindset:** Dweck, C. S. *Mindset: The New Psychology of Success.* New York: Ballantine Books, 2008.

36 **intelligence can grow:** L. Blackwell, K. Trzesniewski, and C. S. Dweck. "Implicit theories of intelligence predict achievement across an adolescent transition: A longitudinal study and an intervention," *Child Development* 78, no 1 (2007): 246–263.

37 **Children with growth mind-sets do better:** Ibid.

38 **Since they believe that people are capable of change, they act more prosocially:** C. S. Dweck.*Mindset: The New Psychology of Success.*

39 **parents' mindsets about failure:** K. Haimovitz and C. S. Dweck. "What predicts children's fixed and growth intelligence mind-sets? Not their parents' views of intelligence but their parents' views of failure," *Psychological Science* 1–11 (2016), doi: 10.1177/0956797616639727.

40 **a teen with a growth mind-set is more receptive to strength-based messages:** H. Jach, et al. "Strengths and subjective wellbeing in adolescence: Strength-based parenting and the moderating effect of mindset." *Journal of Happiness Studies* (2017). You can find details of this publication at www.leawaters.com.

41 **role modeling:** J. P. Rushton. "Generosity in children: Immediate and long-term effects of modeling, preaching, and moral judgment," *Journal of Personality and Social Psychology* 31, no 3 (1975): 459–466.

42 **scaffolding:** R. Wass, T. Harland, and A. Mercer. "Scaffolding critical thinking in the zone of proximal development," *Special Issue: Critical Thinking in Higher Education* 30, no 3 (2011): 317–328.

43 **Lev Vygotsky the zone of proximal development:** M. Cole. "The zone of proximal development: Where culture and cognition create each other," in *Culture, Communication, and Cognition: Vygotskian Perspectives,* J. Wertsch, ed. Cambridge, UK: Cambridge University Press, 1985; R. Van der Veer and J. Valsiner. Understanding Vygotsky. A Quest For Synthesis, Oxford, UK: Basil Blackwell, 1991.

44 **one's level of optimism or pessimism has a big impact on depression:** C. S. Carver, M. F. Scheier, and S. C. Segerstrom. "Optimism," *Clinical Psychology Review* 30, no 7 (2010): 879–889.

Chapter 5: Attention, Savoring, Gratitude, and Goofing Off

1 **two dimensions:** direction and maintenance: A. M. Treisman. "Strategies and models of selective attention," *Psychological Review* 76, no 3 (1969): 282–299; L. Visu-Petra,O. Benga, and M. Miclea. "Dimensions of attention and executive functioning in 5- to 12-year-old children: Neuropsychological assessment with the NEPSY battery," *Cognition, Brain, Behavior* 11, no 3 (2007): 585–608; D. Goleman. *Focus: The Hidden Driver of Excellence.* New Delhi: Bloomsbury, 2013.

2 **attention is also built through rest:** G. Northoff, N. W. Duncan, and D. J. Hayes. "The brain and its resting state activity—Experimental and methodological implications," *Progress in Neurobiology* 92, no 4 (2010): 593–600.

3 **Adults max out at somewhere between twenty to thirty-five minutes:** W. H. Teichner. "The detection of a simple visual signal as a function of time of watch," *Human Factors* 16, no 4 (1974): 339–353.

4 **after nine minutes or so, our vigilance declines:** K. H. Nuechterlein, R. Parasuraman, and Q. Jiang. "Visual sustained attention: Image degradation produces rapid sensitivity decrement over time," *Science* 220, no 4594 (1983): 327–329.

5 **back on task again:** W. H. Teichner. "The detection of a simple visual signal as a function of time of watch."

6 **Most three-year-olds can hold focused attention for approximately three to five minutes:** K.E. Moyer and B. V. H. Gilmer. "Attention spans of children for experimentally designed toys," *The Journal of Genetic Psychology* 87, no 2 (1955): 187–201; H. Ruff, M. Capozzoli, and R. Weissberg. "Age, individuality, and context as factors in sustained visual attention during the preschool years," *Developmental Psychology* 34, no 3 (1998): 454–464.

7 **Between the ages of six and twelve there's a developmental spurt:** H. A. Ruff, M. Capozzoli, and R. Weissberg. "Age, individuality, and context as factors in sustained visual attention during the preschool years," *Developmental Psychology* 34, no 3 (1998): 454– 464; C. C. H. Lin et al. "Development of sustained attention assessed using the con- tinuous performance test among children 6–15 years of age," *Journal of Abnormal Child Psychology* 27, no 5 (1999): 403–412.

8 **around age fifteen, there's another spurt in attention-aiming capacity:** J. Giedd et al. "Quantitative magnetic resonance imaging of human brain development: Ages 4–18," Cerebral Cortex 6, no 4 (1996): 551–560; V. A. Anderson et al. "Development of executive functions through late childhood and adolescence in an Australian sample," *Developmental Neuropsychology* 20, no 1 (2001): 385–406.

9 **sustained attention:** R. Parasuraman. "Vigilance, monitoring and search," in *Handbook of Human Perception and Performance,* Vol. 2, Cognitive Processes and Performance, J. R. Boff, L. Kaufmann, and J. P. Thomas, eds. New York: Wiley (1986), 41–49.

10 **our attentional ability levels off:** A. Berardi, R. Parasuraman, and J. Haxby, J. "Overall vigilance and sustained attention decrements in healthy aging," *Experimental Aging Research* 27, no 1 (2001): 19–39.

11 **At age fifteen, that jumps to 96 percent:** C. C. H. Lin et al. "Development of sustained attention assessed using the continuous performance test among children 6–15 years of age."

12 **adults do about the same:** W. J. Chen et al. "Performance of the continuous performance test among community samples," *Schizophrenia Bulletin* 24, no 1 (1998): 163–174.

13 **kids with attentional challenges:** R. Ylvén, E. Björck-Åkesson, and M. Granlund. "Lit- erature review of positive functioning in families with children with a disability," *Journal of Policy and Practice in Intellectual Disabilities 3*, no 4 (2006): 253–270.

14 **June Pimm, PhD:** J. Pimm. *The Autism Story.* Markham, ON: Fitzhenry and White- side, 2014.

15 **Early Start Denver Model:** S. J. Rogers, G. Dawson, and L. A. Vismara. *An Early Start for Your Child with Autism: Using Everyday Activities to Help Kids Connect, Communicate, and Learn.* New York: Guilford Press, 2012.

16 **positive parenting with children who have ADHD:** A. M. Chronis et al. "Maternal depression and early positive parenting predict future conduct problems in young children with attention-deficit/hyperactivity disorder," *Developmental Psychology* 43, no 1 (2007): 70–82; D. M. Healeya et al. "Maternal positive parenting style is associated with better functioning in hyperactive/inattentive preschool children infant and child development," *Infant and Child Development* 20, no 2 (2011): 148–161.

17 **the ability to aim and sustain attention:** J. G. Randall, F. L. Oswald, and M. E. Beier. "Mind-wandering, cognition, and performance: A theory-driven meta-analysis of attention regulation," *Psychological Bulletin* 140, no 6 (2014): 1411–1431.

18 **Savoring:** F. B. Bryant and J. Veroff. *Savoring: A New Model of Positive Experience.* Mah- wah, NJ: Lawrence Erlbaum, 2007.

19 **Savoring boosts happiness, positive mood, and life satisfaction:** F. B. Bryant and J. Ver- off. Savoring; P. E. Jose, B. T. Lim, et al. "Does savoring increase happiness? A daily diary study," *The Journal of Positive Psychology* 7, no 3 (2012): 176–187.

20 **"reminiscent savoring":** F. B. Bryant, C. M. Smart, and S. P. King. "Using the past to enhance the present: Boosting happiness through positive reminiscence,"

Journal of Happiness Studies 6, no 3 (2005): 227–260. Also see B. L. Fredrickson. "Extracting meaning from past affective experiences: The importance of peaks, ends, and specific emotions," *Cognition and Emotion* 14, no 4 (2000): 577–606.

21 **Looking ahead:** J. Quoidbach et al. "Positive emotion regulation and well-being: Comparing the impact of eight savoring and dampening strategies," *Personality and Individual Differences* 49 no 5 (2010): 368–373.

22 **gratefulness, as distinct from the social quality of gratitude:** R. Rusk, D. Vella-Brodrick, and L. Waters. "Gratitude or gratefulness? A conceptual review and proposal of the System of Appreciative Functioning," *Journal of Happiness Studies* (2016), doi: 10.1007/s10902-015-9675-z.

23 **gratitude linked to a host of positive indicators:** A. M. Wood, J. J. Froh, and A. W. Geraghty. "Gratitude and well-being: A review and theoretical integration," *Clinical Psychology Review* 30, no 7 (2010): 890–905.

24 **people who feel grateful fall into slumber more quickly:** A. M. Wood et al. "Gratitude influences sleep through the mechanism of pre-sleep cognitions," *Journal of Psychosomatic Research* 66, no 1 (2009): 43–48.

25 **Gratitude also builds our relationships:** M. E. P. Seligman et al. "Positive education: Positive psychology and classroom interventions," *Oxford Review of Education* 35, no 3 (2009): 293–311; J. J. Froh et al. "Who benefits the most from a gratitude intervention in children and adolescents? Examining positive affect as a moderator," *The Journal of Positive Psychology* 4, no 5 (2009): 408–422; L. Waters and H. Stokes. "Positive education for school leaders: Exploring the effects of emotion-gratitude and action-gratitude," *Australian Educational and Developmental Psychologist* 32, no 1 (2015): 1–22.

26 **gratitude created a bond:** Keltner, D. *Born to Be Good: The Science of a Meaningful Life.*New York: W. W. Norton, 2009.

27 **through words or actions:** S. B. Algoe, B. L. Fredrickson, and S. L. Gable. "The social functions of the emotion of gratitude via expression," *Emotion* 13, no 4 (2013): 605–609.

28 **1000 Awesome Things:** http://1000awesomethings.com.

29 **the power of the gratitude letter:** M. E. P. Seligman et al. 2005. "Positive psychology progress"; J. Froh, W. Sefick, and R. A. Emmons. "Counting blessings in early adoles- cents: An experimental study of gratitude and subjective well-being," *Journal of School Psychology* 46, no 2 (2008): 213–233.

30 **attention-sharpening benefits of moderate aerobic exercise:** C. H. Hillman et al. "The effect of acute treadmill walking on cognitive control and academic achievement in preadolescent children," *Neuroscience* 159, no 3 (2009): 1044–1054.

31 **in this resting state, our brain is still highly active:** M. H. Immordino-Yang, J. A. Christodoulou, and V. Singh. "Rest is not idleness: Implications of the brain's default mode for human development and education," *Perspectives on Psychological Science* 7, no 4 (2012): 352–64.

32 **ERP improves after people engage in moderate aerobic exercise:** C. H. Hillman et al. "The effect of acute treadmill walking on cognitive control and academic achievement in preadolescent children."

33 **"cerebral congestion":** F. Jabr. "Why your brain needs more downtime," *Scientific American,* October 15, 2013. Accessed August 14, 2016, http://www.scientificamerican.com/article/mental-downtime.

34 **memory consolidation:** G. Girardeau et al. "Selective suppression of hippocampal ripples impairs spatial memory," *Nature Neuroscience* 12 (2009): 1222–1223.

35 **stepping away from the problem:** A. Dijksterhuis et al. "On making the right choice: The deliberation-without-attention effect," *Science* 311, no 5763 (2006): 1005–1007.

36 **unstructured play-based curriculum:** A. Diamond et al. "Preschool program improves cognitive control," *Science* 318, no 5855 (2007): 1387–1388; A. Diamond and K. Lee. "Interventions shown to aid executive function development in children 4–12 years old," *Science*, 333, no 6045 (2011): 959–964.

37 **Attention is built through rest and play:** D. S. Weisberg et al. "Guided play: Making play work for education," *Phi Beta Kappan* 96, no 8 (2015): 8–13; J. M. Zosh, K. Hirsh-Pasek, and R. Golinkoff. "Guided play," in *Encyclopedia of Contemporary Early Childhood Education,* D. L. Couchenour and K. Chrisman, eds. Thousand Oaks, CA: Sage, 2015.

38 **free time during the week:** Although we hear about the need for downtime, as parents we're sent mixed messages. On one hand, people lament the fast pace of our modern society and yearn for the days when kids could play freely until called for dinner, and on the other hand, it seems everywhere we turn we're being told that we must make every minute count and that we need to be constantly stimulating our child's brains by enrolling them in yet another activity. According to Dr. Kathy Hirsh-Pasek's website (http://kathyhirshpasek.com), playtime has dropped precipitously from 40 percent in 1981 to 25 percent in 1997. See K. Hirsh-Pasek and R. M. Golinkoff. Einstein Never Used Flash Cards: How Our Children Really Learn—and Why They Need to Play More and Memorize Less. Stuttgart: Holtzbrink Publishers, 2003. In the last two decades, children have lost eight hours of free playtime per week. Also see D. Elkind. The Hurried Child: Growing Up Too Fast Too Soon, 3rd edition. Cambridge, MA: Perseus Publishing, 2001; P. N. Stearns. *Anxious Parents: A History of Modern Child-rearing in America.* New York: New York University Press, 2002; E. Morman. "25 years of parenting: A look back and ahead," Metro Parent/Daily, January 8, 2011. Accessed February 2, 2016, http:// www.metroparent.com/daily/parenting/parenting-issues-tips/ 25-years-parenting-look-back-ahead.

39 **building their identity:** M. H. Immordino-Yang, J. A. Christodoulou, and Vanessa Singh. "Rest is not idleness: Implications of the brain's default mode for human development and education," *Perspectives on Psychological Science* 7, no 4 (2012): 352–64.

40 **reduced empathic responses:** P. Trapnell and L. Sinclair. "Texting frequency and the moral shallowing hypothesis," poster presented at the Annual Meeting of the Society for Personality and Social Psychology, San Diego, CA, 2012.

Chapter 6: Mindfulness

1 **mindfulness:** J. Kabat-Zinn. "Mindfulness-based interventions in context: Past, present,and future," *Clinical Psychology: Science and Practice* 10, no 2 (2003): 144–156.

2 **"bare attention":** J. M. Schwartz. "Mental force and the advertence of bare attention,"*Journal of Consciousness Studies* 6, no 2–3 (1999): 293–296.

3 **I don't have to be perfect, I just have to be present:** I take great comfort in Donald Winn- icott's idea of "good enough" parenting. That as long as I am here to "hold" the emotional space for my children (be it good or bad emotions), then I am doing a good job. See D. W. Winnicott, The Child, the Family, and the Outside World, 2nd edition. Cambridge, MA: Da Capo Press, 1992.

4 **our mood is best when we're present in the moment:** M. A. Killingsworth and D. T. Gilbert. "A wandering mind is an unhappy mind," *Science* 330, no 6006 (2010): 932.

5 **large-scale meta-review of mindfulness:** L. Waters et al. "Contemplative education: A systematic, evidence-based review of the effect of meditation

interventions in schools," *Educational Psychology Review* 27, no 1 (2015): 103–134.

6 **increased activity in their left prefrontal cortex:** R. Davidson and S. Begley. *The Emotional Life of Your Brain.* New York: Hudson Street Press, 2013.

7 **mentally rehearse:** A. Pascual-Leone et al. "The plastic human brain cortex," *Annual Review of Neuroscience* 28 (2005): 377–401.

8 **The more mindful the parent, the more mindful the child:** L. Waters. "The relationship between parent mindfulness, child mindfulness and child stress," *Psychology* 7 (2016): 40–51.

9 **become aware of patterns in thoughts and feelings:** J. Brefcynski-Lewis et al. "Neural correlates of attentional expertise in long term meditation practitioners," *Proceedings of the National Academy of Sciences* 104, no 27 (2007): 11483–11488; A. Lutz et al. "Mental training enhances attentional stability," *Journal of Neuroscience* 29, no 42 (2009): 13418–13427.

10 **mindfulness fosters positive emotions:** R. Davidson and S. Begley. *The Emotional Life of Your Brain.*

11 **Mindfulness opens the door of awareness:** R. Niemiec. *Mindfulness and Character Strengths.*

12 **mindfulness is a great way to help your child build resilience:** M. D. Keye and A. M. Pid- geon. "An investigation of the relationship between resilience, mindfulness, and academic self-efficacy," *Open Journal of Social Sciences* 1, no 6 (2013): 1–4.

13 **emotional complexity:** S.-M. Kang and P. R. Shave. "Individual differences in emotional complexity: Their psychological implications," Journal of Personality 72, no 4 (2004): 687–726.

14 **emotional coaching:** J. M. Gottman, L. F. Katz, and C. Hooven. "Parental meta-emotion philosophy and the emotional life of families: Theoretical models and preliminary data," *Journal of Family Psychology* 10, no 3 (1996): 243–268.

15 **parents who are emotional coaches:** N. Eisenberg, A. Cumberland, and T. L. Spinrad. "Parental socialization of emotion," *Psychological Inquiry* 9, no 4 (1998): 241–273; A.L. Gentzler et al. "Parent–child emotional communication and children's coping in middle childhood," *Social Development* 14, no 4 (2005): 591–612.

16 **calmer central nervous system:** S. B. Perlman, L. A. Camras, and K. A. Pelphrey. "Physiology and functioning: Parents' vagal tone, emotion socialization, and children's emotion knowledge," *Journal of Experimental Child Psychology* 100, no 4 (2008): 308–315.

17 **we learn how to handle emotions from our parents:** J. Gottman and J. Declaire. *Raising an Emotionally Intelligent Child: The Heart of Parenting.* New York: Simon & Schuster, 1998; D. J. Siegel and M. Hartzell. *Parenting from the Inside Out 10th Anniversary Edition: How a Deeper Self-Understanding Can Help You Raise Children.* New York: Penguin, 2013.

18 **Emotional coaching is a skill you can learn quickly:** S. S. Havighurst et al. "Tuning in to kids: Improving emotion socialization practices in parents of preschool children— findings from a community trial," *Journal of Child Psychology and Psychiatry* 51, no 12 (2010): 1342–1350; C. E. Kehoe, S. S. Havighurst, and A. E. Harley. "Tuning in to teens: Improving parent emotion socialization to reduce youth internalizing difficul- ties," *Social Development* 23, no 2 (2013): 413–431.

19 **challenging behaviors:** K. Bluth et al. "A stress model for couples parenting children with Autism Spectrum Disorders and the introduction of a mindfulness intervention," *Journal of Family Theory & Review* 5, no 3 (2013): 194–213.

20 **mindful parenting:** S. Bögels et al. "Mindfulness training for adolescents with externalizing disorders and their parents," *Behavioral and Cognitive Psychotherapy* 36, no 2 (2008): 193–209.

21 **mindfulness-based interventions helped parents:** R. Keenan-Mount, N. Albrecht, and L. Waters. "Mindfulness-based approaches for young people with autism spectrum disorder and their caregivers: Do these approaches hold benefits for teachers?" *Australian Journal of Teacher Education*, 2016.

22 **compulsory mindfulness is an oxymoron:** S. Kaiser Greenland. *The Mindful Child: How to Help Your Kid Manage Stress and Become Happier, Kinder, and More Compassionate*, New York: Free Press, 2010.

23 **relaxation response in the body:** R. Jerath et al. "Physiology of long pranayamic breath- ing: Neural respiratory elements may provide a mechanism that explains how slow deep breathing shifts the autonomic nervous system." *Medical Hypotheses* 67, no 3 (2006): 566–571.

Chapter 7: Self-Control

1 **self-control helps us overcome internal conflict:** K. McGonigal. T*he Willpower Instinct:How Self-Control Works, Why It Matters, and What You Can Do to Get More of It.* New York: Avery, 2011.

2 **Table 1:** This is an adaptation of the Brief Self-Control Scale. See J. P. Tangney, R. F. Baumeister, and A. L. Boone. "High self control predicts good adjustment, less pathology, better grades, and interpersonal success," *Journal of Personality* 72, no 2 (2004): 271–324.

3 **self-control is often low:** C. Peterson and M. E. P. Seligman. *Character Strengths and Virtues.*

4 **programs to build elf-control:** M. Oaten and K. Cheng. "Improved self-control: The benefits of a regular program of academic study," *Basic and Applied Social Psychology* 28 no 1 (2006): 1–16; M. Oaten and K. Cheng. "Longitudinal gains in self-regulation from regular physical exercise," *British Journal of Health Psychology* 11 (4): 717–733;M.Oaten and K. Cheng. "Improvements in self-control from financial monitoring,"*Journal of Economic Psychology* 28, no 4 (2007): 487–501.

5 **impulse spending when attention is distracted:** B. Shiv, A. Fedorikhin, and S. M. Nowlis. "Interplay of the heart and mind in decision making," *in Inside Consumption: Frontiers of Research on Consumer Motives, Goals, and Desire,* S. Ratneshwar, and D. Mick, eds. Abingdon, UK: Routledge, 2005.

6 **physiological capacity wired into our nervous system:** S. C. Segerstrom and L. S. Nes. "Heart rate variability indexes self-regulatory strength, effort, and fatigue," *Psychological Science* 18, no 3 (2007): 275–281.

7 **some people have more innate self-control:** S. C. Segerstrom, T. W. Smith, and T. A. Eisenlohr-Moul. "Positive psychophysiology: The body and self-regulation," in *Designing the Future of Positive Psychology: Taking Stock and Moving Forward,* K. M. Shel- don, T. B. Kashdan, and M. F. Steger, eds. New York: Oxford University Press (2011), 25–40.

8 **brain area responsible for self-monitoring:** M. Inzlicht and J. N. Gutsell. "Running on empty: Neural signals for self-control failure," *Psychological Science* 18, no 11 (2007): 933–937.

9 **we cave to our impulses about 60 percent of the time:** W. Hofmann et al. "Everyday temp- tations: An experience sampling study of desire, conflict, and self-control," *Journal of Personality and Social Psychology* 102, no 6 (2012): 1318–1335; W. Hofmann, K. D. Vohs, and R. F. Baumeister. "What people desire, feel conflicted about, and try to resist in everyday life," *Psychological Science* 23, no 6 (2012): 582–588.

ENDNOTES

10 **"pause and plan response":** S. C. Segerstrom et al. "'Pause and plan': Self-regulation and the heart," in *Motivational Perspectives on Cardiovascular Response,* G. Gendolla and R. Wright, eds. Washington, DC: *American Psychological Association* (2011), 181–198.

11 **taking a moment:** R. Jerath et al. "Physiology of long pranayamic breathing"; K. McGonigal. *The Willpower Instinct.*

12 **We start to develop self-control even as infants:** B. E. Vaughn, C. B. Kopp, and J. B. Kra- kow. "The emergence and consolidation of self-control from eighteen to thirty months of age: Normative trends and individual differences," *Child Development* 55 no 3 (1984): 990–1004.

13 **delayed gratification:** W. Mischel, E. B. Ebbesen, and A. Raskoff Zeiss. "Cognitive and attentional mechanisms in delay of gratification," *Journal of Personality and Social Psychology* 21, (1972): 204–218.

14 **developmental spurt in our self-control capacity:** C. Hay and W. Forrest. "The development of self-control: Examining self-control theory's stability thesis," *Criminology* 44, no 4 (2006): 739–774.

15 **the teenage years:** J. N. Giedd. "The teen brain: Insights from neuroimaging."

16 **the cortex can put the brakes on mpulsivity:** J. N. Giedd et al. "Brain development during childhood and adolescence: A longitudinal MRI study," *Nature Neuroscience* 2, (1999): 861–863; E. R. Sowell. "Mapping continued brain growth and gray matter density reduction in dorsal frontal cortex: Inverse relationships during post-adolescent brain maturation."

17 **self-control is more important than IQ:** For university students, see J. P. Tangney, R. F. Baumeister, and A. L. Boone. "High self control predicts good adjustment, less pathology, better grades, and interpersonal success," *Journal of Personality* 72, no 2 (2004): 271–324; for middle-school students, see A. L. Duckman and M. E. P. Seligman. "Self- discipline gives girls the edge: Gender in self-discipline, grades, and achievement test scores," *Journal of Educational Psychology* 98, (2006): 198–208.

18 **It builds confidence and caring behavior and reduces depression and risky behavior:**S. Gestsdóttir and R. M. Lerner. "Intentional self-regulation and positive youth development in early adolescence: Findings from the 4-H study of positive youth develop- ment," *Developmental Psychology* 43, no 2 (2007): 508–521; A. L. Duckworth, T. S. Gendler, and J. J. Gross. "Self-control in schoolage children," *Educational Psychologist* 49, no 3 (2014): 199–217; B. M. Galla and A. L. Duckworth. "More than resisting temptation: Beneficial habits mediate the relationship between self-control and positive life outcomes," *Journal of Personality and Social Psychology* 109, no 3 (2015): 508–525.

19 **children with high self-control:** W. Mischel, Y. Shoda, and M. I. Rodriguez. "Delay of gratification in children," *Science* 244, 4907, (1989): 933–939; R. F. Krueger et al. "Delay of gratification, psychopathology, and personality: Is low self control specific to externalizing problems?" *Journal of Personality* 64, 1 (1996): 107–128; W. Mischel and O. Ayduk. "Willpower in a cognitive-affective processing system," in *Handbook of Self- regulation: Research, Theory, and Applications,* R. F. Baumeister and K. D. Vohs, eds. New York: Guilford, 2004 99–129; T. E. Moffitt et al. "A gradient of childhood self-control predicts health, wealth, and public safety," *Proceedings of the National Academy of Sciences* 108, no 7 (2011): 2693–2698.

20 **liken self-control to a muscle:** M. Muraven and R. F. Baumeister. "Self-regulation and depletion of limited resources: Does self-control resemble a muscle?" *Psychological Bulletin* 126, no 2 (2000): 247–259.

21 **we start with strong self-control our ability to apply it diminishes:** W. Hofmann et al. "Everyday temptations: An experience sampling study of desire, conflict, and self-control," *Journal of Personality and Social Psychology* 102, no 6 (2012): 1318–1335.

22 **children of strength-based parents experience less stress:** L. Waters. "The relationship between strength-based parenting with children's stress levels and strength-based coping approaches," *Psychology* 6, no 6 (2015): 689–699.

23 **people in positive moods experienced less self-control depletion:** D. M. Tice et al. "Restoring the self: Positive affect helps improve self-regulation following ego depletion," *Journal of Experimental Social Psychology* 43, no 3 (2007): 379–384.

24 **power break:** DeskTime (a time-tracking and productivity app) analyzed user data from adults (5.5 million daily logs) and found that the most productive 10 percent of users worked with purpose for fifty-two minutes and took seventeen-minute breaks where they were completely removed from the work they were doing (entirely resting, not looking at e-mail, etc.). But shorter work times, and thus, breaks, might work better with children and teens. See J. Gifford. 2014. "The secret of the 10% most productive people? Breaking!," DeskTime. Accessed August 14, 2016, http://blog.desktime.com/ 2014/08/20/the-secret-of-the-10-most-productive-people-breaking; J. Gifford (n.d.). "The rule of 52 and 17: It's random but it ups your productivity," *The Muse.* Accessed August 14, 2016, https://www.themuse.com/advice/the-rule-of-52-and-17-its-random-but-it-ups-your-productivity/; http://time.com/3518053/perfect-break.

25 **Dirty Sock Syndrome:** This study was conducted by psychologist Daryl Bem and out- lined in R. F. Baumeister and J. Tierney. "Willpower: Why self-control is the secret to success," in *Willpower: Rediscovering the Greatest Human Strength.* New York: Penguin, 2011.

26 **to-do lists:** K. McGonigal. *The Willpower Instinct.*

27 **Self-awareness is fostered and supported by mindfulness:** P. D. Zelazo and K. E. Lyons. "The potential benefits of mindfulness training in early childhood: A developmental social cognitive neuroscience perspective," *Child Development Perspectives* 6, no 2 (2012): 154–160.

28 **breathing exercises can actually reset the nervous system:** R. Jerath et al. "Physiology of long pranayamic breathing"; R. M. Kaushik et al. "Effects of mental relaxation and slow breathing in essential hypertension," *Complementary Therapies in Medicine* 14, no 2 (2006): 120–126.

29 **physiological changes lead to a relaxation response:** Ibid.

30 **there's a purely practical benefit to mindfulness:** H. A. Slagter et al. "Mental training affects distribution of limited brain resources," *Biology* 5, no 6 (2007): e138.

31 **feelings, thoughts, and sensations can arise and pass without requiring our energy:** Y. Y. Tang et al. "Short-term meditation training improves attention and self-regulation," *Proceedings of the National Academy of Sciences* 104, no 43 (2007): 17152–17156.

32 **mindfulness inoculates us against our impulses:** S. Bowen and A. Marlatt. "Surfing the urge: Brief mindfulness-based intervention for college student smokers," *Psychology of Addictive Behaviors* 23, no 4 (2009): 666–671.

33 **electrical activity in people's brains:** M. Inzlicht and J. N. Gutsell. "Running on empty neural signals for self-control failure," *Psychological Science* 18, no 11 (2007): 933–937.

34 **areas of the brain that assist with impulse control:** K. Demos et al. "Correlates of self- regulator depletion in chronic dieters," poster presented at the Society for Personality and Social Psychology Annual Convention, San Antonio, Texas, 2011.

35 **Kathleen Vohs Roy Baumeister:** K. D. Vohs, R. F. Baumeister, and N. J. Ciarocco. "Self-regulation and self-presentation: Regulatory resource depletion impairs impression management and effortful self-presentation depletes regulatory resources," *Journal of Personality and Social Psychology* 88, no 4 (2005):

632–657.

36 **to change a habit can actually enlarge our capacity for self-control:** M. Muraven, R. F. Baumeister, and D. M. Tice. "Longitudinal improvement of self-regulation through practice: Building self-control strength through repeated exercise," *The Journal of Social Psychology* 139, no 4 (1999): 446–457; R. F. Baumeister et al. "Self regulation and personality: How interventions increase regulatory success, and how depletion moderates the effects of traits on behavior;" M. Oaten and K. Cheng. "Longitudinal gains in self regulation from regular physical *British Journal of Health Psychology* 11, no 4 (2006): 717–733.

37 **strengthen self-control:** R. F. Baumeister and J. Tierney. "Willpower: Why self-control is the secret to success," in *Willpower: Rediscovering the Greatest Human Strength.*

Chapter 8: Communication

1 **parent-teenager pairs guessed wrong:** A. Sillars, A. Koerner, and M. A. Fitzpatrick."Communication and understanding in parent–adolescent relationships," *Human Communication Research* 31, no 1 (2005): 102–128.

2 **less open communication and more problem communication:** H. L. Barnes and D. H. Olson. 1985. "Parent–adolescent communication and the circumplex model," *Child Development* 56, no 2 (1985): 438–447.

3 **low levels of positive communication may adversely affect a child's brain:** S. Whittle et al. "Positive parenting predicts the development of adolescent brain structure: A longitudinal study," *Developmental Cognitive Neuroscience* 8 (2014): 7–17. For those of you who want to know more about the specific areas in the brain that were affected, positive maternal behavior was linked to reduced growth of the right amygdala and accelerated cortical thinning in left and right orbitofrontal cortices, between baseline and follow up. For boys there was also a thinning in the right anterior cingulate. Reduced growth in the amygdala is associated with a lower fear response, lower emotional reactivity, and higher emotional regulation abilities. Thinning of the orbitofrontal cortices is associated with superior cognitive functioning. Thinning of the orbitofrontal cortices and anterior cingulate cortices is associated with lower levels of internalizing behaviors (e.g., depression and anxiety) and higher temperamental effortful control (i.e., self-regulation and impulse control). Thinning of cortical tissue during adolescence is thought to occur due to the beneficial adaptive changes of synaptic pruning, propaga- tion of glial cells, and increased myelination of previously unmyelinated tissue. These neurological changes make the neurons more efficient, so the brain can "prune"/ reduce the amount of neurons required in these areas while still achieving high functioning and, thus, allow for neuronal growth elsewhere in the brain. Also see M. B. H. Yap et al. "Parenting experiences interact with brain structure to predict depres- sive symptoms in adolescents," *Archives of General Psychiatry* 65, no 12 (2008): 1377– 1385; O. S. Schwartz et al. "Observed maternal responses to adolescent behavior predict the onset of major depression," *Behavior Research and Therapy* 49, no 5 (2011): 331–338.

4 **how the parents reacted to their children's display of emotions:** A.L. Gentzler et al. "Parent– child emotional communication and children's coping in middle childhood," *Social Development* 14, no 4 (2005): 591–612.

5 **praise is related to task achievement:** C. M. Mueller and C. S. Dweck. "Praise for intelligence can undermine children's motivation and performance," *Journal of Personality and Social Psychology* 75, no 1 (1998): 33–52; M. L. Kamins and C. S. Dweck. "Person versus process-praise and criticism: Implications for contingent self-worth and coping," Developmental Psychology 35, no 3 (1999) 835–847; J. K. Harter, F. L. Schmidt, and T. L. Hayes. "Business-unit-level relationship between employee satisfaction, employee engagement, and business outcomes: A meta-analysis," *Journal of Applied Psychology* 87, no 2 (2002): 268–279; S. R. Zentall and B. J. Morris. "'Good job, you're so smart': The effects of inconsistency of praise type on young children's motivation," *Journal of Experimental Child Psychology* 107, no 2 (2010): 155–163.

6 **Praise influences how your child reacts to failure:** C. M. Mueller and C. S. Dweck. "Praise for intelligence can undermine children's motivation and performance."

7 **effect on a child's mind-set:** A. Cimpian et al. "Subtle linguistic cues impact children's motivation," *Psychological Science* 18, no 4 (2007): 314–316; C. S. Dweck. *Mindset: The New Psychology of Success.*

8 **these statements don't build the child's strengths:** T. Thompson. "Do we need to train teachers how to administer praise? Self-worth theory says we do," *Learning and Instruction* 7, no 1 (1997): 49–63.

9 **"Good job" doesn't tell the child what he did that was good:** A. Kohn. "Five reasons to stop saying 'good job,'" *Young Children* 56, no 5 (2001): 24–30.

10 **generic praise can leave kids in a state of uncertainty:** S. R. Zentall and B. J. Morris. "'Good job, you're so smart.'"

11 **process-praise:** L. Blackwell, K. Trzesniewski, and C. S. Dweck. "Implicit theories of intelligence predict achievement across an adolescent transition: A longitudinal study and an intervention," *Child Development* 78, no 1 (2007): 246–263; A. Cimpian et al. "Subtle linguistic cues impact children's motivation."

12 **researchers at the University of Hong Kong:** S. Lam, P. Yim, and Y. Ng. "Is effort praise motivational? The role of beliefs in the effortability relationship," *Contemporary Educational Psychology* 33, no 4 (2008): 694–710.

13 **critical phase of development:** J. E. Grusec and E. Redler. "Attribution, reinforcement, and altruism: A developmental analysis," *Developmental Psychology,* 16, no 5 (1980): 525–34.

14 **moral strengths:** C. J. Bryan et al. "When cheating would make you a cheater: Implicating the self prevents unethical behavior," *Journal of Experimental Psychology: General* 14, no 4 (2013): 1001–1005; A. Grant. "Raising a moral child," *The New York Times*, Sunday Review, April 11, 2014; accessed May 24, 2016, http://mobile.nytimes.com/2014/04/ 12/opinion/sunday/raising-a-moral-child.html.

15 **person-praise likely to lead to a fixed mind-set:** C. M. Mueller and C. S. Dweck. "Praise for intelligence can undermine children's motivation and performance."

16 **person-praise weakens their resilience:** Ibid; M. L. Kamins and C. S. Dweck. "Person versus process-praise and criticism: Implications for contingent self-worth and coping," *Developmental Psychology* 35, no 3 (1999) 835–847; J. H. Corpus and M. R. Lepper. "The effects of person versus performance praise on children's motivation: Gender and age as moderating factors," *Educational Psychology* 27, no 4 (2007): 487–508; E. A. Gunderson et al. 2013. "Parent praise to 1 to 3 year olds predicts children's motivational frameworks 5 years later," *Child Development* 84, no 5 (2013): 1526–1541.

17 **Dr. Dweck took her research into the homes of families:** E. A. Gunderson et al. "Parent praise to 1 to 3 year olds predicts children's motivational frameworks 5 years later."

ENDNOTES

Chapter 9: Strength-Based Living in the Real World

1 **by nature we are motivated to self-develop:** A. Maslow. "A theory of human motivation."A.Maslow. Motivation and Personality. New York: Harper, 1954; A. Maslow. *Toward a Psychology of Being*. Princeton, NJ: D. Van Nostrand, 1962; K. Horney. *Neurosis and Human Growth: The Struggle Towards Self-realization*. C. Rogers. On Becoming a Person: A Therapist's View of Psychotherapy. C. Rogers. *A Way of Being*. Boston: Houghton Mif- flin, 1980.

2 **they'll follow rules, provided the rules are reasonable, consistent, and fair:** E. Nixon and A.M. Halpenny. *Children's Perspectives on Parenting Styles and Discipline: A Developmental Approach*. Dublin: Office of the Minister for Children and Youth Affairs (2010). Accessed November 26, 2015, http://www.dcya.gov.ie/documents/publications/chil drens_perspectives_on_parenting_styles.pdf.

3 **teach our children about the values and attitudes of society:** D. Baumrind. "Parental disciplinary patterns and social competence in children," *Youth & Society* 9 no 3 (1978): 239–276; J. Belsky. "Early human experience: A family perspective," *Developmental Psychology* 17, no 1 (1981): 3; D. Baumrind and R. A. Thompson. "The ethics of parenting," in *Handbook of Parenting, Vol. 5: Practical Issues in Parenting*, 2nd edition, M. H. Bornstein, ed. Mahwah, NJ: Lawrence Erlbaum Associates, 2002, 3–34.

4 **How do you discipline your child?:** This exercise is an amalgam of those used by M. L. Hoffman and H. D. Saltzstein. "Parent discipline and the child's moral development," *Journal of Personality and Social Psychology* 5, no 1 (1967): 45–57; J. Krevans and J. C. Gibbs. "Parents' use of inductive discipline: Relations to children's empathy and pro- social behavior," *Child Development* 67, no 6 (1996): 3263–3277; R. B. Patrick and J. C. Gibbs. "Parental expression of disappointment: Should it be a factor in Hoffman's model of parental discipline?" *Journal of Genetic Psychology* 168, no 2 (2007): 131–146;R. B. Patrick and J. C. Gibbs. "Inductive discipline, parental expression of disappointed expectations, and moral identity in adolescence."

5 **different discipline styles:** M. L. Hoffman. "Moral development," *Carmichael's Manual of Child Psychology*, Vol. 2, P. H. Mussen, ed. New York: Wiley, 1970; M. L. Hoffman. "Childrearing practices and moral development: Generalizations from empirical research," *Child Development* 34, no 2 (1993): 295–318; R. B. Patrick and J. C. Gibbs. "Parental expression of disappointment: Should it be a factor in Hoffman's model of parental discipline?" *Journal of Genetic Psychology* 168, no 2 (2007): 131–146.

6 **guilt makes a person feel bad about what they did:** S. Kim, R. Thibodeau, and R. S. Jorgensen. "Shame, guilt, and depressive symptoms: A meta-analytic review," *Psychological Bulletin* 137, no 1 (2011): 68–96.

7 **shame leads to self-doubt, anxiety, and depression:** P. Gilbert. What is shame? Some core issues and controversies," in *Shame: Interpersonal Behavior, Psychopathology, and Culture,*P. Gilbert and B. Andrews, eds. New York: Oxford University Press (1998), 3–38;S. Kim, R. Thibodeau, and R. S. Jorgensen. "Shame, guilt, and depressive symptoms: A meta-analytic review."

8 **Shame is damaging, but guilt serves a purpose:** J. Price Tangey and R. Dearing. *Shame and Guilt*. New York: Guilford Press, 2002; P. Gilbert. "Evolution, attractiveness, and the emergence of shame and guilt in a self-aware mind: A reflection on Tracy and Robins," *Psychological Inquiry* 15, no 2 (2004): 132–135.

9 **over-relying on our core strengths:** B. Schwartz and K. E. Sharpe. "Practical wisdom: Aristotle meets positive psychology," *Journal of Happiness Studies* 7, no 3 (2006): 377– 395; A. M. Grant and B. Schwartz. "Too much of a good thing: The challenge and opportunity of the inverted U," *Perspectives on Psychological Science* 6, no 1 (2011): 61–76.

10 **the "shadow side" of a strength:** R. Niemiec. "Mindfulness and character strengths."

Chapter 10: Strong Selves, Strong Families, Strong Communities, Strong World

1 **posting something positive on social media triggers happiness:** L. Rouyon and S. Utz. "The emotional responses of browsing Facebook: Happiness, envy, and the role of tie strength," *Computers in Human Behavior* 52 (2015): 29–38.

2 **happiness spreads through social networks:** L. Coviello et al. "Detecting emotional contagion in massive social networks," *PLOS One* 9, no 3 (2014): e90315.

3 **Knowledge Is Power Program:** KIPP. Accessed July 12, 2016, http://www.kipp.org.

4 **Center for Positive Organizations, Ross School of Business, University of Michigan:** "The top 50 schools," *Financial Times*, 2016, http://rankings.ft.com/businessschoolrankings/executive-education-customised-2016

補充資料與文獻

莉· 沃特斯博士的網站

＊莉的線上課程：

優勢本位教養 Strength-based parenting (http://www.strengthswitch.com)
優勢本位團隊 Strength-based work teams (http://www.strengthswitch.com)
優勢本位教室 Strength-based classrooms (http://www.strengthswitch.com)
校園優點偵探 Positive Detective for schools (http://www.positivedetective.com)
家庭優點偵探 Positive Detective for families (http://www.positivedetective.com)
職場優點偵探 Positive Detective for workplaces (http://www.positivedetective.com)

＊莉的網頁

莉 · 沃特斯 Lea Waters (http://www.leawaters.com)
優勢開關 The Strength Switch (http://www.strengthswitch.com)
優勢交換 The Strengths Exchange (http://www.the-strengths-exchange.com.au)
優點偵探 Positive Detective (http://www.positivedetective.com)

＊莉的 TEDx 演講

"Warning: Being Positive Is Not for the Faint-Hearted"
(https://www.youtube.com/watch?v=80U__KwX0iU)

＊莉的 YouTube 演講

"Gratitude at Work: Hearts, Minds, and the Bottom Line"
(https://www.youtube.com/watch?v=KMI27cwZABw)
"Growing Brains: Capacity, Intelligence, and Resilience"
(https://www.youtube.com/watch?v=roP-aOKcxWs)
"Positive Education: Trends, Evidence, and Advancement"
(https://www.youtube.com/watch?v=2UABRP73t7A)

＊莉 · 沃特斯博士的聯絡方法

臉書（Facebook） Lea Waters
推特（Twitter） @ProfLeaWaters
即時電報（Instagram） @ProfLeaWaters

＊優勢問卷

△成人優勢問卷

價值實踐研究所 (http://www.viacharacter.org)
應用正向心理學中心 (http://www.cappeu.com)
蓋洛普研究所 (http://www.gallupstrengthscenter.com)

附錄

△青少年優勢問卷

價值實踐研究所	(http://www.viacharacter.org)
蓋洛普研究所	(http://www.strengths-explorer.com)
蓋洛普研究所	(http://www.strengthsquest.com)

＊網站

巨腦	(http://www.1giantmind.org)
一千件很棒的事	http://1000awesomethings.com)
安心做	(http://www.any.do/anydo)
真實快樂	(https://www.authentichappiness.sas.upenn.edu)
寧靜	(https://www.calm.com)
品格日	(www.letitripple.org/characterday)
正向組織中心	(positiveorgs.bus.umich.edu)
正向心理學中心	(education.unimelb.edu.au/cpp/home)
心石	(www.corstone.org)
優勢加油	(www.gostrengths.com)
加州大學柏克萊分校至善科學中心	(www.greatergood.berkeley.edu)
心懷感恩（Growing with Gratitude）	(http://www.growingwithgratitude.com.au)
樂活	(www.happify.com)
腦部空間	(https://www.headspace.com)
達標（Hoogalit）	(www.hoogalit.com)
國際正向教育聯盟	(http://www.ipositive-education.net)
國際正向心理學協會	(http://www.ippanetwork.org)
知識即力量	(http://www.kipp.org)
生活意義與品質研究實驗室 Laboratory for the Study of Meaning and Quality of Life	(www.michaelfsteger.com)
傳遞	(www.letitripple.org)
梅爾森學院（Mayerson Academy）	(www.mayersonacademy.org)
口袋清單	(http://www.pocketlistsapp.com)
正向教育學校協會	(https://www.pesa.edu.au)
正向心理學中心	(ppc.sas.upenn.edu)
正向體育訓練	(www.positivesportscoaching.com.au)
微笑大腦	(http://smilingmind.com.au)
飛翔之語	(www.soaringwords.org)
優勢挑戰（Strengths Challenge）	(http://strengthschallenge.com)
優勢集群	(http://www.strengthclusters.com)
感恩探索平台	(https://appreciativeinquiry.case.edu)
品格實驗室	(https://characterlab.org/measures)
心盛中心（The Flourishing Center）	(http://theflourishingcenter.com)

寧靜革命 (www.quietrev.com)
甦醒計畫 (www.wakeupproject.com.au)
多做 (https://en.todoist.com)
品格價值實踐研究所 (www.viacharacter.org)

＊文章

Greater Good in Action at the University of California at Berkeley (n.d.). "Gratitude letter." Accessed August 14, 2016, http://ggia.berkeley.edu/practice/gratitude_letter.

Huffington Post (May 20, 2013). "Meditation in action: Turn your walk into a mindful moment." Accessed August 14, 2016, http://www.huffingtonpost.com/2013/05/20/meditation-in-action-walking-meditation_n_3279958.html.

Kaplan, J. S. (February 13, 2009). "Subway meditation: No cushion required," Psychology Today. Accessed August 14, 2016, https://www.psychologytoday.com/blog/urban-mindfulness/200902/subway-meditation-no-cushion-required.

Marsh, J. (November 17, 2011). "Tips for keeping a gratitude journal," *Greater Good in Action at the University of California at Berkeley*. Accessed August 14, 2016, http://greatergood.berkeley.edu/article/item/tips_for_keeping_a_gratitude_journal.

"Mindfulness in everyday life" (n.d.). *Black Dog Institute*. Accessed August 14, 2016, http://www.blackdoginstitute.org.au/docs/10. MindfulnessinEverydayLife.pdf.

"Mindfulness tips" (n.d.). Mindful Moments. Accessed August 14, 2016, http://www.mindful-moments.co.uk/pages/mindfulness-tips.php.

"Printable mandala coloring pages for free," Education.com. Accessed August 14, 2016, http://www.education.com/worksheets/mandalas/.

＊書籍

Baumeister, R. G. and J. Tierney. *Willpower: Rediscovering the Greatest Human Strength*. New York: Penguin, 2011.

Biswas-Diener, R. *THE COURAGE QUOTIENT: HOW SCIENCE CAN MAKE YOU BRAVER*. San Francisco: Jossey-Bass, 2012.

Brooks, D. *The Road to Character*. New York: Random House, 2015.

Brown, B. *Daring Greatly: How the Courage to Be Vulnerable Transforms the Way We Live, Love, Parent, and Lead*. New York: Penguin, 2012.

Cain, S., G. Mone, and E. Moroz. *Quiet Power: The Secret Strengths of Introverts* (a guide for kids and teens). New York: Dial Books for Young Readers, 2016.

Damon, W. *The Path to Purpose: How Young People Find Their Calling in Life*. New York: Free Press, 2009.

Duckworth, A. *Grit: The Power of Passion and Perseverance*. New York: Simon & Schuster, 2016.

Dweck, C. S. *Mindset: The New Psychology of Success*. New York: Ballantine Books, 2008.

Eades, J. M. F. *Celebrating Strengths: Building Strengths-based Schools. Coventry,* UK: Capp Press,

2008.
Fredrickson, B. *Positivity: Top-Notch Research Reveals the Upward Spiral That Will Change Your Life*. New York: Crown, 2009.
Fredrickson, B. *Love 2.0: How Our Supreme Emotion Affects Everything We Feel, Think, Do, and Become*. New York: Avery, 2001.
Froh., J., and G. Bono. *Making Grateful Kids: The Science of Building Character*. West Conshohocken, PA: Templeton Press, 2014.
Greenland, S. K. *The Mindful Child: How to Help Your Kid Manage Stress and Become Happier, Kinder, and More Compassionate*. New York: Simon & Schuster, 2010.
Hirsh-Pasek, K. and R. M. Golinkoff. *Einstein Never Used Flash Cards: How Our Children Really Learn—and Why They Need to Play More and Memorize Less*. Stuttgart: Holtzbrink Publishers, 2004.
Kabat-Zinn, M. and J. Kabat-Zinn. *Everyday Blessings: The Inner Work of Mindful Parenting*. New York: Hyperion, 1997.
Kashdan, T. *Curious? Discover the Missing Ingredient to a Fulfilling Life*. New York: Harper Perennial, 2009.
Kaufman, S. B. and C. Gregiore. *Wired to Create: Unravelling the Mysteries of the Creative Mind*. New York: Perigee, 2015.
Keltner, D. *Born to Be Good: The Science of a Meaningful Life*. New York: W. W. Norton, 2009.
Linley, A. *Average to A+: Realising Strengths in Yourself and Others*. Coventry, UK: CAPP Press, 2008.
Linley, A., J. Willars, and R. Biswas-Diener. *The Strengths Book: Be Confident, Be Successful, and Enjoy Better Relationships by Realising the Best of You*. Coventry, UK: CAPP Press, 2010.
Lopez, S. J. *Making Hope Happen: Create the Future You Want for Yourself and Others*. New York: Simon & Schuster, 2013.
Lyubomirsky, S. *The How of Happiness: A New Approach to Getting the Life You Want*. New York: Penguin, 2008.
Lyubomirsky, S. *The Myths of Happiness: What Should Make You Happy, But Doesn't, What Shouldn't Make You Happy, But Does*. New York: Penguin, 2013.
McGonigal, K. *The Willpower Instinct: How Self-Control Works, Why It Matters, and What You Can Do to Get More of It*. New York: Penguin, 2011.
McQuaid, M. and E. Law. *Your Strengths Blueprints: How to Be Engaged, Energized and Happy at Work*. Albert Park, VIC: Michelle McQuaid Pty Ltd., 2014
Medina, J. *Brain Rules for Baby, Updated and Expanded: How to Raise a Smart and Happy Child from Zero to Five*. Edmonds, WA: Pear Press, 2014.
Miller, C. *Getting Grit: The Evidenced-Based Approach to Cultivating Passion, Perseverance, and Purpose*. Lovisville, Colorado Sounds True, 2017.
Mischel, W. *The Marshmallow Test: Mastering Self-Control*. New York: Little, Brown, 2014.
Niemiec, R. M. *Mindfulness and Character Strengths: A Practical Guide to Flourishing*. Boston: Hogrefe, 2013.

Niemiec, R. M. and D. Wedding. *Positive Psychology at the Movies: Using Films to Build Virtues and Character Strengths,* 2nd edition. Boston: Hogrefe, 2014.

Peterson, C. and M. Seligman. *Character Strengths and Virtues*. New York: Oxford University Press, 2004.

Polly, S. and K. H. Britton. *Character Strengths Matter: How to Live a Full Life*. New York: Positive Psychology News, 2015.

Race, K. *Mindful Parenting: Simple and Powerful Solutions for Raising Creative, Engaged, Happy Kids in Today's Hectic World*. New York: St Martin' s Griffin, 2014.

Rath, T. *StrengthsFinder 2.0*. New York: Simon & Schuster, 2007.

Reckmeyer, M. and J. Robison. *Strengths Based Parenting: Developing Your Child's Inner Talents*. New York: Gallup Press, 2015.

Reivich, K. and A. Shatte. *The Resilience Factor: 7 Keys to Finding Your Inner Strength and Overcoming Life's Hurdles*. New York: Harmony, 2003.

Seligman, M. E. *Authentic Happiness: Using the New Positive Psychology to Realize Your Potential for Lasting Fulfillment*. New York: Simon & Schuster, 2004.

Seligman, M. E. *Flourish: A Visionary New Understanding of Happiness and Well-Being*. New York: Simon & Schuster, 2012.

Seligman, M. E. *Learned Optimism*. New York: Knopf, 1991.

Seligman, M. E. *The Optimistic Child: A Proven Program to Safeguard Children Against Depression and Build Lifelong Resilience*. Boston: Mariner Books, 2007.

Siegel, D. J. and T. P. Bryson. *The Whole-Brain Child: 12 Revolutionary Strategies to Nurture Your Child's Developing Mind*. London: Constable & Robinson, 2012.

Siegel, D. J. and M. Hartzell. *Parenting From the Inside Out: How A Deeper Self-Understanding Can Help You Raise Children Who Thrive*. New York: Tarcher, 2004.

Steinberg, L. *Age of Opportunity: Lessons from the New Science of Adolescence*. Boston: Houghton Mifflin Harcourt, 2014.

Tarragona, M. *Positive Identities: Narrative Practices and Positive Psychology* (The Positive Psychology Workbook Series). USA: CreateSpace Independent Publishing Platform, 2013.

Tough, P. *How Children Succeed: Grit, Curiosity, and the Hidden Power of Character.* New York: Houghton, 2012.

Yeager, J. M., S. W. Fisher, and D. N. Shearon. *Smart Strengths: A Parent-Teacher-Coach Guide to Building Character, Resilience, and Relationships in Youth*. New York: Kravis Publishing, 2011.

國家圖書館出版品預行編目(CIP)資料

優勢教養，開啟孩子的正向力量 / 莉・沃特斯
(Lea Waters)著 ; 游綉雯譯. -- 初版. -- 臺北市 :
遠流, 2018.09
面 ; 公分. -- (親子館 ; A5044)

譯自 : **The strength switch** : how the new science of strength-based parenting can help your child and your teen flourish

ISBN 978-957-32-8347-8 (平裝)

1.親職教育 2.親子關係

528.2　　107013151

親子館 A5044

優勢教養，
開啟孩子的正向力量

作　　者／Lea Waters 莉・沃特斯 博士
譯　　者／游綉雯
副總編輯／陳莉苓
特約編輯／章嘉凌
行銷企畫／陳秋雯
封面設計／江儀玲
排　　版／平衡點設計

發 行 人／王榮文
出版發行／遠流出版事業股份有限公司
100 臺北市南昌路二段 81 號 6 樓
郵　　撥／0189456-1
電　　話／(02)2392-6899　傳真／ (02)2392-6658
著作權顧問／蕭雄淋律師

2018 年 9 月 1 日 初版一刷
售　　價／新台幣 380 元（缺頁或破損的書，請寄回更換）

有著作權・侵害必究　Printed in Taiwan

YLib.com 遠流博識網
http://www.ylib.com
e-mail:ylib@ylib.com

THE STRENGTH SWITCH
Copyright © 2017 by Lea Waters
This edition arranged with InkWell Management, LLC.
through Andrew Nurnberg Associates International Limited
All Rights Reserved